한국어로 내려온
New Bible

새로운
성 경

제39권 3부 | 총10부

하얀마음

하나님 말씀 중에서

1. 사랑의 하나님

- 세상을 창조하신 하나님은 모두를 사랑하신다. 인간만 특별히 더 사랑하지 않고, 우주 만물을 다 똑같이 사랑하신다. 그러니 하나님이 창조하신 천지 만물과 화친하고, 미물까지도 소중히 대하라.

- 하나님은 특정 종파나 민족만을 더 사랑하지 않으신다. 자기 자신만 구원받겠다는 욕심을 버리고, 자기 종파만 구원받는다는 편협한 교리에서 벗어나야 한다. 종파를 초월해서, 모두를 사랑하라.

- 원수까지 사랑하라 했으니, 이 세상에 사랑하지 못할 자가 누가 있겠는가? 종파가 다르다고 해서 부모 형제와 원수처럼 지내는 자는 인간의 근본을 모르는 자다. 가장 가까운 가족부터 사랑할 때 남도 진심으로 사랑할 수 있다.

- 한 사람을 원수같이 생각하던 마음에서 사랑하는 마음으로 돌리면, 자기 자신의 마음이 가장 기쁘고 행복하다. 하나님께서는 인간의 마음속에 무거움이 없이 기쁘고 행복한 삶을 살기를 바라신다.

- 이웃을 "내 몸처럼" 사랑하라 했으니, 마지막 한 장 남은 천국의 티켓도 이웃에게 양보하라. 자기 중심적인 신앙에서 벗어나서 남을 위해 살아야 한다.

- 독초도, 약초도, 이단도 사탄도 천사도 다 필요하기에 존재한다. 독초일지라도 극소량을 사용해서 생명을 살릴 수 있고, 약초라 하더라도 남용하면 생명을 잃을 수 있다.

- 세상 모든 것을 명약으로 활용하는 것은 인간의 지혜에 달렸다. 어떤 것이든 어떤 사람이든 적재적소에 꼭 필요한 명약으로 승화시키라.

- 사탄도 이단도 천사도 모두 하나님의 주관하에 존재한다. 진정한 하나님의 백성은 사탄과 마귀까지도 감화시켜서 천사로 거듭나게 한다.

2. 기도

- 하나님은 인간의 생각까지 모두를 다 알고 계신다. 우리의 소원도 이미 알고 계시기에, 소원의 기도를 할 필요가 없다. 우리가 받을 자격이 되면 내려 주신다.

- 죄를 짓고 아무리 회개를 해도 용서받지 못한다. 도둑질한 자는 용서해 달라고 기도하고, 도둑맞은 자는 도둑을 잡게 해 달라고 기도하면, 공의의 하나님은 누구의 편에 서시겠는가?

- 자기가 잘못한 것은 그 사람에게 직접 갚고 용서를 구하라. 그가 용서하면 하나님도 용서하신다. 땅에서 매면 하늘에서도 매이고, 땅에서 풀리면 하늘에서도 풀리는 이치다.

- "회당에서 기도하지 말고 골방에서 기도하라" 했다. 눈에 보이는 골방이 아니라, 골방과 같이 고요한 마음이다. 잡념을 버리고 하나님을 향해 마음을 집중하며, 사랑하고 용서하는 아름다운 생각만 나오도록 하라.

- "두드리면 열릴 것이다." 하는 것은 육의 소원을 위해 두드리라는 것이 아니라, 진리의 깨달음을 얻기 위해 두드리라는 것이다.

- 기도하는 방법: 생활 속에서 수시로 기도하는 삶을 살아야 한다.

- "저의 죄를 용서하여 주옵소서." 하는 회개의 기도를 하라.
- 범사에 "하나님! 감사합니다." 하라. 현재 가진 것에 감사하며, 과욕하지 말라. 자기 노력 이상의 것을 더 갖고자 기도하는 것은 도둑놈심보다. 공의의 하나님은 각자 노력한 만큼 주신다.
- "하나님 뜻대로 살아가겠나이다." 하며 마음의 각오를 다지라.

- 기도는 하나님의 말씀을 받아서 "행하는 것"이다. 하나님이 계심을 굳건히 믿고, 하늘을 향하여 한 점 부끄럼 없이 사는 삶 자체가 가장 위대한 기도이며, 삶이 곧 예배다.

3. 지도자

- 똑같이 사랑한다는 말을 해도, 순수하게 하는 말은 천사의 말이지만, 사기 쳐서 재산을 가로채려고 하는 말은 사탄의 말이다.

- 종교 지도자가 아무리 훌륭한 설교를 해도, 신도의 재물을 거둬서 더 큰 교회를 짓고 자기의 부귀영화를 바라며 설교하면 사탄의 가르침이 된다.

- "저희 교회는 만원사례요, 믿음은 다 같으니 이웃의 개척 교회에 가서 예배를 드리시오." 하며, 이웃 교회의 부흥을 먼저 생각하여 제 신도를 보내는 종교 지도자가 있다면 그를 따르라. 그가 하나님의 사랑을 실천하는 자다.

- "부자가 천국에 들어가는 것은 낙타가 바늘구멍을 통과하는 것보다 더 힘들다" 하였거늘, 지금의 교회에서는 부자가 되기만을 기도하고 소원하니, 이는 곧 천국을 포기하고 지옥 행 열차의 티켓을 사는 것과 같다.

- 예수는 빈손이었다. 종교 지도자가 예수보다 더 호화롭고 편안하게 살아간다면 잘못된 것이다. 부귀영화와 명예를 바라는 자는 절대로 갈 수 없는 좁고 협착한 길이 종교 지도자의 길이다.

- 종교 지도자는 유리로 비춰 봐 한 점의 부끄러움이 없이 살아야 한다. 의식주도 직접 일해서 해결하고, 예수의 가르침과 행함을 그대로 따라야 한다.

- 종말은 없다. 지금의 잘못 가는 종교 집단에게만 종말이 있다. 보이지 않는 하나님은 보이는 육의 종말은 관여하지 않으신다. 환경 파괴로 인간이 스스로 멸망을 자초하는 것이다. 종파끼리 싸우기 전에, 무너진 인성을 바로잡고 지구의 몸살을 해결하는 데 뜻을 모으는 게 급선무다.

4. 성전이란

- 이 세상 자체가 하나님께서 만드신 성전이다. 자연보다 더 아름다운 성전이 있는가? 보이는 건물이 성전이 아니라, 성스러운 마음가짐이 성전이다.

- 반석 위에 교회를 지으라 했다. 지상의 단단한 돌은 인간이 쪼갤 수 있으나, 마음속의 굳은 결의는 세상 무엇으로도 쪼갤 수 없다. 바르고 굳건한 믿음으로 성경의 가르침을 실천하는 것이 마음의 반석 위에 교회를 짓는 것이다.

- 손으로 지은 건물의 교회에 모여서 복음을 전하는 것이 아니라, 교회를 개인과 가정에 심어 주어야 한다. 무너지고 부서지는 건물을 짓지 말고, 마음속에 영원히 불변하는 참진리의 교회를 지으라.

5. 십계명

- 십계명은 인간이 죽어서 반드시 통과해야만 하는 열 개의 관문이다.

- 부모를 공경하지 아니한 자는 "네 부모를 공경하라." 하는 제5계명의 관문이 열리지 않으니 구원받을 수 없다.
- 살인, 간음, 거짓, 우상 등의 나머지 계명도 마찬가지다.

- 십계명은 하나님의 친필이다. 모기소리만 한 하나님의 음성이라도 들어 보겠다고 여기저기 찾아 헤매지 말고, 십계명부터 암송하고 지키라.

- 십계명은 영혼을 구원하는 양식이며, 십계명을 지키는 것이 구원을 받는 길이다. 인간이기에 지키고자 노력하고 또 노력한다면 지킬 수 있다.

- 십계명을 지키고 천사처럼 아름답게 살아가는 그 마음 하나면 세상에 이루어지지 않는 것이 없다.

6. 보물

- 하나님은 재물이 아니라 우리의 마음을 받으신다. 사랑을 실천하며 천사처럼 변하는 마음이 하나님께 바치는 보물이다.

- 보이지 않는 하나님께 재물을 바치려 하지 말고, 너희를 길러 준 부모에게 용돈 드리고, 찾아뵙고, 효성을 다하라. 그것이 하나님께 효도하는 것이다.

- 하늘에는 선과 악의 창고가 있다. 자기 창고에 선이 많으면 천국으로 구원을 받고, 악이 많으면 심판받아 지옥으로 간다. 그것이 바로 "선한 일을 행한 자는 생명의 부활로, 악한 일을 행한 자는 심판의 부활로" 나오는 것이다.

- "선악과를 따먹지 말라"는 것은 양심을 지키라는 것이다. 선과 악을 구분할 수 있는 양심을 최초에 인간에게 주셨다. 선한 열매는 취하고, 악한 열매는 버리며, 양심에 비추어 부끄럼 없는 삶을 살아가라.

- 가장 작은 거짓말을 하지 않고, 가장 작은 죄를 짓지 않으며, 가장 작은 선행을 하고, 가장 작은 악행을 멀리하는 것이 율법의 일점 일획도 빠뜨리지 말고 다 지키는 삶을 사는 것이다.

7. 우상

- 박물관에 있는 불상은 하나의 예술품이다. 그 조각품에 대고 제 소원을 빌 때 우상숭배가 된다. 십자가라 하여도 그 앞에서 소원을 빈다면 우상숭배하는 것이며, 하나님께 소원을 빈다면 하나님을 우상으로 전락시키는 것이다.

- 지금 기복신앙에 젖어 있는 모든 사람이 우상 앞에 절을 하고 있다. 조각품을 우상이라며 파괴하지 말고, 네 마음속에 있는 욕심의 우상을 무너트리라.

- 생수를 약초가 먹으면 약을 만들고 독사가 먹으면 독을 만든다. 같은 성경을 봐도 선한 지도자는 신도를 천사로 만드는 데 활용한다. 그러나 욕심이 가득한 지도자는 재물을 거두어들여 제가 부귀영화를 누리는 데 악용한다. 그가 바로 성경을 우상숭배의 도구로 전락시키는 거짓 선지자다.

- 성경을 한 획도 빼거나 더하지 말라는 것은, 그 가르침을 빠트리지 말고 온전히 지키라는 것이다. 성경 속에서 자기에게 유리한 구절만 보는 것은, 자기에게 불리한 구절들을 빼 버리는 것이다. 믿음이 제일이요, 행함은 구원과는 관계없다는 것은 자신에게 유리한 쪽으로 성경을 악용하는 것이다.

- 진정한 종교 지도자는 종파에 관계없이 어떤 종파든 어떤 책이든 접하고 보고 깨우쳐 견문을 넓히도록 인도한다. 참진리를 모르고 자신이 없는 자가 남을 이단이라며 배척하고, 신도들의 눈과 귀를 가린다.

8. 예수

- 예수의 재림은 없다. 예수가 다시 온다 해도, 과연 누가 그를 예수라고 믿겠는가? 예수와 같은 삶의 행함이 곧 예수의 재림이다. 각자 모두가 "재림 예수"가 되는, 차원 높은 믿음으로 가야 한다.

- 예수는 "주여 주여 하지 말고, 아버지의 뜻대로 행하라"고 했다. 예수가 전한 하나님의 뜻이 곧 "길이요, 진리요, 생명"이며, 그 가르침이 예수의 보혈처럼 소중한 것이다. 예수를 믿는 것은, 예수의 가르침을 믿고 따르는 것이다.

- 예수는 낮은 자로서 만백성을 섬기고자 했다. 만나는 모든 사람을 다 하나님이라 생각하라. 돈을 벌수록 겸손하고, 높은 지위를 얻을수록 낮아지라.

▪ 예수는 종파를 만들지 않았다. 인간이 만든 종교와 인간의 교리를 따르지 말고, 예수를 통해 전한 하나님의 참진리를 연구하고 따르라.

▪ 예수가 2천 년 전에 만백성을 위해 죽었으니, 지금 이 땅에는 예수의 가르침대로 사는 천사만 존재해야 한다. 예수가 죽어 가면서 바란 것은 만백성이 천사가 되어 예수의 자리를 채워 주는 것이지, 지금과 같이 재물을 바치면서 중언부언 제 소원만을 비는 백성들을 바란 것이 아니다.

9. 구원

▪ 천사가 사는 천국에는 천사만 갈 수 있으니, 천사 같은 마음을 길러야 한다.

- "천국 열쇠를 네게 주리니 땅에서 무엇이든지 매면 하늘에서도 매일 것이라" 했다. 땅에서 천사같이 사는 자가 하늘에서도 천사가 되어 천국에 들어간다. 모든 사람에게 천사같다는 말을 듣는 삶을 살아야 한다.

▪ 천사의 곱고 아름다운 마음은 부모를 공경하고 어른을 어른으로 대접하는 데에서 출발한다. 효도하는 자는 형제와 화목하게 지내기에 가정이 화목해지고, 이웃과 화목해지고, 국가가 화목해지고, 온 인류가 화목해진다.

- 그러므로 지상의 아름다운 소왕국은 가정에서부터 이루어야 한다.

▪ 선택된 14만 명만 구원받는 것이 아니라, 천사처럼 변하고자 하는 14만 명을 기초로 온 인류가 천사처럼 거듭나는 영적인 개혁이 시작되는 것이다.

▪ 천 년에 걸쳐서 하늘에서 이루어진 것같이 이 세상을 낙원으로 만들어, 만백성이 지상의 천국에서 살다가 죽어서 그대로 하늘의 천국으로 들어가는, 영원한 지상 낙원을 건설하는 것이 하나님의 계획이다.

- **이것이 구약과 신약에 이어 "새로운 성경"으로 역사하시는 하나님의 창조의 완성이다.**

▪ 지금의 믿음으로 구원받을 수 있다면 그 길을 가라. 그러나 자신이 없다면 하나님께서 직접 내리신 160권의 "새로운 성경"을 읽고 구원의 길을 보라!

하나님 머리말씀

이 새로운 성경을 읽는 너희 모두는
이 율법에 따라 행하면 영원히 구원받을 것이니라.

너희 인간이 수년, 수십 년, 평생
성서를 공부하고 기도하는 것은
하늘나라 나의 곁으로 오고 싶은 소망일진대,

몇천 년 전의 너희 인성과 생각이
지금의 너희와는 판이하게 다르니,

꺾여 가고 병들어 가는 너희를 고칠 수 있는 길은,
오늘 내가 선지자에게 내리는 새로운 성경과 같이
너희가 변화되는 것뿐이니라.

나의 예수가 태어난 것처럼
내가 아들 선지자를 선택하여
나의 새로운 성경을 온 세계에 전하고자 하니,

묵은 것은 버리고 새로운 것은 취하여,
너희 모두는
'여호와 하나님! 저의 죄를 용서하여 주옵소서.'
하는 기도문으로 기도하고, 죄를 뉘우치라.

이 새로운 성경은
수천 년간 내려온 성서를 요약한 것이니,
너희는 이 책을 정독하여 쉽게 깨달음을 얻고,
이대로 실천하여 하늘에 오르라.

대역자 머리말

■ 하나님의 율법을 지키는 선지자로 선택을 받도다.

저는 남들처럼 그저 열심히 살아온 평범한 사람이었습니다. 그러나 50대 중반에 사업에 실패하여 많은 부채에 시달렸으며, 건강도 악화되어 눈이 잘 안 보이고, 걷기도 어렵고, 두통이 심해서 잠을 이룰 수 없는 고통의 나날을 보냈습니다. 그때 제가 선택할 수 있는 것은 육의 삶을 끝내는 길뿐이었습니다.

죽기 직전에 그동안에 죄를 지은 이들에게 용서를 빌고 인생을 끝내기로 작정하였습니다. 어려서부터 지은 죄를 빌고 빌다 보니 끝이 없었고, 죽음으로도 그 많은 죄를 용서받을 길이 없다는 생각에 하염없이 눈물이 흘렀습니다. 그 순간 '재래식 화장실의 구더기는 죄를 짓지 않는데, 나는 인간으로서 구더기만도 못한 삶을 살았구나.' 하는 생각이 들면서 괴로움에 몸부림칠 때, 갑자기 하나님의 음성이 들렸습니다.

"나는 여호와 하나님이니라. 너는 십계명을 암송하고 내가 내려 주는 메시지를 받아 책으로 만들어 만백성을 구하라." 하시며, 제 눈을 손으로 문지르게 하시고, 아픈 머리와 다리를 손으로 두드리게 하셨습니다. 그러고 나니 눈도 잘 보이고 걸을 수 있었으며 머리의 통증도 말끔히 낫게 되었습니다. 그때부터 십계명을 암송하고 나면 들려주시는 말씀을 기록하였고, 1999년 8월부터 2004년 7월까지 권당 288쪽, 총 160권을 받아서 "새로운 성경"이라는 책으로 펴내게 되었습니다.

그러한 저에게 죽기보다도 힘든 길이 시작되었습니다. 모든 교인들이 저에게 사탄이요, 이단이요, 악마요, 마지막 시대에 온 거짓 선지자라 하면서 공격하였고, 저를 짐승을 보듯이 대하는가 하면, 편협한 종교 지도자들의 선동으로 신도들이 이 책을 직접 읽어보고 평가할 기회마저 막아 버렸습니다. 그래서 하나님의 말씀을 세상에 내는 데 많은 어려움을 겪으며, 피를 토하는 심정으로 책을 전하고 있습니다.

그러나 아무리 인간의 힘으로 막으려 해도, 하나님의 뜻이 세상에 전해지는 위대한 역사는 계속될 것입니다. 책으로 전해지는 "하나님의 말씀"은 세상 끝날까지 항상 우리와 함께하실 것입니다. 사람은 죽어도, 책에 기록된 말씀은 영원히 남으니까요.

■ 따뜻한 실천

하나님께서는 어려운 사람들에게 삶의 터전을 마련해 주고, 미래를 열어 주는 것을 기뻐하십니다. 어려운 이웃이 스스로 자립할 수 있도록 이끌어 주는 것이 진정으로 이웃을 돕는 것이라고 말씀하셨습니다. 그래서 일자리가 없는 제자들에게 작은 사업장을 만들어 주는 "달란트 사업"을 하고 있습니다. 식당, 반찬 가게 등을 차려 주고, 기존의 어려운 사업장이 자립할 수 있도록 돕고 있습니다(커피숍, 미용실, 의상실 등).

하나님께서는 교회에 나와서 모든 시간과 재물을 쏟기를 원하지 않으시고, 그 시간과 재물을 교육에 투자하여 스스로 미래를 열어 가기를 원하십니다. 그래서 제때 공부하지 못한 제자들에게 학업을 이어 가도록 하였습니다. 중화요리 주방장을 하며 초등학교 검정고시부터 공부하여 2012년에 방통대를 졸업한 36세 남성, 만학도들의 2년제 중학교에 입학해서 2007년에 명지대학을 졸업한 38세 여성, 중학교 검정고시를 시작으로 숭의여자대학을 졸업한 47세 여성 등이 있습니다. 그밖에도 많은 제자들에게 나이를 초월하여 배우고 깨우쳐서 사회 속의 당당한 일원이 되도록 인도하고 있습니다.

학자금 대출로 힘겨워하는 젊은이들을 위해 "따뜻한 바람 장학회"를 발족하여(2016년 12월) 대출받은 학자금 전액을 매월 갚아 주고 있습니다. 또한, 다문화 가정을 위해 "다문화 가족 랜드"를 조성하여, 각종 시설을 무료로 활용하도록 하고 있습니다.

이러한 따뜻한 실천이 아직은 미약합니다. 그러나 책의 수입이 늘고, 저와 뜻을 같이하는 분들이 늘어나면 계속 확대할 것입니다. 지도자로서 신도의 재물을 헌금으로 거둬들여 착복하는 것이 아니라, 하나님께서 기뻐하시는 일에 사용하도록 중매 역할만 하며 살아가고자 합니다. 이런 제가 과연 사탄이고 이단인가요? 하나님께서 기뻐하시는 일이라면, 저에게 사탄이라 하든 거짓 선지자라 하든 굽히지 않고 실천해 나갈 것입니다.

끝으로, 일상의 삶 속에서 "지금 내가 하는 행동이 과연 하나님께서 기뻐하실까, 슬퍼하실까?" 생각하고, 매사에 하나님께서 기뻐하시는 길을 택하기 바랍니다. 교회에 모여서 집단적으로 예배 드리는 것이 아니라, 개인이나 가정 단위로 새로운 성경을 읽어 스스로 깨우치고 그대로 행하면 충분합니다. 그것이 마음속에 성전을 짓고, 신령과 진정으로 예배 드리는 길입니다. 그러면 천국의 문에 들어서게 됩니다.

2017. 2. 1.

하나님 말씀 대역자 김용철

차 례

십 계 명

이 책은 십계명을 암송하고 나면 내려 주시는 "하나님의 음성"을 듣고 그대로 받아쓴 기록입니다. 하나님께서 십계명을 모세에게 내려 주셨지만, 그것은 만백성에게 내려 주신 것입니다. 마찬가지로 이 책의 모든 말씀도 저에게 내려 주셨지만, 만백성 각자에게 들려주시는 말씀입니다. 여러분도 이 책을 접할 때마다 십계명을 암송하고 나서 정독해 주시기 바랍니다.

제일은, 너는 나 외에는 다른 신들을 네게 있게 말지니라.
제이는, 너를 위하여 새긴 우상을 만들지 말고, 또 위로 하늘에 있는 것이나, 아래로 땅에 있는 것이나, 땅 아래 물 속에 있는 것의 아무 형상이든지 만들지 말며, 그것들에게 절하지 말며, 그것들을 섬기지 말라.
제삼은, 너는 너의 하나님 여호와의 이름을 망령되이 일컫지 말라.
제사는, 안식일을 기억하여 거룩히 지키라.
제오는, 네 부모를 공경하라.
제육은, 살인하지 말지니라.
제칠은, 간음하지 말지니라.
제팔은, 도적질하지 말지니라.
제구는, 네 이웃에 대하여 거짓 증거하지 말지니라.
제십은, 네 이웃의 집을 탐내지 말지니라.

나 여호와가 존재함을 믿는 그 자체가 구원의 길에 들어서는 기본이요, 근본이며, 나의 새로운 성경을 가슴에 안고 정독하는 자, 반석 위에 서서 하늘에 오르는 찬란한 빛을 보게 되는 영광을 얻게 됨이니라. 진정 나를 따르고 믿는 자는 감히 사탄이나 마귀도 근접하지 못하느니라.

〈하나님 말씀〉

2002년 8월

2,859 번째 하나님 말씀

2002년 8월 7일 23시 47분

1 사랑하는 나의 아들아!
2 "네, 아버님! 말씀하옵소서."
3 내가 법전에 기록하여 내린 것을 하나
하나 네가 다시 깨우쳐 그를 행하는
삶으로 살아가야 될 것이니라.
4 지금 네가 그와 같은 삶을 살아가지
못할 때 나의 피조물 만백성은 그를
네 앞에 펴놓으며 '과연 당신은 그리
사느냐?' 물을 것이니라.
5 그때 네가 그리 행하지 못하여 얼굴
붉히고 말 못 하고 돌아서는 그와 같
은 나의 아들이 되어서는 아니 됨을
알아야 될 것이니라.
6 너는 지금 알아야 될 것이니라.
7 내가 뭐라 말했더냐?
8 너에게 과일 하나를 가져오려거든 부
모에게 열 번을 사다 주고 가져오라
하였음이니, 과연 네가 그 부모에게
열 번을 갖다 주고 열한 번째 너에게
가져오느냐고 물어본 자 있는가?
9 네가 그리 말했을 때 열 번 부모에게
갖다 주지 못하니 너에게 과일 하나
가져오지 못할 것이라는 그와 같은 생
각은 네 마음에 없었는가?
10 너 자신이 한번 깨우쳐 보라.
11 내가 한 개의 과일을 가져오라 함은,
그 부모에게 열 개의 과일을 갖다 바
친 다음에 열한 개째를 이 성전에 가
져 와 네가 같이 음미하라 하였음이니
라.
12 과연 그리해서 가져온 것이 있는가 물
어보라.
13 그리해서 너에게 가져오지 않은 그 모
두는 다 너에게 독소요, 너에게 해가
됨을 너는 모를 것이니라.
14 그 모두는 다 너에게 득이 되는 것이
없음이니, 너는 이후부터 그와 같이
반드시 행하라.
15 너를 위하여 나물 하나를 들고 오는
자, 너를 위하여 생선 하나를 들고 오
는 자, 너를 위하여 과일을 들고 오는
자, 너를 위하여 반찬 하나를 들고 오
는 자로부터 그것들을 절대 받지 말라.
16 그 부모에게 열 번을 갖다 주고 온 사
실이 있는가 물어보라.
17 부모에게 열 번을 갖다 주지 아니한
자는 절대 그를 가지고 오지 못하도록
하며 그를 받지 말라.
18 네가 소금을 먹으면 어떠하며 네가
간장에 맨밥을 먹은들 어떠하더냐?
19 네가 구원을 받는 나의 아들이요, 만
백성을 구하는 나의 아들로서 네가 세
상에 가 그들을 다 구함이니, 육의 삶
에 네가 연연하며 육의 삶에 네가 눈
이 어두워 허덕인다 하면 아무도 그와
같은 길을 갈 수가 없음이니라.
20 너는 그것을 받을 때 웃고 즐거워서
받으나, 그들이 섭섭해질 때 그 모두
가 너에게 독소가 되며 그들이 너에게
공격하고 시시비비를 할 수 있는 그와
같은 관계가 됨이니라.

21 또 그들이 하나를 갖다 주고, 그 하나
를 갖다 준 만큼 네 앞에 생색을 내며
그들이 자랑하고자 하며 그 값을 찾고
자 한다면, 너는 천 갈래 만 갈래 찢어
져 절대적 견딜 수가 없음을 알라.
22 너는 오로지 내가 명한 대로 열 번을
그 부모에게 바치고 열한 번째 너에게
가져오는 자, 그를 같이 음미하며 나
눈 것을 내가 용서할 것이나, 그렇지
못한 자가 가져오는 것을 받으며 네가
즐겨 하며 웃음 지을 때, 그는 너에게
독소며 네 몸을 망가트리며 네가 나에
게 오를 수 없는 그와 같은 죄를 쌓는
다는 것을 알라.
23 어떠한 일이 있어도 그와 같이 행하라.
24 그것부터 네가 행하는 것이 중요함이
니, 네가 남들이 보지 않는 데서 '일식
삼찬'을 행하며 네가 음식 앞에서 '이
를 먹어도 되겠습니까, 아버님?' 하고
기도하며 네가 아무리 착하고 선하게
살아가도 그들은 그것은 보지 못함이
니라.
25 저희들이 갖다 주는 과일을 하나 받으
면서 웃는 네 모습을 보고 그들은 한
편에서 어찌 생각하겠는가를 너는 생
각해 보았는가?
26 지금의 많은 종교 지도자들이 그 신도
들이 갖다 주는 것, 바치는 것을 그저
칭찬하고 침이 마르도록 격려하면서,
받아들이지 아니하는 자 과연 있는가?
27 그들은 그들을 칭찬하고 위로하며 축
복의 기도를 드려 주면서 그를 거둬들
이고 받아들이지 아니하던가?
28 그러나 갖다 바치는 자의 진실한 마음
의 깊이를 모르며 받는 것, 과연 그것
이 어떠한 형태에서 이루어지는 것인
가 그를 알아야 될 것임이니라.
29 너는 이제 어떠한 형편에서 어떠한 상
황에서도 어떠한 것도 그저 받아서는
아니 됨이니라.
30 차라리 네가 굶는 것이 나으며, 네가
물에 밥을 말아 먹으며 소금에다 밥을
먹은들 어떻겠는가?
31 그와 같은 것을 못하는 백성도 수없이
있음이니라.
32 가장 낮은 자요, 만백성의 종이라는
네가 남보다 더 편안하고 남보다 더
즐거운 육신의 삶을 살아가서는 아니
되는 것이니라.
33 그리고 그들이 다 이 성전에서 등을
돌리고 가더라도, 이 성전의 문을 닫
는다 해도 너는 두려워하지 말며 불안
해하지 말라.
34 네가 나의 160권의 법전을 쓰지 못할
때, 그때 네가 불안해하며 눈물지어야
할 것이니라.
35 160권의 법전을 기록할 수 있는 조건
과 여건이 있다면 네가 이보다 못한
데에 가서 나의 법전을 듣고 네가 그
원고지에 나의 법전을 기록하며 만들
어도 그보다 더 큰 행복과 영화가 없
으며, 네가 다리 밑에서 비를 피하며
나의 법전을 기록한다 해도 너보다 더
행복하고 더 위대한 자가 없거늘, 그
와 같은 것에 두려워하며 연연하지 말
라.
36 사랑하는 아들아! 그리 마음을 비우
며 그리 편안히 가도록 하라.

2,860 번째 하나님 말씀

2002년 8월 8일 08시 21분

1 사랑하는 나의 아들아!
2 "네, 아버님! 말씀하옵소서."
3 너의 제자들에게 일러 일깨워 주라, 한두 가지 큰 것을 너희들이 고치고 또 바로잡았다 하여 너희들이 바로 사는 것이 아니며 세상의 이치를 다 깨우친 것이 아니라는 것을.
4 너희들이 살아가면서 부닥치는 그 수만 가지 중에 과연 얼마나 바르게 사는가 스스로 자신을 바라보도록 그리 이르라.
5 눈에 보이는 그것을 고쳤다 해서 너희들이 완벽한 사람이 아니니라.
6 그러니 너희들이 눈에 보이는 것이 잘못되었다 하여 그 사람이 완벽히 잘못된 사람이 아님을 알라 이르라.
7 내가 너희들에게 말하여 이르지 않았는가?
8 너희들이 성전이라는 곳에 가서 기도하며 나에게 회개하고 반성의 눈물을 흘린다 해서 너희들이 모든 것을 다 회개하며 나에게 구원을 받으며 남들보다 아름답게 사는 자라 생각지 말라 하였음이니라.
9 남들이 백 가지 중에 아흔아홉 가지를 잘할 때, 너희들은 그 성서를 가지고 너희 성전에 가 회개하고 반성하는 그것을 제외한 아흔아홉 가지를 잘못하고 사는 자가 된다 하면, 이는 과연 내가 누구를 나의 아들이요, 딸이라 하여 누구를 더 사랑하겠는가 내가 너희들에게 물어보았듯이,
10 너희 눈으로 보이는 것이 잘못됐다 하여 그 전체를 그것으로써 평가하려는 그와 같은 너희들의 머리의 생각을 버려야 될 것이니,
11 이는 또 너희들이 한두 가지를 고쳤다 해서 너희들이 모든 것을 다 깨달은 것처럼 그 속에 착각해서는 아니 되는 것이니라.
12 사랑하는 나의 아들아!
13 "네, 아버님! 말씀하옵소서."
14 그와 같이 한두 가지의 외형을 가지고 사람을 평가해서는 아니 됨을 알아야 될 것이니라.
15 너는 지금 한두 사람, 또는 한 나라를 경영하는 자가 아니니라.
16 온 인류를 구원하고자 하는 너이며, 네가 나로부터 그와 같은 대명을 받은 자며, 그곳에 동참하여 가는 너의 제자들 또한 스스로 깨달음을 얻지 못한다면 영원히 너와 더불어 가는 제자는 있을 수가 없음을 알아야 될 것이니라.
17 너희들은 듣고 깨우쳐 들은 적이 없는가?
18 한 나라를 경영하는 정승 중에 고대광실에 호의호식하며 사는 정승이 있으며, 벼슬을 팔아먹으며 권력을 남용하며 저희들의 수하를 짜고 비틀어 저희들만 호의호식하며 배불리 사는 자가 있었으며, 처첩을 두고 인간 육의 향락을 즐기며 사는 자가 얼마나 많았는가?
19 그러나 일부 정승은 비가 새는 초가삼간에서 살아가는 자도 있었으며, 때를 굶듯이 하는 그와 같은 정승도 한 시대에 있었음이니,

20 한 인간으로서, 한 나라를 경영하는 자로서 곧고 바른 자세로 가고자 하여 그와 같이 산 사람도 있느니라.
21 하물며 한 나라를 다스리는 정승이 추하고 더러운 짓을 하지 아니하며, 오로지 곧게 정도의 길을 가기 위하여 비 오는 날 비 새는 집에 사는 자가 있었다 하면 너희들은 그와 같은 자를 어찌 보는가?
22 너희들이 한 나라를 경영하는 것이더냐?
23 한 나라를 이루기 위하여 지금 존재하는가?
24 너희들은 천 년에 걸쳐 수십억의 헤아릴 수 없는 나의 백성들을 깨우치도록 하여 천사와 같은 자로 만들어, 그들로 하여금 그 뿌리가 이 지상의 낙원에 존재할 수 있는, 누구도 상상할 수 없는 그와 같은 역사의 길을 가는 자들이니,
25 너희들이 그와 같은 사람의 자세로써도 가지 못한다면, 너희들이 과연 그들만도 못하다 한다면 어찌하겠는가?
26 너희들의 마음 자세를 지금 돌아다보라.
27 부귀와 영화요, 권력이요, 저희들이 팔아 챙길 수 있는 그와 같은 모든 것을 팔고 매관매직을 하면서 저희 처자식을 배불리며 고대광실 같은 집에서 제 문패를 걸어 놓아 그저 한마디 말이면 기계처럼 움직이는 그 많은 수하의 종들을 거느리고 살 수 있는 그 모두를,
28 양심이라는 것에 의하여 곧고 바르게 살아가고자 하여 도덕이요, 질서를 파괴하지 아니하기 위하여 비 오는 날 비가 새는 집에서 사는 정승이 있었다면, 그의 의식주 생활은 과연 어떠했겠는가?
29 너희들은 그러한 말을 듣지 아니하였는가?
30 그리고 그와 같이 살아가는 백성이 있었다면, 그와 같이 살아가는 시대의 지도자가 있었다 하면, 너희들은 과연 지금의 삶이 어떠하겠는가?
31 세상 만백성을 구하는 너희들이 그와 같은 자의 본보기만큼도 행하지 못하고 살아간다면, 너희들이 어찌 나의 뜻에 따라 하늘에 오르는 길을 오는 자며 만백성을 구하는 자라 말할 수 있는가?
32 사랑하는 나의 아들아!
33 세상사의 천 가지, 만 가지를 다 봐야 될 것이니라.
34 한두 가지의 변화의 역사를 이루는 것으로써 만백성을 다스리는 지도자요, 목회자가 될 수 없음을 너는 알아야 될 것이니라.
35 이제는 네가 모든 것을 너 스스로 깨달음이 있으니, 나의 법전에 있는 그대로 하나의 토씨도 틀리지 않는 그와 같은 깨달음을 얻어 그대로 행하여 가는 길만이 너 자신이 바로 서는 길임을 알고 네가 그리 깨우쳐야 될 것이며, 너의 제자들 또한 그와 같이 하는 것만이 그들이 살길이라는 것을, 그리고 그들은 그들의 복이며 네 갈 길은 네 갈 길이니라.
36 너희들은 내가 뭐라 깨우쳤느냐?
37 자식은 자식의 복에 사는 것이며 다만

저희 부모의 살아가는 뒷모습을 보고 그들이 살아가는 데 깨달음을 얻고 못 얻으니,

38 바르고 곧게 사는 모습은 부모가 보여 줄 수 있는 것이며, 자식은 그 부모의 삶을 보고 선한 자요, 악한 자로 그리 변한다 하였음이니라.

39 그러나 그들이 잘살고 못사는 것 또한 너희들이 좌우하는 것이 아니요, 그들의 복이라 하였음이니, 너의 제자들 또한 그들의 복이니라.

40 이를 그들에게 깨우쳐 주라.

2,861 번째 하나님 말씀

2002년 8월 8일 08시 35분

1 사랑하는 나의 아들아!

2 "네, 아버님! 말씀하옵소서."

3 지금 나의 피조물 만백성이 저희 임의대로 구원을 받았다 말하는 자 수없이 있음이니라.

4 그리하여 나의 아들 예수의 보혈로써 구원을 받았으며 저희들의 손으로 만든 그 성전에 가 기도하고 경배하면 저희들은 하늘나라에 갈 수 있으며 나로부터 구원받는다 말하는 자들, 그들은 나의 십계명과 율법을 지키지 아니하고 살아간다는 것을 증명함과 같음을 알아야 될 것이니라.

5 오로지 하늘에 오르고 못 오르는 것은 나의 고유의 권한이니라.

6 주인이 노비에게 말하기를, '네가 작년의 수확을 올해에 배로 올린다면 너의 노비 문서를 태울 것이며 너를 평민이 되게 하여 나의 많은 노비를 다스리도록 그리해 주겠노라.' 그리하였다 하자.

7 그리하여 그 노비는 자기가 이미 평민이 된 것처럼, 그리고 많은 노비를 다스릴 수 있는 것처럼 그와 같이 떠들고 그와 같이 행하고 오만방자하게 살아간다면 그는 어찌 되겠는가?

8 그가 현명한 자던가 어리석은 자던가?

9 그가 현명한 자라면 1년 후에 작년의 수확을 배로 올릴 수 있도록 그 모두를 거기에 바쳐 그것을 이룬 다음에 그를 얻을 것이니,

10 그 주인의 명한 그 뜻에 따라 이룰 수 있도록 노력하는 것만이 중요함이니라.

11 그가 말로써 많은 노비들에게 방자하게 '나는 주인으로부터 내년에는 해방된다.' 그리 말하고 떠든다면 그가 얼마나 어리석은 자던가?

12 그 주인이 원하는 것을 행하지 못했을 때 그는 어찌 되는가?

13 그는 노비의 신분을 벗어나지 못함이니라.

14 그가 1년 후에 다시 작년 농작물 수확의 배를 거둘 수 있다고 한들, 그는 1년 365일 동안에 변화되는 그 자연의 풍화작용도 모름이니라.

15 가뭄이 와 그를 이루지 못하게 할 수도 있으며 장마라는 물바다가 되어 그를 이루지 못할 수 있으며 또는 병충해가 심하여 그를 이루지 못할 수도 있으며 수천수만 가지의 변화의 작용이 있건만, 제가 어찌 그 작용을 다 이기고 그와 같이 내년의 수확을 배로 얻을 수 있다 할 수 있는가?

16 그와 같은 생각을 하는 어리석은 노비
라 하면 그가 과연 평민이 될 수 있겠
는가?
17 그는 평민이 될 수 없음이니, 그저 그
가 떠들고 평민이 될 수 있다는 그와
같은 방자하고 오만한 생각을 하지 아
니하며, 제가 어찌 그를 이루어야 될
것인가 거기에 모두를 다 바쳐 1년 후
에 두 배의 농작물의 역사를 이루고
난 다음에 주인의 뜻을 기다리는 것이
도리일 것이니라.
18 지금 너희들 인간사의 세속에 살아가
는 것도 그와 같은 일의 흐름이 있음
을 알아야 될 것이거늘, 어찌하여 하
늘에 오르는 길이 내가 나의 아들에게
명한 나의 계명을 지키지 아니하며 나
의 뜻을 따르지 아니하며 너희들은 그
저 구원을 받은 자라 말하며 구원을
받았다 감히 그리 말하는가?
19 너희들은 진정한 나 여호와의 뜻이요,
나의 진리의 뜻을 모르고 역행하며 살
아가는 자들이라는 것을 깨달아야 될
것이니라.
20 내가 나의 아들을 통하여 그가 죽어
가며 너희들에게 지켜 달라 명한 계명
을 지키지 아니하는 자는 구원을 받을
수 없음이니, 그 계명을 지키지 아니
하는 너희들이 불쌍하여 너희들을 구
원하고자 그가 죽음의 길을 선택하였
거늘,
21 너희들은 그 죽음을 보기 전에, 또 그
가 지켜 달라 명한 그것을 가슴속에
새겨 지키기 전에, 너희들은 그저 무
조건 구원을 받았으며 나의 아들의 피
로써 구원을 받았다 그리 이야기하며,
나만이 열고 닫을 수 있는 그 하늘의
문을 너희들이 열었다 그리 말하니,
22 너희들은 정녕 구원을 받고자 함이 아
니요, 너희들은 지금 육의 삶에 모두
를 다 바치며 육의 삶의 편안함을 위
하여 그와 같이 부르짖고 있는, 너희
들 자신을 속이고 사는 자들임을 알아
야 될 것이니라.
23 너희들은 우선 구원을 받기 전에 너희
들이 죄를 짓고 그 성전에 와 죄를 빌
어 용서받으면 구원의 길을 갈 수 있
다 그리하니, 그것이 곧 너희들 자신
의 위로를 얻기 위함이며, 너희들 자
신을 위한 너희들의 변명임을 알아야
될 것이니라.
24 이제 그와 같이 살다 나에게 와 심판
받아 하늘에 오르는 길을 오를 수 있
는 수많은 자들도 그들이 죄의 대가를
치르는 그와 같은 험악한 영의 세계에
서 고통의 세월을 보내고 있음이니,
이는 영원히 변하지 않는 진리이니라.
25 이는 너희들이 다만 죽어 나에게 왔을
때만 알게 됨이니,
26 지금 내가 나의 아들을 통하여 너희들
이 눈으로 볼 수 있고 들을 수 있어 알
수 있도록 이와 같은 예를 들며 깨달
음을 다하여 나의 법전의 소중함을 너
희들에게 심어 줌이니, 이를 깊이 깨
우쳐야 될 것이니라.
27 너희들은 모두가 다 육의 삶의 편안함
과 너희들의 오늘의 삶을 편안하게 하
기 위하여 너희들은 내일의 불안함과
너희들의 두려움을 너희들이 죄짓는
것으로써 그 마음을 덜고자 하는 그와
같은 수법을 쓰는 것이며, 너희들 자

신이 위안을 얻는 것이며,
28 종교 지도자들이 그 동질의 마음에서 너희들의 심리를 그리 역이용하여 너희들에게 나의 계명과 나의 뜻을 지키지 아니하여도 구원을 받을 수 있다 그리 말함이니, 얼마나 어리석은 작태를 너희들이 부리고 있는가를 이제 깨우칠 때가 되었음을 알라.
29 너희들은 정녕 구원을 받고자 하는 것이 아니니라.
30 나의 뜻과 내가 원하는 것이 무엇인지 모르며 너희들은 육의 삶의 편안함과 육의 삶의 불안함과 고통을 덜어내기 위한 그와 같은 삶 속에 살아가는 자이니 그리 알아야 될 것이니라.
31 너희들이 인간사에 살아가면서 육신이 고달프고 힘들 때 너희들은 진통제라 하여 그 순간을 모면하는 약을 처방함이니, 그 약은 정녕 너희들의 그 아픈 부분을 영원히 수술하는 약이 될 수는 없음이니라.
32 너희들이 그와 같은 진통제의 효과를 얻을 수 있듯이 너희들이 육의 삶에서 순간순간에 불안한 마음을 덜어 내며 고통과 무서움을 잊으려 하며, 나 여호와로부터 심판을 받는 그 심판대에 당당히 설 수 있는 삶을 살지 못하는 너희들이 스스로 진통제의 그 효과를 얻듯이 그와 같은 방법으로 너희들 스스로 살아가고자 하는 잘못된 너희들의 생각임을 알라.

2,862 번째 하나님 말씀

2002년 8월 8일 11시 40분

1 사랑하는 나의 아들아!
2 "네, 아버님! 말씀하옵소서."
3 내가 나의 아들을 통하여 말하기를, 지금 수천 년 동안 믿음의 길을 위하여 깨우치고자 달려오는 자, 그 밑에서 깨우침을 얻는 자, 그들이 다 1퍼센트라는 그 깨달음도 얻지 못하고 그와 같이 하늘에 오르는 길을 알며 나의 뜻에 따라 저희들이 산다 그리 말하니, 1퍼센트의 깨우침도 못 가진 자들이라 내가 말하였음이니라.
4 너희들은 이 말을 들을 때 청천벽력 같으며 너희들 머릿속이 깨질 듯한 혼란이 올 것이나, 너희들은 이 말을 믿어야 될 것이니라.
5 나의 아들 예수가 2천 년 전에 이 세상에 와 너희들을 깨우치고자 하였음이니, 내가 너희들에게 일찍이 깨우쳐 주지 아니하였던가?
6 너희들이 자식을 낳고 그 자식이 또 자식을 낳을 때 너희들의 가문이요, 혈통이 이어지는 것이라 하였음이니라.
7 나의 혈통은 무엇이더냐?
8 예수를 세상에 내보내 그를 통하여 나의 성령을 전함이니, 그 성령의 말씀이 성령의 말씀을 낳아 그리하여 그들이 무엇이더냐?
9 그 혈통을 이루는 자식과 같은 것으로써 너희들을 깨우쳐 왔더라면 오늘날 예수와 같은 마음으로 사는 백성이 이 세상에 남아 있었을 것이니라.

10 그러나 너희들은 어찌 되었는가?
11 너희들은 예수를 그리 죽게 함으로 인
해서 그 성령의 혈통을 중단시켰으며
그를 잘랐음이니라.
12 그리하여 그 모두의 문을 닫는 역사
를 너희들이 저지르며 그 만행을 저질
렀으니, 그 후손들이 지금까지 살아온
그 암흑 속에서 무엇을 찾았으며 무엇
을 얻었겠는가?
13 그리하여 그 1퍼센트라는 역사도 여
기에 존재하지 아니함을 너희들이 알
아야 될 것이니라.
14 그리하여 지금 너희들이 나의 뜻을 따
르며 나의 법전에 따라 새로 태어나는
그 인생의 삶을 사는 것이 소중함이라
내가 말하여 너희들에게 전하였음이
니라.
15 너희들은 말하느니라.
16 하늘을 두루마리 삼아 기록해도 다 못
한다는 나의 성령이니 그게 무엇이더
냐?
17 그게 바로 성령의 후손이요, 후손이
후손을 낳아 그를 전하기 위하여 역사
가 흘러가는 것이니라.
18 너희들이 천 년 동안에 역사를 다하여
이 세상에 영원히 사는 나의 백성들만
이 존재한다 하였음이니,
19 내가 1부로 열여섯 권의 법전을 세상
에 내보내니 이게 백 년의 역사를 의
미하는 것이며,
20 2부가 나가니 이게 그 1부의 성령의
뒤를 이어 그가 후손이니 그가 백 년
을 의미함이니라.
21 그리하여 열여섯 권으로써 너희들이
천 년의 역사가 흐르니 10부라는 법
전이 세상에 나오는 그 이치를 오늘
내가 너희들에게 알려 줌이니라.
22 이와 같은 뜻과 이와 같은 역사의 이
룸을 아는 자 있으면 너희들이 말해
보라 하라.
23 나 여호와가 앞으로 어떠한 역사를 이
루어 이 지상의 낙원을 하늘에서 이루
어진 것과 같이 그 역사를 이루는 것
이냐?
24 성령의 그 후손이니라.
25 1부의 후손이 2부요, 2부의 후손이 3
부이니, 그리하여 너희들이 천 년에
걸쳐 백 년씩의 역사를 이루는 그 성
령의 말씀이 빛을 보게 되어, 너희들
이 천 년에 걸쳐 나의 백성인 선한 자
만이 이 세상에 존재하며 살아가는 그
와 같은 역사가 이루어짐이니라.
26 너희들은 깨달아야 될 것이니라.
27 나의 법전의 1부에 기록되어 있는 그
역사가 하나하나 이루어져 가며 그 모
두가 시행되어 가고 있음을 너희들은
모를 것이니라.
28 내가 너희들에게 일러 말하였느니라.
29 너희들 스스로 믿는 지금의 믿음을 가
는 자들과 나의 법전을 읽고 깨우친
자들이 백 년에 걸쳐 10부 중에 그 1
부를 다 끝마친 자들, 그리고 또 2부
를 끝마친 자들, 3부를 끝마친 자들,
그 후손이 그와 같이 연결되며,
30 그들이 바로 나의 법전의 역사함을 나
의 뜻이라 하여 지금의 사악한 방법으
로 가는 그들과 더불어 종교 혁명이
요, 종교 개혁이요, 이와 같은 피비린
내 나는 역사가 이 지상에서 어느 시
대엔가는 이루어질 것이니, 그 시기가

머지않았음이니라.
31 그리하여 내가 열여섯 권을 1부라 하
여 백 년씩 단위로 하여 그 후손이 후
손에게 전하듯이, 내가 나의 아들이
살아 있는 동안에 160권의 법전을 완
성하고자 함이 여기에 있음이니라.
32 그리하여 나의 아들이 이와 같이 160
권의 법전을 백 년 단위로 나누어 천
년의 역사를 하여 그 말씀을 전하도록
만들었음이니, 그것이 바로 무엇이더
냐?
33 그와 같이 나의 아들 예수의 성령이
내려왔더라면 2천 년의 역사가 흐른
지금에는 선한 자가 이 지상을 지배하
며, 악한 자 속에 선한 자가 숨을 쉬지
못하는 그러한 역사는 이루어지지 아
니하였을 것이니라.
34 내가 10부로 나눈 이 법전이 천 년에
걸쳐 그 세대가 되면 그때는 완벽한
나의 천사와 같은 후손들만이 이 세상
에 존재함이니라.
35 그리하여 나의 아들이 160권의 법전
을 써 놓고 죽을 때까지 세상에 나의
뜻을 기록하여 받아 전함이니, 그것은
곧, 바로 태평성대에 나의 백성들이
누리는 역사를 기록하여 남겨 줌이니,
그를 바라보고 너희들이 사는 희망의
말씀이 그때서부터 내려갈 것이니라.
36 천 년에 걸쳐 너희들이 고쳐야 될 것
이며 너희들이 행해야 될 것이며 너희
들이 이루어야 할 역사며 너희들이 변
화되는 것을 내가 성령의 후손이요,
자식을 낳는 역사처럼 백 년 단위로
열 명의 자식을 내려보내는 그 역사가
이루어짐이니, 곧 나라 하였음이라.
37 그리하여 나의 아들이 160권의 법전
을 기록하여 남기는 그 뜻은 너희들이
희망의 나라에 올 수 있는 희망의 깨
우침이며, 너희들이 받고 누리는 그
축복을 기록하여 너희들에게 전하는
그 역사가 기록됨을 알라.

2,863 번째 하나님 말씀

2002년 8월 8일 12시 01분

1 사랑하는 나의 아들아!
2 "네, 아버님! 말씀하옵소서."
3 내가 오늘 나의 뜻을 너의 제자들에게
전하여 주었거늘, 네가 지금 열여섯
권의 법전이 백 년이요, 그리하여 10
부로써 네가 천 년의 역사에 이루어지
는 그 법전을 다 나의 성령을 기록하
여 책으로 만든다 하였음이니, 그들이
무슨 미친 소리를 한다 그리 말할 것
이니라.
4 만백성이 느끼기를, 천 년에 걸쳐 하
는 그 역사를 어찌하여 지금 네가 그
160권의 법전으로써 10단계로 나누
어 백 년씩 하여 천 년에 너희들을 깨
우치는 그 역사를 이루는 책을 만들며,
5 어찌하여 너희들이 지금 미리 볼 수
있게 그와 같이 10부의 책을 다 만들
어 놓으면서 그것이 아들이 아들을 낳
듯이 백 년에 걸쳐서 성령의 그 후손
이 이어지며 그리하여 10부로써 천
년의 역사가 이루어진다 하느냐 하며
말도 되지 않는 소리 하지 말라 그리
말할 것이니라.
6 그러나 너희들이 여기서 깨우쳐야 될
것이 있음을 알라.

7 내가 뭐라 말하였더냐?
8 지금의 나의 성령이 세상에 내려가는
것이 나의 마지막이며, 두 번 다시, 세
번 다시 그 역사를 이룰 수 없으며 마
지막 너희들을 심판하여 천 년에 걸쳐
하늘에서 이루어진 것같이 이 지상에
낙원을 이루고자 하는 것이 나의 뜻이
라 하였음이니,
9 너희들은 나의 아들의 육의 삶이 몇
년이라 말하였더냐?
10 나의 아들이 33년이라는 나이를 더
살다 죽어 온다고 하였음이니, 그를
대신하여 나의 성령을 받을 자가 없으
며 그를 대신하여 이 법전을 만들 수
가 없음이니,
11 이것이 마지막 시대가 아니라면 백 년
후에 다른 사람을 시키고 또 백 년 후
에 다른 사람을 시켜 그리할 수 있겠
으나, 나의 성령을 받아 이 세상에 보
내는 것은 나의 아들이 이제 마지막이
니라.
12 이 마지막인 나의 아들이 사는 육의
세상에서 책으로 만들어 너희들을 깨
우칠 수 있는 것은 33년의 세월밖에
남지 않았음이니,
13 그 33년 안에 너희들이 천 년에 걸쳐
깨우쳐야 할 그 법전을 다 만들어 내
는 것은 당연한 것이며, 그리 역사를
이룰 수밖에 없지 않은가?
14 나의 아들이 백 년을 살아서 열여섯
권의 법전으로 너희들을 깨우치고 그
가 죽지 아니하고 또 백 년을 버텨 이
를 만들어 낸다 하면,
15 그가 천 년을 살 수 있다면 천 년에 걸
쳐서 백 년마다 그 열여섯 권의 법전
씩 세상에 만들어 낼 수 있으나,
16 나의 아들이 법전을 만들어 기록하여
세상에 내는 것은 33년이요, 그가 사
는 생활에 육이 정해져 있는 그 세월
속에서 만들어야 됨이니,
17 지금 내가 서둘러 이 160권의 법전을
세상에 내는 그 뜻을 너희들은 알아야
될 것이며, 백 년에 열여섯 권의 법전
을 읽고 깨우치는 백성이 터를 닦아
또 다음 세대가 이어지는 그와 같은
역사로 이루어짐을 알아야 될 것이니
라.
18 이와 같이 하여 내가 10부로써 이 법
전을 내려보내는 뜻을 너희들이 알았
으며, 나의 아들이 천년만년을 살 수
없으며 그 육의 세상에서 나의 법전을
기록할 시간이 정해져 있기 때문에,
그와 같이 그에게 미리 내가 그 성령
을 전하여 160권의 법전을 세상에 이
리 전함이니라.
19 너희들이 나의 아들 예수를 그리 사악
한 방법으로 죽게 하지 아니하였다면
이와 같은 역사가 그 시대에 이루어졌
으며, 2천 년이 흐른 지금에 지상의
낙원이 이루어졌을 것이나, 너희들은
그 뿌리를 내리지 못하도록 가혹하리
만큼 절단하여 파헤쳤음이니라.
20 그리하여 지금 나의 3의 시대, 마지막
시대에 내가 나의 아들을 통하여 이와
같이 역사를 이루는 것을 의심하며 의
혹하는 자, 정녕 그 죄를 어찌 다 감당
하려 하는가?
21 내가 천 년의 역사에 걸쳐 너희들을
깨우칠 이 160권의 법전을 세상에 내
려보내는 것은 그 기간이 정해져 있기

때문이니, 미리 너희들에게 내보냄이
니라.
22 그리하여 너희들이 깨우쳐 하늘에 오
르는 자, 깨달아 구원을 얻는 자, 그와
같은 백성을 더 많이 구하는 그 역사
를 이루는 것이니라.
23 이는 나의 성령이, 아들이 아들을 낳
는 것과 마찬가지로, 천 년의 역사에
걸쳐서 이루되, 지금 나의 아들이 살
아 있는 그 기간에 이를 만들어 내는
길밖에 없음이니라.
24 그리하여 마지막 나의 시대에 너희들
을 심판하는 것이라 말하였음이니, 그
후에 그와 같은 역사는 이루어지지 아
니함을 너희들에게 증명함이니라.
25 이와 같은 뜻을 너희들이 안다 하면
천 년에 걸쳐 나올 나의 법전을 내가
나의 아들을 통하여 일시에 내보내는
그 뜻을 너희들이 알 것이니,
26 여기에 나의 아들을 핍박하며 나의 아
들을 비방하며 사탄이요, 사악한 자
요, 나의 법전이 잘못된 것이라 너희
들은 말하지 말라.
27 그리 말하는 자가 얼마나 어리석은 자
인지 깨달을 것이니라.

2,864 번째 하나님 말씀

2002년 8월 8일 12시 19분

1 사랑하는 나의 아들아!
2 "네, 아버님! 말씀하옵소서."
3 너희들은 엄연한 구약 시대의 역사를
신약의 시대가 왔다 하여 덮으려 하며
또한 인정하지 아니하려는 그것이 너
희들의 심성이니라.
4 그리고 내가 제3의 시대를 열어 나의
법전을 세상에 내려보냄이니, 또한 너
희들은 이 법전을 믿으려 하지 아니하
며, 이것이 나의 뜻이 아니라 그리 말
함이니라.
5 지금 내가 천 년에 걸쳐서 너희들이
깨우쳐 공부해야 할 것을 백 년 단위
로 나누어 백 년에 1부씩 깨우쳐 가도
록 10부로써 나누었다 하였음이니라.
6 그리하여 내가 이 시대에 사는 나의
아들을 통하여 마지막 시대이기에 천
년에 걸쳐 너희들이 깨우쳐야 될 10
부의 160권의 법전을 세상에 지금 내
보낸다 하였음이니라.
7 그리고 나의 아들이 살아 존재하는 동
안에 그 역사를 다 이루려 함이니라.
8 두 번 다시 내가 나의 아들을 세상에
보내며 목자를 세상에 보내는 그와 같
은 일도 없을 것이며, 나의 법전과 같
은 것을 세상에 내보낼 일도 없기 때
문이니라.
9 너희들이 구약 시대를 이해하지 아니
하며 용서하지 아니하며 받아들이지
아니하려 하며, 신약을 행하는 것을
지금의 백성들이 행하지 않을 때 그를
용서치 아니하며 그를 이해하지 아니
하며 받아들이려 하지 않듯이,
10 그리고 나의 3의 시대에 이 법전이 내
려가는 것을 너희들은 받아들이지 아
니하며 사탄이요, 사악한 자가 하는
짓이라 하여 너희들 마음에 이 자체를
용서치 못하는 이와 같은 형태로 흘러
가는 것이 지금 너희들이 가고 있는
형태이니라.
11 그러니 내가 백 년 단위로 하여 열여

섯 권이라는 법전을 세상에 내보내 너
희들이 백 년을 깨우치도록 하며 그
백 년 후에 다른 사람의 이름을 빌려
내가 이 법전을 세상에 또 낸다 하면
너희들은 그를 믿겠는가?
12 나의 아들을 통하여 백 년 동안 배워
야 할 기초적인 열여섯 권의 법전을
너희들은 인정하지 아니하며 읽지 아
니하며 그를 덮어둘 것이니라.
13 그리하며 너희들은 내가 백 년에 걸쳐
역사하는 열여섯 권의 법전을 열 사람
을 통하여 천 년에 걸쳐 160권을 세상
에 만들어 낸다 하면, 너희들은 혼란
속에 깨닫지 못하며 너희들끼리 아비
규환 같은 전쟁이 일어나는 것은 당연
한 것이니라.
14 열여섯 권의 법전을 가지고 그를 맞다
강조하는 자는 다음 시대에 백 년 후
에 나온 2부의 책은 다른 사람이 썼음
이니 그것을 인정하지 아니하며,
15 10단계의 법전을 가지고 10단계의 지
파가 생겨 너희들이 종교 전쟁을 이룸
은 물론이요, 하나가 되는 역사를 이
룰 수 없으며, 내가 지상에서 이루고
자 하는 그 낙원의 역사까지도 이룰
수 없으니,
16 혼잡과 번잡 속에서 너희들은 서로 물
고 늘어지며 죽이고 살리는 그와 같은
역사가 이루어지게 됨이니,
17 내가 오늘 나의 아들을 통하여 천 년
에 걸쳐 너희들이 깨우쳐야 할 160권
의 법전을 한 사람의 나의 아들을 통
하여 세상에 내려보내는 것은,
18 이는 한 사람을 통하여 한 시대에 이
루어졌음이니, 너희들이 하나의 혈통
으로 받아들일 것이며, 하나의 혈통으
로 역사가 이룰 것이니,
19 1부, 2부, 3부를 뒤에 있는 자들이 거
부하지 못하며 오늘에 살다 죽어 가는
백성들이, 또 다음의 세대에 사는 너
희들이, 몇백 년 후에 살아가는 백성
들이 오늘의 법전을 거부하지 못하게
함이니, 이와 같은 나의 역사가 이 속
에 있거늘,
20 너희들이 그러고도 내가 정녕 나의 아
들을 통하여 지금 천 년에 걸쳐 너희
들을 깨우치는 160권의 법전을 내려
보내는 이것이 거짓 하는 자요, 사탄
의 장난이요, 나 여호와의 뜻이 아니
라 거부할 수 있겠는가?
21 이와 같은 이치를 깨달아 보더라도 너
희들은 이 법전이 천 년에 걸쳐 백 년
씩 변화하는 그 역사의 단계를 이루는
것임을 알아야 될 것이며,
22 천 년의 역사가 흘러 새로운 나의 낙
원을 이룰 때까지 어느 누구도 이와
같이 제3의 시대에 나의 아들이 세상
에 오지 아니하며 나의 목자가 오지
아니하며 나의 선지자가 오지 아니함
을 알라.
23 이것이 너희들에게 주는 마지막 기회
이며, 너희들을 심판하는 마지막 기회
임을 잊지 말라.
24 이제 너희들이 그 틀 속에서, 너희들
이 만든 두꺼비집만도 못한 그 성전에
서 너희들만이 하늘에 오르는 길이라
하여 하늘의 빛을 보지도 못하며 먹구
름 쌓인 컴컴한 그 암흑의 세계에서
너희들이 더 이상 사악한 자들이 끌고
가는 그것을 따라가지 말라.

25 이제 너희들이 그곳을 단죄하고 나올 때가 되었음을 알아야 할 것이니라.
26 이와 같이 상세하게 내가 내리는 그 역사를 보는 너희들이 변화하지 못한다면 너희들이 영원히 나의 나라를 볼 수도 없음을 알라.

2,865 번째 하나님 말씀

2002년 8월 9일 0시 59분

1 사랑하는 나의 아들아!
2 "네, 아버님! 말씀하옵소서."
3 이 세상 나의 피조물 만백성이 살아가는 그 형태가 모두 다 저 자신을 위하여, 제 육신을 위하여, 제 생각으로, 제 머리로, 모든 것을 제 위주로 생각하며 살아감이니라.
4 그리하여 남을 배려함이 없으며 남의 입장을 생각해 보는 것이 없으며, 그저 자기주장만이 옳다 하며 세상사 살아가고자 하는 것이 너희들이니라.
5 하물며 많은 인간을 구제하며 나의 피조물 만백성을 하늘로 오르게 하겠다는 그 종교 지도자들이 또한 어찌하는가?
6 만백성이 사랑을 베풀며 나눔을 베풀며 자기 입장을 남의 입장과 같이 이해하며 남의 입장을 자기 입장처럼 이해하는, 그와 같이 서로 들여다볼 수 있는 마음의 너그러운 형편을 가지고 세상을 산다 하면 지금과 같이 험악한 세상은 오지 아니하였음이니라.
7 그들이 그것 하나도 지금 만백성에게 가르치지 못하였음이니, 종교 집단에서 한 길을 가며 한 형제라 말하는 너희들도 제 앞에 더 큰 떡을 놓기 위하여 시시비비하며 암투하며 싸움하는 것이니라.
8 그리고 사랑을 베푼다는 종교 집단 속에 사는 너희들이 너희 형제요, 동료가 잘못했을 때 그를 덮어 주고 감싸는 자 없음이니, 그에게 돌팔매질하며 핍박하는 것이 너희들이 지금에 가지고 있는 마음이니라.
9 나의 피조물 만백성은 어렵고 힘든 것을 감싸 주며 이해하는 그와 같은 삶을 살아야 하는 것이라 말하였음이니라.
10 그러나 너희들은 어찌하는가?
11 형제요, 같은 식구며 사랑 속에 산다는 너희들이 상대방이 잘못했을 때, 또는 너희들보다 먼저 온 자들이 잘못했을 때, 너희들의 생각에 맞지 않을 때,
12 너희들은 그들의 입장을 이해하며 다스려 협력하는 것이 아니라, 그들을 가차없이 비평하고 쓰러트리며 그들과 타협하지 아니하며 그와 같이 가니, 너희 마음이 얼마나 냉정하고 매몰찬 인간으로서 지금 살아가는 것인가를 알아 봐야 될 것이니라.
13 모든 인간의 집단들이 다 자기 위주요, 자기를 위하여 모든 것을 생각하고 살아감이니, 그 속에 사랑이 없으며 용서함이 없으며 너그러움이 없으며 베풂이 없음이니라.
14 그리하여 가장 큰 집단으로써 지금 내려온 종교 지도자들, 그 집단 중에서도 사랑을 베풀며 산다는 너희들이 어찌 사는가?

15 너희들이 남의 잘못이요, 남의 허물을
덮어 주며 다스리는 것이 아니라, 그
와 같이 남의 허물을 봤을 때 그에게
가차없이 돌팔매질을 하니,
16 과연 너희들이 돌을 던질 자격이 있는
가, 그리고 너희들이 그와 같이 비방
할 수 있는가?
17 저 자신의 한계요, 제 위치를 파악하
지도 못하는 사람들이 그와 같이 얽히
고설켜 싸워 감이니, 거기가 하나가
될 수 없으며 하나가 이루어질 수 없
음이니라.
18 그리하여 나의 성전에 와 공부하는 너
의 제자들과 나의 법전을 읽고 깨우친
백성 너희들에게 하나가 되라 내가 그
리 말하였으며,
19 모든 일반 백성들과 종교 집단 그들이
가는 그 형태를 벗어나 너희들이 정녕
진정한 사랑으로써 가라 내가 그리 가
르쳤음이니라.
20 이는 영원히 나의 아들이 너희들을 인
도하고 이끌 자이기에, 너희들은 나의
아들 밑에서, 한 스승 밑에서 한 제자
로서 흘러감이니,
21 거기에 너희들이 그들과 불평불만이
요, 또는 너희들의 욕심이며 너희들의
잣대로 재는 너희들의 생각 때문에 남
을 이해하지 못하며 너희 형제를 이해
하지 못하며,
22 나의 아들이 가고자 하는 그 뜻을 거
역하며 그를 이해하지 못하고 거부하
며 너희들이 떠나며 등을 돌리는 그와
같은 역사가 반복되고 있다 하면, 너
희들도 그들과 똑같은 자들이니라.
23 그래서 나의 성전에 와 나의 법전을
읽고 나의 아들을 따라 공부하는 나의
아들의 제자요, 만백성 너희들에게 내
가 뭐라 말했던가?
24 지금까지 살아온 믿음의 세계에서 너
희들이 공부하고 깨우치고 연구했던
그 모두를 머릿속에서 지우지 아니하
면 너희들은 여기서 갈 수가 없다 하
였음이니라.
25 너희들은 너희들을 가르치는 종교 지
도자들의 그 형태와 그들이 행하는 것
에 젖어 있음이니, 나의 아들이요, 나
의 선지자가 너희들과 더불어 가는 그
속에서 너희들에게 진실한 깨우침을
심어 주며 너희들의 굳어진 마음의 문
을 열어 더불어 가고자 하는 행함을
볼 수 없으며 그의 깊은 뜻을 알 수 없
음이니,
26 여기서 너희들이 스스로 반목이 생기
며 시기하고 질투하며 언성이 높이 나
오는 그와 같은 너희들의 형태가 된다
면 지금의 잘못 가는 종교 지도자들과
하나도 다를 것이 없으니, 너희들이
내가 이루고자 하는 새 시대요, 새 나
라를 건설하는 데 본보기로서 존재하
는 사람으로 될 수 없으니,
27 너희들은 크게 봐야 될 것이며, 큰 역
사를 이루는 너희들로서 작은 일들에
연연하여 작은 것에 이해관계를 따지
는 그와 같은 삶을 살아서는 아니 될
것임을 알아야 될 것이니라.

2,866 번째 하나님 말씀

2002년 8월 9일 0시 12분

1 사랑하는 나의 아들아!

2 "네, 아버님! 말씀하옵소서."
3 구약 시대에 나의 백성들을 구원하기
위하여 내가 나의 백성인 모세로 하여
금 그 많은 기적과 이룰 수 없는 그 역
사를 보여 주며 내가 바라는 백성들을
내가 원하는 곳에 안주시켜 영원히 축
복 속에 살아가도록 하는 그 역사를
이루어 주고자 하였음이니라.
4 그러나 구약 시대에 그 많은 역사와
모세의 기적을 다 보며 충만한 은혜와
은총을 받은 너희들이 어떠한 짓을 했
던가?
5 너희들은 우상을 만들며 그 광란의 짓
을 하여 나를 저버렸으며, 나를 기억
하지 못하도록 하였으며, 나는 가짜
신이며 존재하지 아니하는 신이라 하
는 그와 같은 행위를 하였음이니라.
6 그리하여 모세가 내가 직접 바위에 쓴
십계명을 너희들에게 던져 버렸음이
니,
7 그러나 내가 너희들을 사랑하기에 모
세에게 불로 쓴 그 십계명을 다시 세
상에 내려보내도록 하였음이니라.
8 그 십계명이 무엇이더냐?
9 너희들이 그를 지키고 그대로 행하여
왔다면 신약의 시대는 열리지 않았을
것이며, 제3의 시대도 열리지 않았을
것이며, 나의 피조물 만백성 너희들이
그와 같이 사악한 오늘의 형국이 이루
어지지 아니하였을 것이니라.
10 너희들 자신이 도적의 세계요, 사악한
자들이요, 사탄의 세계가 이루어졌다
하는 이와 같은 시대는 이루어지지 아
니하였음이니라.
11 구약 시대에 사는 백성들이 내가 불로
직접 쓴, 너희들이 구원을 받아 하늘
에 오르는 그 근본이요, 기초인 십계
명을 지키지 않고 그리 행하지 아니하
고 살았음이니라.
12 그리하여 내가 신약 시대를 열어 성서
를 내려보내 나의 아들을 통하여 그를
행하는 것을 기록하여 그 성경을 만들
었음이니,
13 그 신약 시대와 나의 아들이 내려간
그 원액의 근본은 너희들이 십계명을
지키도록 그리 깨우쳐 주어 나의 피조
물 만백성이 십계명 속에 다시 돌아와
사는 그와 같은 역사를 만들어 하늘에
오르는 길을 볼 수 있도록 하며, 천사
와 같은 자들이 이 세상에 살아갈 수
있는 지상의 낙원을 만들고자 하였음
이니라.
14 십계명을 계승하여 그대로 지키고 살
아가는 백성들을 만들기 위하여 나의
아들 예수가 성령을 받아 세상에 내려
갔음이니, 이는 그리하여 신약 시대가
열렸음이니라.
15 그 시대는 십계명을 지키고 행하는 그
와 같은 백성들로 만들고자 내가 그
역사를 이루었으나, 너희들은 그를 행
하지 아니하여 나의 아들이 그와 같이
처참하고 비참한 방법으로써 세상을
등지게 하였음이니라.
16 내가 그 십계명을 계승하고 이해하고
깨닫기 쉽게 만백성을 그와 같이 가르
치는 역사를 이루어 하늘에서 이루어
진 것같이 이 지상에 낙원을 이루고자
하였던 것이 나의 뜻이었음이니, 곧
이는 바로 무엇이더냐?
17 십계명을 실천하고 행하는 그와 같은

시대를 계승하여 열고자 하였던 것이
니라.
18 그러나 너희들이 그와 같이 사악한 방
법으로써 그 시대의 문을 닫게 하였음
이니라.
19 내가 지금 제3의 시대에 나의 아들을
통하여 '하늘에 오르는 길'이라 하여
나의 법전을 만들어 너희들에게 내려
보냄이니,
20 예수를 통하여 신약 시대에 이루고자
했던 그 십계명의 가르침을 바로 세우
지 못한 것을 너희들이 알기 쉽고 깨
닫기 쉽도록, 바로 보아 깨달을 수 있
도록, 누구나 다 구원의 길을 갈 수 있
도록 그 십계명을 지금 근본이요, 기
초로 하여 그를 풀어 너희들에게 '법
전'이요, '하늘에 오르는 길'이라 하여
책으로 내려보냄이니라.
21 너희들은 여기서 하나 깨우쳐야 될 것
이니라.
22 십계명을 지키고 그대로 행하지 아니
하는 자, 나의 율법을 지키지 아니하
는 자, 그리고 제3의 시대에 내가 내
려보내는 성령인 이 법전을 깨우쳐 행
하지 아니하는 자는 구원을 받을 수
없다는 것을 꼭 깨우쳐 알아야 될 것
이니라.
23 이를 거역하며 이를 받아들이지 아니
하는 자는 정녕 구원받을 수 없음을
알아야 될 것이니라.
24 내가 다시 한 번 너희들에게 명하노
니, 너희들이 잘못 살아온 그 형태를
바로잡고자 내가 불로 직접 써 내린
십계명을 구약 시대에 지키지 아니하
며 행하지 아니하였기에,
25 이를 바로잡아 나의 피조물 만백성에
게 행하도록 하여 구원을 받으며 하늘
에 오르는 길을 보도록 하기 위하여
신약 시대의 성서요, 깨우침을 그리
너희들에게 내렸으며 나의 아들을 내
려보냈으나, 그와 같이 너희들이 모두
를 다 단절하는 그 사악한 역사를 이
루었음이니라.
26 그리하여 내가 다시 제3의 시대를 열
어, 예수가 신약 시대에 전하고 이루
지 못했던 그 십계명을 상세히 너희들
에게 깨우쳐 풀이하여 내려보내는 것
이니, 이게 곧 너희들의 구원의 길의
근본이라는 것을 잊지 말라.
27 그리하여 그와 같은 역사가 다시 이루
어졌음을 알아야 될 것이니라.

2,867 번째 하나님 말씀

2002년 8월 9일 01시 22분

1 사랑하는 나의 아들아!
2 "네, 아버님! 말씀하옵소서."
3 지금 너희들이 살아가는 2002년 현시
대에 저희 스스로 단체를 만들면서
방대한 힘의 조직을 가져 저희들이 구
원의 길이요, 하늘에 오르는 길이라
하는 수천수만의 종파들이 존재하고
있음이니라.
4 그러나 그들이 제대로 나 여호와에게
오르는 길이 아니요, 나의 뜻을 하나
도 알지도 못하고 내가 원하고자 하는
그 역사 자체도 모르며 지금 가고 있
는 그 형태와 작태는 나와 아무런 관
계도 없으며,
5 그들이 지옥으로 가는 길을 위하여 저

희들이 믿으며, 손으로 지은 그 성전
에 가 내가 내려 준 재물이요, 그 모두
를 바쳐 가면서 그와 같이 가고 있다
말하였음이니,
6 그러나 너희들은 이를 믿지 아니함이
니라.
7 딴 종교 집단은 다 어찌 됐든 오로지
너희들이 속해 있는 그 집단의 종교
지도자는 깨끗한 자요, 바른 자요, 그
리고 너희들이 지금 공부하는 그 집단
만이 진정 하늘에 오르는 길이라 그리
아우성치고 있으며, 다른 모든 종교의
집단은 너희들과 관계없다 말하며,
8 심지어는 내가 너희들에게 말했듯이,
구약이요, 신약이라는 성서를 가지고
가르치고 있는 자들조차도, 나 여호와
의 가르침이요, 나의 뜻을 가지고 같
이 공부하는 백성들도 서로 저희들과
다르다며 차별하는 이와 같이 웃지 못
할 형국이 되었으며,
9 그걸 가지고 인간의 생각으로 설명하
고 해설함에 따라서 그 뜻이 천태만상
으로 변해 있으니, 그러니 너희들이
하나의 뜻을 가지고 수백 가지로 각자
사람마다 단상에 서서 해명하는 것이
다르니, 그게 어찌 하나의 진실이며
나의 뜻이라 말하는가?
10 너희들이 나의 뜻이요, 진실한 나의
법전이요, 나의 성령의 뜻을 가르쳤다
하면, 천만 명의 종교 지도자가 다 다
른 장소에서 각자 저희 종교 집단에서
그 성서의 하나의 구절을 가지고 가르
칠 때, 똑같은 뜻이요, 똑같은 의미로
해석하고 가르쳐야 그게 나 여호와의
하나의 진리며 참진리의 빛이니라.
11 그러나 너희들은 그를 놓고 수천수만
가지로 가르침이니, 거기에 진리가 하
나도 없는 이치가 거기에 있음이니라.
12 또한 너희들은 하나의 종교 집단이 형
성되어 그 집단에 속해 있는 자들이
가르치는 자의 뜻을 바로 전하고 듣는
것이 아니라, 그 집단에서 어느 정도
성장하고 힘이 생겼을 때 너희들을 가
르쳐 주고 깨우쳐 준 그 종교 집단을
거부하고 저주하며 사탄이요, 이단이
라 그리 말하며 뛰쳐나오고 또 그 가
르침에 불복하며, 그리하여 너희들이
나와서 하는 짓이 무엇이던가?
13 새로운 종교 집단을 형성하고 그 집단
에서 너희 스스로 너희 입에 맞도록
모든 것을 고쳐 가르치며, 성서의 구
절을 설명하는 것도 너희들 마음과 뜻
대로 임의대로 하니,
14 먼저 가르친 자와 차별을 두어 가르치
는 것이 진정한 하나님의 뜻이요, 저
희들만이 구원의 길이라 주장하며, 너
희들 머리로써 또 차별화되어 가르치
는 것이 너희들이 특별한 자요, 전에
가르치던 종교 지도자보다 더 유능한
자요, 그리고 너희들만이 구원을 받는
다 하니,
15 그리하여 너희 생각으로써 같은 대목
을 가지고 다르게 가르치고 설교하며,
그와 같이 하여 또 거기에서 나와 또
다른 종교 집단이 형성된 것이니라.
16 그 종교 집단에서 배우는 자는 그 집
단에 또 불복하고 뛰쳐나와 그들이 또
하나의 종교 집단을 만드는 것이 지금
너희들이 가고 있는 형태이며 지금의
너희들이 이루고 있는 작태이니라.

17 너희들이 하나의 집단에서 최초에 배
우고 가르친 자, 또 배운 자가 그곳의
저희 스승에게 손가락질하며 저희 집
단이 잘못되었다 하여 제가 뛰쳐나오
고 거기에 불복하여 하나의 종교 집단
을 만들었으며,
18 뛰쳐나온 그자가 그와 같은 형국으로
또 당하며 그와 같이 하나의 집단이
나가 새로운 역사가 이루어짐이니,
19 앞으로 가라는 성서의 구절을 가지고
너희들은 기어가라, 옆으로 가라, 좌
우로 가라 하며 너희들 생각나는 대로
가르쳐 가고 있음이니, 그러하니 나의
참진리를 볼 수 없으며 나의 참진리의
뜻과는 관계없이 너희들이 지금 오합
지졸로 분산되어 있으며,
20 너희들 나름대로 의미와 뜻도 모르면
서 그저 '할렐루야!', '아멘!, 재물을 바
치는 자는 구원을 받는다 하며 이와
같은 형국으로 너희들이 지금 퍼져 온
그 가지에서 가지가 나온 것이니라.
21 그러니 하나가 불복하여 나온 가지에
서 또 가지가 나와 그 가지가 씨앗을
낳아 또 가지가 나오는 이와 같은 2천
년의 역사가 흘러와 너희들이 몇 대의
가지가 되는지도 모르며,
22 너희들이 그와 같이 버려진 속에서 또
버려지고 뛰쳐나온 속에서 또 뛰쳐나
오며, 버려진 자 버려진 대로 성전이
라는 것을 차리며, 뛰쳐나오고 불복한
자 불복한 대로 성전을 차려, 같은 성
서를 가지고 해석을 달리하며 가르침
을 다르게 하며 행사를 달리하며 행함
을 달리하며 그와 같은 형국으로 너희
들이 지금 변해 와 있으니,
23 그 수천 개의 가지로 변해 오면서 너
희들이 불복하고 불복하며 또 하나를
차리고 또 불복한 자가 차리는 이와
같이 변화되고 변질되는 믿음이 지금
2002년, 수천수만의 성전이라 하여
십자가에 불을 밝혀 나의 아들이 그리
비참하고 고통스럽게 죽어 간 그것을
하늘에 비춰 나에게 보라 하며 악을
쓰고 있으며, 그리하여 나를 고문하며
나를 고통스럽게 하는 작태를 하고 있
음을 알아야 될 것이니라.
24 이것이 너희들이 지금 가고 있는 형국
이니라.
25 한 인간의 자식이 그 혈통을 가지고
내려오도록 그와 같은 역사만 존재했
더라도 지금과 같은 형국은 생기지 아
니하였음이니라.
26 너희들이 알아야 될 것이니라.
27 그 형제가 갈라지고 또 그 형제가 갈
라졌음이니, 이는 종족의 번식에 의하
여 그와 같이 벌어지나,
28 너희들은 불복하고 뛰쳐나오며 그리
하여 종족이 벌어지고 번식하고 번식
하는 것처럼 지금 수천수만 가지 종교
의 종파가 2002년에 와서 이 세상을
다 덮고 지배하고 있음이니라.
29 거기에 내가 철퇴를 내리며 거기에서
너희들이 깨달음을 얻으라 하며,
30 너희들이 성서를 가지고 매달리기 때
문에 변화될 수 없으며 깨우침을 얻을
수 없음이니, 그리하여 너희들이 성서
를 제쳐 놓고 깨우칠 수 있는 나의 법
전이요, '하늘에 오르는 길'이요, 나의
책을 만들어 성서를 대신하여 너희들
에게 내려보냄이니,

31 이 위대한 역사 앞에 너희들이 나의
법전을 받고 읽고 깨우치는 자, 구원
을 받는다는 것을 잊지 말라.
32 이를 보지 않는 자는 절대 구원을 받
을 수 없음이니라.
33 종교의 집단에서 뛰쳐나오고 거부하
고 불복하며 승복하지 아니하고 그리
하여 만들고 만들고 만들어서 그 뿌리
가 그와 같은 형국으로 퍼진 것이
2002년 지금 지상에 십자가를 세워
놓고 서 있는 종교 집단이요, 저희들
대로 가는 모든 종교 집단이 또는 믿
음을 가지고 가는 집단들이 이와 같
은 형국이 이루어졌음이니,
34 너희들의 조상이요, 조상의 뿌리를 찾
다 보면 변질되고 변질된 것을 너희들
이 알 것이며,
35 그 변질되고 변질된 속에서 오늘의 너
희들이 하늘에 오르고자 손으로 지은
그 성전에 와서 기도하고 경배하는 그
와 같은 형국이니, 너희들이 얼마나
잘못된 곳에 가서 기도하고 경배하는
가를 깨우쳐야 될 것이니라.

2,868 번째 하나님 말씀

2002년 8월 9일 01시 32분

1 사랑하는 나의 아들아!
2 "네, 아버님! 말씀하옵소서."
3 모든 종파들이 뛰쳐나와 불복하며 승
복하지 아니하고 저희들이 또 뛰쳐나
와 하나의 성전을 만들었으며, 그 성
전에서 배우고 가르친 자, 제 스승을
버리며 제가 또 뛰쳐나와 저희 나름대
로 또 변질되고 변질되도록 가르치는
역사를 이루어 그와 같이 지금 2002
년이라는 이 시대에 수많은 종교 집단
들의 보이는 곳, 보이지 아니하는 곳
을 다 파헤쳐 본다면 열 발짝도 안 가
서 종교의 집단이 형성되어 있으며,
4 또한 모든 백성들이 다 그와 같이 서
로 제 종파에 얽매여 매달리고 있는
그와 같은 형국이라 내가 너희들에게
말하였음이니라.
5 이제 그들은 어느 곳에 와 있는가?
6 그들은 지금 다 지쳐 있음이니라.
7 그리고 그 뿌리가 썩어 들어가기 시작
함이니, 저희들이 만든 그 성전에서
나의 피조물 만백성이 등을 돌리며 이
제 저희들의 실상을 파악하기 시작함
이니,
8 그 뿌리가 되는 젊은 아이들이며 새로
운 사람들이 저희 종교 집단에 모여들
고 찾아가는 횟수가 줄어들어, 이제는
모든 종교 집단이 지탱하고 운영하기
에 저희들 자신이 버거우며 저희들 자
신이 힘이 들며 저희들 자신이 점점
어려운 것을 느껴 가고 있을 것이니라.
9 그리하여 그들은 지금의 방법으로써
는 더 이상 끌고 갈 수 없는 한계에 도
래하였으며, 지금 어떠한 돌파구요,
어떠한 변화의 길을 찾기 위하여 내심
몸부림치며 고민 속에 젖어 있는 그와
같은 것이 지금 종교 지도자들이 이끌
어 가는 형국이니라.
10 나의 피조물 만백성이 지혜가 높으며
깨달음이 높으며, 맹종하는 그와 같은
시대가 지났으며,
11 그들의 세 치의 혓바닥에 모든 재물을
물 쓰듯이 갖다 바치며 그것이 구원의

길이요, 축복의 길이라 생각했던 예전
과는 정반대의 현상에서 그들을 계산
해 보고 또 생각해 보며, 그리하여 그
들 뜻대로 그들 앞에 고개 숙여 가는
자가 없음이니, 그들의 뿌리가 서서히
말라 들어가기 시작함이니라.
12 그리하여 그 뿌리가 마르기 시작하여
그들의 그 성전이라는 것이 앞으로 거
미줄을 칠 날이 머지않았다 내가 너희
들에게 말하였음이니라.
13 지금 이러한 시대에 그를 바로잡고 나
의 피조물 만백성 스스로 일어나는 그
반란이요, 그들의 이루어지는 참혹한
그것을 막기 위하여 내가 너희들에게
나의 법전을 내려 그들에게 강타하며,
14 그들이 한 번 강타당할 때 나의 법전
이 있음을 깨달아 그를 보고 하늘에
오르는 구원의 길을 얻도록 하라 하였
음이니,
15 모든 종파가 서로 물고 뜯고 싸우며
서로 이단이요, 사탄이요, 사악한 자
라며 싸워 오던 그들이 이제는 진정한
나의 성령이요, 나의 법전이요, 하늘
에 오르는 길인 이 책이 세상에 나가
게 되니, 만백성이 이것이 참진리요,
이게 옳은 길이며 나 여호와의 성령이
라 하여 이 법전을 읽고 깨우쳐 모여
드는 것을 저희들이 감당할 수 없고
지탱할 수 없기에, 그들은 어떠한 형
태로 가고자 하는가?
16 쓰러지고 지금 파산되어 가는 종교 집
단의 그 모두가 하나가 되어 똘똘 뭉
쳐 나의 법전이요, 나의 성령이요, 나
의 아들을 통하여 내려보내는 이 책을
존재하지 못하도록 무차별적으로 모
든 힘을 다 모아 하나가 되어 공격할
것이니라.
17 그리하여 그들이 공격하기 시작하며,
온 인류 속에 있는 모든 종교 집단이
하나가 되어 나의 성전이 존재하지 못
하도록 할 것이며, 나의 법전이 존재
하지 못하도록 할 것이며, 나의 아들
이 지탱하여 가지 못하도록 그들이
그와 같이 하나가 되어 공격할 것이
며, 그리고 그들이 그와 같이 무서울
만큼 너희들을 쓰러트리며 파헤치기
위하여 물고 늘어질 것이니라.
18 모든 종파가 하나가 되어 너희들에게
만 총공격을 부으며 너희들을 갈기갈
기 헤쳐 놓아 이 세상에 존재하지 못
하도록 하며,
19 너희들을 사탄이요, 사악한 자가 마지
막에 세상에 내려왔으니 종말의 시대
니, 만백성은 구원을 받기 위하여 저
희들이 만든 성전에 나와 재물을 바치
며 저희들 말에 따라 하나가 되어야
된다 그리 독려하고 그들을 묶어 놓는
그와 같은 수법을 쓸 것이며,
20 한편으로는 이 법전이 세상에 나가지
못하며 존재하지 못하도록 모든 종파
가 하나가 되어 공격하는 그와 같은
역사가 이루어질 것이니,
21 그를 받고 그들의 공격을 감내하며 너
희들이 세상에 존재치 못하도록 너희
들을 차별시키고자 하는 그들의 공격
하는 수법과 그들이 공격하는 그 모든
방법에 대하여 그를 막고 감당하여야
할 너희들이 과연 어찌 그를 지탱하고
견딜 수 있겠는가?
22 이와 같은 것을 너희들은 깨달아야 될

것이니라.
23 그리하여 너희들은 나의 법전을 만드
는 데 최선을 다할 것이며, 나의 법전
을 세상에 전하는 데 열과 성의를 다
해야 될 것이니라.
24 이와 같이 온 인류가 하나가 되어 나
의 성전을 공격하며 나의 법전을 태우
며 찢어 버리며 나의 아들이 세상에
존재치 못하도록 하는 그와 같은 역사
를 이룰 그를 다 가슴으로 받아야 되
며 인내하며 견디고 가야 되며 싸워서
이겨야 할 너희들이,
25 지금 너희 형제끼리 모여 나의 성전에
서 작고 큰 일로 시시비비를 하며, 너
희들의 생각으로써, 너희들의 판단으
로써 서로 험담하며 서로 물고 늘어지
며, 너희들이 불쾌한 모습으로써 서로
만나고 헤어짐이 이루어진다는 것은,
너희들이 온 인류가 너희들을 공격할
때 지탱할 수 있는 힘이 없음이니라.
26 그러하니 너희들은 작은 일에 시시비
비하지 말며 너희 스스로 나의 아들을
받들어, 너희들이 선택된 백성이라는
것을 잊지 말고, 너희들이 만백성을
구하기 위하여 견디는 그 뿌리를 내리
는 것을 잊지 말아야 될 것이니라.
27 너희들이 여기서 서로 작은 일에 시시
비비하며 얼굴 붉히며 하나가 되지 못
하여 흔들릴 때, 그 모든 인류의 종파
들이 하나가 되어 너희들을 밀어붙일
때 그 방대한 힘 앞에 너희들은 무참
히 밟힐 것이며, 너희들은 갈기갈기
찢어지는 그와 같은 형국을 면치 못할
것이니,
28 지금서부터 너희들이 하나가 되도록,
사심과 욕심을 버리며 모두를 배려하
며 사랑하는 마음으로써 하나가 될 수
있도록 힘을 합치지 아니한다면 너희
들은 그를 견뎌 낼 수 없음을 알아야
될 것이니라.
29 어떠한 공격에도, 어떠한 사나운 방법
에도 너희 자신을 다 바쳐 나의 법전
이 세상에 나갈 수 있도록 그 역사를
이루어야 할 너희들이니,
30 너희 마음이 하나가 되지 못했을 때,
너희들이 하나의 어떠한 공격을 받을
때 너희 스스로 지탱할 수 없음이니라.
31 그리하여 너희들이 지금 치고 빠지며,
너희들에게 등을 돌리며 너희들에게
눈에 보이는 시시비비의 역사가 이루
어지며, 너희 스스로 언쟁을 높이며
너희 스스로 옳고 그름을 판단하는 그
와 같은 훈련을 시작하고 있음이니,
32 너희들이 여기서 빨리 깨어나 하나의
마음으로 되는 그 길로 너희들의 마음
을 열어야 될 것임을 잊지 말라.

2,869 번째 하나님 말씀

2002년 8월 9일 01시 41분

1 사랑하는 나의 아들아!
2 "네, 아버님! 말씀하옵소서."
3 너희들은 나의 은혜 모두를 다 역으로
갚았으며, 내가 너희들에게 사랑을 내
려 베풀었던 그 모두를 다 거역함으로
써 나에게 모두를 보여 주었음이니라.
4 나는 너희들에게 지극한 사랑이요, 은
혜와 영광이요, 은총을 내렸건만, 너
희들은 그 모두를 다 역으로 갚으며
거역해서 갚으며 그와 같은 방법으로

써 나에게 되돌렸음이니, 너희들이 살
아온 형국이 그와 같으며,
5 너희들이 얼마만큼 나 여호와의 마음
을 아프게 하였으며 나에게 거역하였
는가?
6 그 어려운 역사를 이루는 모세의 시대
에도 너희들은 내가 만들었던 십계명
조차도 지키지 아니하였으며 그를 버
렸음이니, 그를 지키고 그대로 행하고
살라 했던 그 구약 시대에 너희들이
그를 버렸으며, 오죽하면 나의 모세가
그를 너희들에게 던져 산산조각으로
만드는 그와 같은 광분의 시간이 있었
으며 그와 같은 현상이 이루어졌겠는
가?
7 그리고 신약 시대를 돌이켜 봐도 또한
너희들은 어찌했던가?
8 너희들은 나에게 거역하며 감히 고개
들어 나를 바라볼 수 없는 그와 같은
사악한 행위로써 사악한 형태를 저질
렀음이니라.
9 그러나 나 여호와는 너희들을 버리지
아니하였음이니라.
10 그와 같이 나에게 거역하며 나의 가슴
을 아프도록 했으며 나의 뜻을 따르지
아니하고 오로지 지옥 불로만 달려가
는 너희들을 내가 정녕 사랑하기에,
너희들을 위하여 나의 사랑하는 아들
예수를 보내어 너희들을 다시 구원하
고자 하였거늘, 너희들은 또한 그를
어찌하였던가?
11 그를 그리 가장 힘들고 고통스러운,
누구도 참기 어려운 그와 같은 형국으
로 손과 발에 못을 박아 찢어지는 아
픔의 고통을 맛보게 한 것이 너희들의
형국이 아니던가?
12 내가 너희들을 사랑하기에 나의 아들
을 너희들에게 그리 죽게까지 하면서
도 너희들이 사랑을 지키며 나누며 살
라 그리하였거늘,
13 어찌하여 너희들은 형제끼리 그 사랑
을 나누지 아니하며 사랑 속에서 살아
가지 아니하며,
14 오로지 너희 형제를 질투하고 시기하
며 너희 앞에 가는 자를 걸어 넘어트
리려 하며 너희보다 나은 자를 시기하
고 질투하며, 그와 같이 사랑을 베풀
고 살지 못하며, 너희들은 어찌하여
나에게 거역하는 그와 같이 사악한 삶
을 지금도 살아가고 있는가?
15 너희들이 구약과 신약의 시대에 나의
마음을 그렇게 아프게 했음에도 내가
너희들을 사랑하기에 너희들을 지금
구원하고자 하거늘,
16 너희들은 어찌하여 내가 너희들에게
베풀고 있는 그 아름답고 진한 사랑을
모르며, 어찌하여 그를 본받아 너희
형제요, 이웃을 사랑하는 마음으로써
살아가지를 못하는가?
17 그것이 너희들의 실체이니라.
18 내가 나의 아들을 너희들에게 던져 그
와 같이 어렵고 힘든 고통의 순간을
넘기며 죽어 가도록 했던 나의 아들을
보면서도 내가 너희들을 사랑하기에
그를 인내하고 참았던 그 마음의 사랑
을 너희들은 어찌하여 보지 못하며,
그를 본받아 너희 것으로 만들어 사랑
을 베푸는 인간의 형태로 가지 못하는
가?
19 창조주인 나 여호와가 나의 아들을 그

리 너희들을 위하여 버렸거늘, 그것을
보고도 변하지 못하고 고치지 못하며,
사랑을 베풀고 나누며 살지 못하는 너
희들을 어느 누가 가르쳐 깨우칠 수
있다 말하는가?
20 이와 같이 흘러간 너희들을 그 누구도
바로잡고 깨우쳐 사랑을 실천하며 하
늘에 오르는 길을 이룰 수 있는 역사
가 없음이니라.
21 그리하여 내가 지금 나의 성령을 태워
160권이라는 그 장서를 가지고 너희
들 자손을, 또 그 자손을 깨우쳐 아름
답고 선한 백성으로 만들어 구원을 받
을 수 있는 나의 백성으로 만들고자
이 역사를 이루고 있음이니,
22 너희들은 이 법전을 읽고 깨우치지 아
니하면 정녕 사랑이라는 것을 행할 수
도 없으며 실천할 수도 없으며 사랑이
무엇인가도 모르고 살아갈 것이니라.
23 너희들은 여기서 돌이켜 생각해야 할
것이니라.
24 나에게 거역하고 나에게 등지며 나의
가슴을 아프게 했던 너희들에게 나는
아들까지 내려보내 그를 잃어 가면서
너희들을 사랑하고자 하였음이니,
25 그 베푸는 나 여호와의 사랑을 너희들
이 가슴에 깊이 새겨 너희 것으로 만
들어, 내가 베푸는 그와 같은 사랑으
로써 만백성을 사랑하며 이웃을 사랑
하며 형제를 사랑하며 부모를 공경하
는 그와 같은 마음으로 변해야 할 것
이니,
26 누가 무엇으로써 설교하며 무엇으로
써 강론하며 너희들에게 깨우쳐 말로
전해도 너희들은 일순간에 지워 버리
고 또 잊어버림이니 너희들이 변할 수
없으며 너희들을 변화시킬 수가 없음
이니라.
27 그리하여 너희들이 영원히 천사가 되
어 변할 수 있는 그 길을 위하여 내가
나의 법전을 내려보내는 뜻이 여기 있
음이니, 이 간곡한 나의 뜻을 깨우쳐
너희들이 나의 법전을 보고 구원을 받
으며 생명의 빛을 보도록 그리하라.
28 그러지 못하는 자, 너희들이 죽어 와
내 앞에 섰을 때 얼마나 무서운 환경
에서 그 죄에 대하여 대가를 받으며
영원히 사는 그 고통 속에서 견뎌야
하는지, 너희들은 상상할 수 없는 너
희들의 죄에 대한 벌이 기다림을 잊지
말라.

2,870 번째 하나님 말씀

2002년 8월 9일 01시 50분

1 사랑하는 나의 아들아!
2 "네, 아버님! 말씀하옵소서."
3 수천 년 전에 믿어 왔던 나의 피조물
만백성과 지금의 시대에 믿어 가는 나
의 피조물 만백성 너희들이 똑같이 전
하는 말이 있음이니 무엇이던가?
4 너희들은 나의 뜻에 살아가는 나로부
터 선택된 백성들이며, 그리하여 너희
들은 너희 손으로 짓는 그 성전을 웅
대하고 방대하게, 그리고 궁궐보다도
더 아름답게 꾸려 가꾸어 놓고 너희들
은 그것이 역사요, 나 여호와에게 사
랑받을 일이며 내가 원하는 길이며,
5 나의 성전을 방대하고 웅대하게 지었
으니 그곳에 참여한 자, 나에게 축복

받고 은혜를 받을 것이라 그리 생각하
며 너희들은 그 역사를 이루고 또 이
루어 가느니라.
6 그러나 그것은 너희들이 잘못됨을 알
아야 될 것이니라.
7 너희들이 무엇을 이루었다 하여 축복
을 받고자 했다면 그는 기복 신앙의
대표적인 것이며, 그와 같은 성전은
나와는 아무런 관계도 없음이니라.
8 너희들은 그저 들판에서 나의 진솔한
성령이요, 나의 뜻을 가르치는 그것이
바로 내 성전에서 가르치고 깨우치는
것이니라.
9 그리하여 마음이 깨끗한 자, 진실되게
나 여호와의 뜻에 의해 살아가는 자,
그가 앉아서 강론하는 곳이 가장 위대
한 성전이라 내가 말하였느니라.
10 또한 너희들은 너희 손으로 지은 그
방대하고 웅대한 성전에 나가 너희 조
상서부터 너희들까지 십일조요, 감사
헌금이요, 너희들이 바치기 거북스럽
고 바치기 싫었던 모든 헌금들을 반강
제적으로, 축복을 받는지 안 받는지
모르는 그와 같은 불안한 심리에서 바
친 자가 수없이 많을 것이니라.
11 그러면서 너희들은 무어라 말하느냐?
12 그 손으로 지은 너희 성전에 나가 너
희들은 나의 뜻대로 행하는 백성이요,
천사와 같은 자들이요, 그리고 너희들
은 사랑을 나누며 이웃에게 사랑을 베
풀며 살아간다 그리 말하는 것이니라.
13 너희들은 지금 세 치 혓바닥을 놀리는
그들에게 현혹되어 그와 같이 십일조
요, 헌금이요, 내가 준 재물을 바쳐 웅
대한 성전이요, 대궐보다도 더 찬란한
장식을 해 놓고 내부에 그림과도 같은
성전을 만들어 놓고 너희들이 그곳에
서 기도하고 경배하며 사랑을 베풀며
살아간다 말하며 그리 착각을 하고 있
음이니라.
14 너희들은 그와 같이 그 속에서 기도하
며 구원을 받고자 하는 마음으로써는
절대로 구원받을 수 없으며, 나로부터
사랑을 받을 수 없으며, 나 자신이 너
희들을 기억하지도 아니한다는 것을
알아야 할 것이니라.
15 그와 같이 웅대한 성전이요, 너희들이
지은 두꺼비집 같은 그 성전에 가서
나의 뜻에 산다 말하며 사랑을 베푼다
말하며 그리 사는 자, 정녕 너희들이
사랑을 베풀어 나에게 축복과 사랑을
받고 싶다 하면 너희들은 너희 형제를
먼저 사랑하는 것부터 배우라.
16 그리고 너희 부모를 사랑하고 공경하
며 이웃을 사랑하는 행위를 너희들이
먼저 하여야 될 것이니라.
17 부모 형제를 사랑하지 아니하며, 이웃
을 사랑하지 아니하며, 너희들이 대면
하고 사는 사람들, 너희 형제를 사랑
하지 아니한다면, 너희들은 정녕 나로
부터 사랑을 받을 수 없는 자들임을
알라.
18 만백성 중에 스스로 제 형제요, 이웃
에게 사랑을 베풀며 사는 자, 그리 행
하며 사는 자만이 나에게 사랑을 받을
수 있으며 내가 기억한다는 것을 알아
야 될 것이니라.
19 그렇지 못한다면 나는 너희들을 사랑
하지 않음을 알라.
20 나는 그러한 자 사랑하지 아니함이니

라.
21 부모 형제, 이웃을 사랑하는 자, 나는 그러한 자만을 사랑함을 너희들이 알아야 될 것이니라.
22 이 이치를 너희들이 깨닫지 못한다면 너희들은 정녕 아무것도 얻을 수 없음을 알라.
23 아무것도 너희들이 이루는 것이 없음을 알아야 될 것이니라.
24 나로부터 사랑을 받는 자, 나의 나라에 와 너희들이 말하는 천국의 열쇠요, 영광의 문에 들어설 수 있음이니, 너희들이 사랑을 받고자 한다면 너희들이 만든 그 성전에서 말로만 사랑을 베풀며 산다 하지 말라.
25 말로는 너희들이 청산유수같이 말하며 남들 앞에 천사와 같이 산다 하나, 제 부모요, 형제요, 이웃을 사랑하지 못하는 자, 그를 행하지 않는 자는 나로부터 사랑을 받지 못한다는 이 엄연한 사실을 내가 너희들에게 명함이니, 이를 깊이 깨우쳐 행하도록 그리하라.

2,871 번째 하나님 말씀

2002년 8월 9일 01시 58분

1 "너는 나 외에는 다른 신들을 네게 있게 말지니라.
2 너를 위하여 새긴 우상을 만들지 말고, 또 위로 하늘에 있는 것이나, 아래로 땅에 있는 것이나, 땅 아래 물 속에 있는 것의 아무 형상이든지 만들지 말며, 그것들에게 절하지 말며, 그것들을 섬기지 말라.
3 너는 너의 하나님 여호와의 이름을 망령되이 일컫지 말라.
4 안식일을 기억하여 거룩히 지키라.
5 네 부모를 공경하라.
6 살인하지 말지니라.
7 간음하지 말지니라.
8 도적질하지 말지니라.
9 네 이웃에 대하여 거짓 증거하지 말지니라.
10 네 이웃의 집을 탐내지 말지니라.
11 나 여호와가 존재함을 믿는 그 자체가 구원의 길에 들어서는 기본이요, 근본이며, 나의 법전을 가슴에 안고 정독하는 자, 반석 위에 서서 하늘에 오르는 찬란한 빛을 보게 되는 영광을 얻게 됨이니라."
12 사랑하는 나의 아들아!
13 "네, 아버님! 말씀하옵소서."
14 내가 이 깊은 밤 너로 하여금 십계명을 암송하여 나의 법전을 받아 기록하도록 하며, 내가 법전에 나의 십계명의 이 뜻을 기록하여 만백성이 이를 읽고 깨우치도록 하고자 함이니,
15 너희들이 바로 가지 못하는 그 믿음을 바로잡고자 하는 나 여호와의 이 애절한 마음의 뜻을 너희들은 과연 알겠는가?
16 너희들은 지금까지 살아오면서 너희 생활의 형태며 너희들이 어떠한 삶을 살아왔는가를 깨달아 볼 때가 되었음을 알아야 될 것이니라.
17 너희들은 구원을 받고자 하며 나 여호와로부터 사랑을 받으며, 너희들이 나의 나라에 와, 영원히 사는 나의 천국에 와 나와 더불어 하늘의 낙원에서 영원히 사는 것만이 너희들이 갈구하

고 원하는 길인 것이니라.
18 그러나 너희들은 알아야 될 것이니라.
19 정녕 너희들이 나 여호와로부터 사랑
을 받으며 구원을 받아 나의 나라에
오르기를 원한다면 너희들은 내가 내
린 나의 십계명을 지키며 그대로 행하
고 살아야 될 것이며,
20 나의 율법과 성서에 기록되어 있는 너
희들이 지키기 어려운 그 고난의 길들
을 너희 것으로 만들어 지키며 살아가
는 것이 너희들이 나로부터 사랑을 받
으며 구원을 받게 되는 근본임을 알아
야 될 것이니라.
21 그리하여 내가 너희들을 깨우치고자
너희들이 지금 사랑을 받는 길이요,
구원의 길이 무엇인가를 상세히 기록
하여, 나의 십계명을 하나하나 분석하
며 그 한 구절 한 구절의 계명을 지킬
수 있는 방법과 너희들이 지켜 갈 수
있는 그 힘을 내가 너희들에게 심어
주는 나의 법전을 세상에 내려보냄이
니,
22 160권 속에 그 십계명을 낱낱이 설명
하여 너희들이 구원의 길을 갈 수 있
으며 구원을 받을 수 있도록 내가 너
희들에게 지금 내려보냄이니,
23 너희들은 나의 법전을 접하여 정독하
며 이를 읽고 또 읽어 내려갈 때, 그
속에서 내가 원하는 것이 무엇이며 내
가 너희들에게 추구하는 것이 무엇인
가를 깨달아 너희들 스스로 깨달음을
얻었을 때, 내가 너희들을 사랑함이
요, 너희들을 구원의 길로 인도하는
것을 알아야 될 것이니라.
24 그리고 너희들이 그 길을 올 수 있음
을 알아야 될 것이니라.
25 나의 사랑하는 아들아!
26 "네, 여호와 하나님! 말씀하옵소서."
27 너의 제자들과 만백성에게 너는 전하
여야 될 것이니라.
28 나 여호와로부터 너희들이 정녕 사랑
을 받으며 구원을 받고자 한다면, 나
의 계명대로 진리를 행하는 자를 보는
것이 나 여호와의 가장 큰 기쁨이요,
행복이라는 것을 그들에게 전해 주어,
29 나의 계명이요, 나의 법전이요, 그 속
에 있는 진리를 행하는 자를 보는 것
이 나의 가장 큰 기쁨이니, 그들이 내
가 가장 사랑하는 자들이며 구원을
받을 수 있는 자들이라는 것을 전하
여 깨우쳐 주도록 그리하라.

2,872 번째 하나님 말씀

2002년 8월 9일 02시 11분

1 사랑하는 나의 아들아!
2 "네, 아버님! 말씀하옵소서."
3 내가 지금 만백성을 바로잡기 위해 나
의 성령이요, 나의 뜻을 나의 법전이
라 하여 글로써 세상에 내려보내 너희
들을 깨우치고자 함이니, 내가 예수의
시대처럼 말로써 전하지 못하며, 그리
전하지 아니하고 글로써 기록하여 너
희들에게 나의 성령을 이리 내려보냄
은,
4 나의 피조물 만백성이 세상에 나올 때
의 원초적인 그 아름답고 고운 심성이
살아가면서 점점 없어지며, 사악함과
욕심이라는 것이 너희 몸을 다 차지하
고 있음이니, 너희들의 육의 삶이며

육의 행함에 있어서 그 욕심을 벗어나
지 못하도록 그리 살아감이니,
5 너희들은 육의 생활을 위하여, 그 육
의 부귀영화를 위하여 환경과 주변의
변화되는 여건에 따라서 너희 마음이
시도 때도 없이 변하는 것이며, 너희
들은 지금 줏대가 없으며, 신의가 없
으며, 의리라는 것이 없으며, 약속을
지키지 아니하며 살아가는 그와 같은
형국이 되었기 때문이니라.
6 육의 삶을 위해서, 육의 명예를 위해
서 너희들이 더 많은 것을 가질 수 있
으면, 더 많고 높고 큰 것을 얻을 수
있으면 너희들은 어제의 약속을 오늘
에 행하지 아니하며,
7 그저 너희 편의대로, 유리한 쪽으로,
너희들에게 득이 되는 쪽으로 그 모두
를 바꾸며 살아가는 이와 같이 사악한
너희들의 시대의 사람들을 만들었음
이니, 그 죄 또한 누구에게 있다 생각
하는가?
8 내가 준 원초적인 심성으로 세상에 나
온 백성들은 그렇지 아니함이니라.
9 너희들은 순박하고 아름다운 마음으
로써 세상에 나오며, 너희들이 그와
같이 살아가고자 하나, 너희들이 서서
히 성장하는 그 속에서 너희 주변의
여건이요, 너희들의 선배요, 너희들보
다 앞에 온 자요, 너희들의 부모요, 사
회의 모든 여건의 흐름이 이와 같이
되었음이니, 그 죄 또한 누가 통감해
야 될 것인가?
10 가장 크나큰 집단을 이끌어 왔으며,
인간을 정화하며 나의 피조물 만백성
을 천사로 만들어 하늘에 오르는 길로
인도한다는 자들에게 과연 그 책임이
있음을 너희들은 부정하지 못할 것이
니라.
11 나의 피조물 만백성의 재물을 거둬들
이며 시간을 뺏으며 하늘에 오르는 길
로 가르친다 하여 인도하고 그리 깨우
쳤으나, 그들은 그와 같은 길을 행하
지 못하였으며 그와 같은 역사를 하지
못하였음이니라.
12 말로는 그리하였으나, 나의 피조물 만
백성이 행하고 살아가도록 하는 것은
그와 같이 이루지 못하였음이니, 그들
이 그 모든 것을 통감하는 마음의 자
세가 되어야 될 것이거늘,
13 아직도 똑같은 방법으로써, 똑같은 수
법으로써 나의 피조물 만백성을 우롱
하는 종교 지도자들이 지금 우후죽순
으로 뻗어 가고 있음이니라.
14 재물을 바치면 구원을 받을 것이라는
말도 안 되는 그와 같은 사악한 방법
으로써 나의 피조물 만백성을 이끌어
가며 저희들의 손으로 지은 그 성전에
와 눈물로써 기도하면 나의 아들 예수
의 보혈로써 은혜를 받는다 그리 가르
치는 그 잘못하는 작태를 이제는 너희
들이 돌이켜 볼 때가 되었음을 알아야
될 것이니라.
15 그리 가르쳤기에, 그곳에서 배운 나의
피조물 만백성 너희들이 변화되며 살
아가고자 하는 그 삶 속에서, 너희들
의 육의 부귀와 영화를 위하여 무엇인
가를 얻고자 하며 더 취하고 더 갖고
자 하는 그와 같은 생각에서 너희들은
진실된 것을 왜곡되게 말하며, 진실을
말하지 아니하며, 거짓을 행하며, 거

짓된 말을 하는 것을 주저하지 않고 살아가는 그와 같은 형국이 되었음이니라.
16 너희들은 너희들의 부귀와 영화요, 너희들이 편안하게 살고자 하며, 너희 육신의 행복을 위해서, 육신의 안일을 위해서 어떠한 거짓과 악행을 하는 것도 두려워하지 아니하는 자들로서 지금 이 시대가 그리 사악하게 되었음이니, 이것이 바로 너희들이 가지고 있는 마음이니라.
17 그와 같은 마음을 바로잡는 것은 말로써 전하는 것으로는 이룰 수가 없음이니라.
18 너희들이 내일의 영화를 위하여 무엇인가를 더 얻을 수 있다면 오늘의 약속도 너희 생각과 뜻대로 그저 변질시키고 변화되는 것이 너희들 마음이니,
19 내가 말로써 너희들에게 전하지 않고 글로써 기록하여 너희들이 바꿀 수도 지울 수도 찢어 버릴 수도 없이 만들어 놓은, 그리고 너희들이 속일 수도 없고 변질되게 다시 기록하여 넣을 수도 없는 나의 법전이 아니면 너희들의 그와 같은 마음을 바로잡을 수 없기 때문이니라.
20 너희들은 수시로 변하며, 수시로 유리한 쪽으로 생각하고 판단하며,
21 그와 같은 진리요, 참진리를 지키는 것이 얼마나 위대한 것인지 깨우치기 전에, 육의 득실을 따져 수시로 변하는 이와 같은 형용할 수 없는 사악한 시대의 백성들의 마음으로 변해 있음이니,
22 이를 말로써 전해서는 너희들을 바로잡을 수 없으며 깨우칠 수도 없음이니라.
23 한 사람에게 전했을 때부터 그 사람이 유리한 쪽으로 제 생각에 맞춰 그 말이 전해짐이니, 그는 세월이 흐름으로써 그 변질되는 것을 막을 수도 없으며, 그 원초적인 생각과는 전혀 관계없는 방법으로 흘러가는 것은 당연한 것이니라.
24 그리하여 나의 법전이요, 영구히 보존되며 영원히 변하지 않는 그와 같은 책으로써 너희들을 깨우치기 위하여 지금 나의 법전을 세상에 내려보내는 것을 너희들은 알아야 될 것이니라.

2,873 번째 하나님 말씀

2002년 8월 9일 02시 27분

1 사랑하는 나의 아들아!
2 "네, 아버님! 말씀하옵소서."
3 너희들 인간 세상에 살아가면서, 부모는 그 어린 자식을 놓고 수많은 것을 가르쳐 주느니라.
4 착하게 살라, 책임지는 사람이 되라, 그리고 너희들이 공부하며 배우는 그 시점에 최선을 다하여 노력하는 사람이 되라, 그와 같이 부모는 자식을 수없이 깨우치고 가르침이니라.
5 그러나 그 자식이 나이가 어려 그 당시에 그 말을 모르며 그 뜻을 모르니, 그가 착하게 살아 주기를 바라며 열심히 공부하기를 바라며 또 자기의 직분에 조금의 소홀함도 없는 사람이 되기를 바라며 남들로부터 욕먹지 않는 사람으로 곱게 자라 주기를 바라는 그

부모의 심정을 모르는 것이 너희 인간
들이니라.
6 그러면 너희들은 살아오면서 뭐라 말
하는 것이냐?
7 너희들은 말을 듣지 않는 자식에게 이
리 깨우쳐 주느니라.
8 '네가 결혼하여 자식을 낳아 부모가
됐을 때 내 심정을 알 것이다.' 그리
한탄하며 너희들은 그 자식을 가르치
고자 함이니라.
9 그 부모가 가르치고자 하는 애절한 마
음속에, 자식이 거짓되며 불의하며 사
회에서 손가락질 받으며 잘못 가는 자
식이 되기를 바라는 마음이 있던가?
10 그가 바로 서고 남에게 부끄럽지 않은
자식으로서 성장하기를 바라는 그 마
음이 얼마나 애절하고 간곡하던가?
11 그래서 부모는 자식을 위해 평생 그와
같은 말을 하며 깨우침을 전해 주고자
그리 살아가느니라.
12 그리 살다 보면 그 부모는 또 세상과
이별할 시간이 오며 육은 한 줌의 흙
으로 돌아가는 그것이 너희들이 지금
육에서 보이는 삶이 아니던가?
13 하물며 육의 세상에 맺어진 부모와 자
식 사이에도 자식을 깨우쳐 주기 위하
여 아무것도 모르는 자식을 어려서부
터, 그가 성장하여 바른길을 갈 수 있
도록, 육의 세상에서 남에게 저주받지
않는 당당한 모습으로 살아가는 자식
이 되도록 하기 위해서 부모는 평생
자식에게 그와 같은 가르침의 말을 전
하느니라.
14 사랑하는 나의 아들아!
15 "네, 아버님! 말씀하옵소서."
16 밤과 낮을 가리지 아니하며 내가 너에
게 나의 성령을 내려보내어 나의 법전
을 기록하여 반복하며 반복하는 뜻으
로써 내가 너희들을 수없이 가르침이
니,
17 너희들은 육의 부모가 너희에게 가르
칠 때 나이가 어려 그것을 모르는 철
없는 아이에게 가르치는 것처럼, 내가
너희들이 가는 길이 무엇이라는 걸 그
리 간곡히 가르쳐 너희에게 부탁하고
너희들을 일깨워 주고자 하거늘, 어찌
하여 이를 보지 아니하는가?
18 나 여호와가 천당과 지옥이 있으며,
너희들이 죄를 지으면 그 죄의 대가를
죽어 와 반드시 받는다 말하였으며,
19 너희들이 하늘에 오를 수 있는 영혼의
양식은 십계명이며, 그것을 지키고 사
는 것이 너희들의 근본이라 말하였으
며,
20 이 세상 모두가 나 여호와의 성전이
요, 내가 만든 성전이니, 너희들이 이
곳에서 살아가면서 잘못된 것을 깨우
치고 아름답게 살겠다 다짐하며 나에
게 경배하고 기도하며,
21 죄지은 자 나에게 용서를 빌며, 너희
들이 생명으로써 태어난 것을 감사하
며, 너희들이 살다가 하늘에 와 영원
히 구원받는 그 가르침을 깨우쳐 주는
나 여호와에게 감사하는 마음으로써
살아 구원을 받으라 내가 그리 애절하
게 부르짖건만,
22 너희들은 어찌하여 나의 뜻을 그리도
듣지 아니하며, 나의 법전을 보지도
아니하려 하는가?
23 너희들이 지금 배우고 하늘에 오르는

길이라 하여 가는 그 성전에, 너희 손
으로 지은 그 두꺼비집 같은 그곳에
가 너희들이 지금 잘못 가르치는 종교
지도자의 그 지도로 인하여 너희들이
구원의 길을 가는 것이 아니요, 지옥
불로 향하는 것이라 내가 수천수만 번
을 너희들에게 부르짖건만,
24 어버이가 자식에게 바르게 살라 가르
치는 그 뜻을 어린 자식이 모르듯이,
어찌하여 나의 뜻을 그리도 너희들은
외면하는가?
25 지나가는 사람, 모르는 사람이 너희들
에게 그리 애절히 부탁하고 부탁해도
그것을 한번 들어 볼만하며 너희들이
한번 참고로 생각해 볼 수 있는 것이
인간과의 삶이거늘,
26 창조주인 내가 구약과 신약을 덮으며
제3의 시대에 너희들을 구원하기 위
하여 밤과 낮을 가리지 아니하고 나의
성령을 태워 내가 직접 내려가 너희들
을 선별하는 그와 같은 역사가 시작되
었다 그리 애절하고 간곡하게 너희들
에게 부탁을 해도,
27 어찌하여 너희들은 이를 듣지도 아니
하며 보지도 아니하려 하는가?
28 내가 너희들에게 말하지 아니하였는
가?
29 지금까지 너희들은 잘못 가르치는 종
교 지도자들에 의하여 속고 또 속아
왔으며, 너희 조상들도 그리 속고 속
아 와,
30 재물을 바치며 시간과 노동을 다 바치
면서, 너희들이 그들의 식생활을 해결
해 주며 그들에게 급료를 주어 먹고살
수 있는 그 모두를 다 해 주면서도, 주
객이 전도되어 너희들이 그들의 주인
이 아니요, 종과 같은 마음으로 살아
가는 그 삶을 이제는 너희들이 돌이켜
보며 한번 돌아볼 때가 되었다 하였음
이니라.
31 그리하여 너희들이 보고 깨우쳐서 정
녕 지금 너희들이 잘못된 것을 깨달았
을 때, 지금 너희들의 모두를 단죄하
고 바꾸어 너희들의 사랑하는 후손들
이 너희들처럼 속고 또 속아서 잘못
믿음을 가져 지옥으로 향하는 그것을
막도록 하라 하여 내가 그리 간절히
너희들에게 애원하거늘,
32 너희들은 너희 자식들을 사랑하며 너
희 후손들을 사랑하며 너희 자신을 사
랑하는 자들이, 그와 같이 나 여호와
가 그리도 애절히 부탁하고 간곡히 너
희들에게 지키라 말하거늘, 어찌하여
이를 들여다보지 아니하는가?
33 어린 자식을 놓고 부모가 바르게 살
라, 열심히 살라, 그리고 너희들이 공
부하고 깨우칠 때 열심히 깨우치며 젊
은 시절을 잘 다스려 가라 그리 애절
하고 애절하게 부탁하는 것을 듣지 않
는 자식이,
34 나이 들어 제가 잘못 살 때 통곡하고
눈물지으며 후회하며 그 부모의 말씀
을 따르지 아니했던 것에 발등을 찍으
며 울고 싶고 통곡하고 싶은 것이 너
희들의 잘못 간 사람의 삶의 후회이니
라.
35 그러나 너희들은 죽어 내 앞에 와 심
판을 받는 그 심판대에 섰을 때 울고
불고할 자격도 없음이니라.
36 너희들이 울고불고하는 것을 들어줄

사람도 없으며, 그걸 동정할 사람도
없으며, 그걸 바라볼 사람도 없으며,
그것을 보고 너희 죄를 탕감해 주며
너희들이 가는 그 지옥 불의 길을 돌
려 줄 수도 없는 것이 너희들이 심판
대에 섰을 때의 그 형국이거늘,
37 어찌하여 내가 너희들에게 이리도 부
르짖거늘, 나의 법전을 한번 열어 그
한 권의 책을 읽어 보지 아니하는가?
38 사랑하는 나의 피조물 만백성, 너희들
은 들어야 될 것이니라.
39 나의 법전을 읽고 접한 자, 나의 법전
의 뜻을 알며 나의 성령을 아는 자, 너
희들이 나의 법전을 읽어 깨우쳤거든,
나의 법전을 그득히 가슴에 안고 만백
성에게 전하라.
40 전하고 또 전해서 그들을 깨우치는 것
이 너희들의 영화요, 축복이며, 한 사
람의 생명을 구하는 것이 너희들에게
얼마나 크나큰 영광인가를, 너희들이
구원을 받을 수 있는 것은 만백성을
깨우치며 너희 스스로 깨우쳐 가는 것
이 가장 큰 축복이요, 영광이라는 것
을 잊어서는 아니 될 것이니라.
41 이와 같이 내가 너희들에게 하늘에 오
르는 길을 손에 쥐여 주거늘, 이를 행
하지 아니하는 자, 어찌 그 죄를 다 감
당하려 하는가?
42 나의 이 애절한 뜻을 너희들은 깊이
가슴에 새겨 행하도록 하여 너희 것으
로 만들어야 함을 잊지 말라.
43 이것이 마지막 기회이니라.
44 이 밤에 내가 내리는 나의 성령을 나
의 아들을 통하여 밤과 낮을 가리지
아니하고 이리하여 법전을 만들어 내
는 것을, 너희들은 그를 알아야 될 것
이니라.

2,874 번째 하나님 말씀

2002년 8월 9일 02시 46분

1 사랑하는 나의 아들아!
2 "네, 아버님! 말씀하옵소서."
3 네가 그 모두를 깨우쳐 가는 것은 나
여호와의 기쁨이며, 하늘에 있는 천사
들도 너의 깨달음에 놀라며 기뻐한다
하였음이니라.
4 네가 수천수만 가지 살아가는 것을 내
가 너에게 그때그때 하나하나 깨우쳐
줘야 되는 것인가?
5 내가 너에게 말하여 이르기를, 네가
살과 뼈를 만들어 깨달음을 얻으라 하
였느니라.
6 네가 이제 3부의 법전을 만들어 세상
에 내 가며, 너의 깨달음이 그 누구도
따를 수 없는 경지에 왔으며,
7 네가 눈에 보이는 잘못을 행하지 아니
하며, 네가 알면서 큰 죄를 짓지 아니
하며, 네가 알면서 남들이 보지 않는
곳에서 부끄러운 행위를 하지 아니하
고자 노력하는 그 변화된 모습으로써
네가 만백성에게 거울이 될 수 있음이
아니니라.
8 내가 너에게 뭐라 말하였느냐, 나의
아들아?
9 남들이 네가 깨지 않은 그 유리창을
너에게 깼다 하면 '네, 깼습니다.' 하고
그 유리를 네가 변제하는 마음으로 살
아가라 하였음이니라.
10 너는 어찌하여 남의 집 유리창을 깼을

때 주인이 와 뭐라 하거든 '내가 깼습
니다.' 그리 대답하라 한 것을, 일대일
의 그 한 가지로써만 비추어 봐 거기
서 깨달음을 멈추는가?
11 네가 지금 나의 법전을 써 감에 있어
서 네 앞에 제자라 와 공부하는 자들,
그 제자들이 생각하는 것이 천태만상
이니, 천태만상이라는 말을 그리 들어
서는 안 될 것이니라.
12 네가 열 번을 설명해도 못 알아듣는
자, 열 번을 설명해도 고집을 피우는
자, 한 번을 말해도 깨닫는 자, 그와
같이 네가 생각할 수 없을 만큼 그들
이 가지고 있는 생각이 다 다각도로
다르니라.
13 그리하여 그들이 너한테 와 무엇을 묻
고 그 생각을 말할 때, 네가 그들의 갑
론을박에 다 대답을 하며 그 말에 반
박한다면,
14 또 너의 제자들이 너에게 와 잘잘못을
시시비비하며 저희들이 느낀 바를 너
에게 와 말할 때, 또한 남들이 너에게
와 이단이요, 사탄이라 말할 때, 그들
에게 다 갑론을박하며 시시비비하고
대답하는 네가 되지 말아야 하는 것을
내가 일찍이 유리창을 깬 것을 예를
들어 가르쳐 주었음이니라.
15 그들이 뭐라 말하거든 그저 '선생의
말씀이 맞습니다.' 그리 말하며, 너의
제자들이 와 너한테 말하거든 '제자들
이 하는 말이 다 옳습니다.' 그리 네가
받아들이고 행하는 것이 네가 가야 할
길이라는 것을 어찌 그리 깨우치지 못
하는가?
16 누가 와서 말할 때 네가 그를 다 인정
해 주며 '선생의 말씀이 맞습니다.' 그
리 대답하면 그것으로써 다 매듭을 지
을 수 있는 것을, 갑론을박을 하지 말
라.
17 앞으로는 절대 어떠한 일에서도 네가
변명하려 하지 말며, 변명하지 말며,
그들이 하는 말에 반박하지 말라.
18 그들의 머릿속에 저희들이 옳다고 박
혀 있으며 그것이 정녕 정답이라 굳어
있음이니 그걸 돌려본들 무엇하며 돌
리려 하여 얻어지는 게 무엇이 있는가?
19 그저 그러려니 하며, 네가 모두의 원
인을 제공했으며 너로부터 시시비비
가 발생되었다는 그 하나로써 네가 그
모두를 다 수용하는 너그러운 마음으
로 가는 삶을 이제 다시 시작해야 함
을 잊지 말라.
20 너의 제자들 또한 세상사에 살아가면
서 그와 같은 마음 자세로 살아가라
그리 깨우쳐 주라.

2,875 번째 하나님 말씀

2002년 8월 9일 08시 43분

1 사랑하는 나의 아들아!
2 "네, 아버님! 말씀하옵소서."
3 네가 어렵고 힘든 그 길을 감에 오늘
에 네가 견디기 어려운 그것을 나 여
호와가 알고 있음이니라.
4 한 나라요, 한 민족의 개혁이요, 혁명
이라는 그 자체도 모두가 목숨을 걸고
그 일을 이루고자 함이니, 그들이 이
루었을 때는 삶이요, 실패했을 때는
그 모두를 다 버려야 되는 그와 같은
어렵고 힘든 길에서 이루어짐이니라.

5 지금 온 세상의 수십억 인구를 바로잡고 바로 깨우치는 그 대개혁의 길을 감이니, 이는 나의 주관하에 이루어지는 것이며, 너의 주관과 너의 뜻대로 이루어짐이 아님을 알아야 할 것이니라.
6 너희들이 어렵고 힘든 그 고비를 하나하나 넘어가며 너희 스스로 다스리고 다져질 때 그 속에서 하나의 역사의 빛이 이루어지게 됨이니라.
7 그 고비를 넘기지 못한다 하면 너희들은 영원히 바로 설 수 있는 그 힘을 지탱하지 못하게 됨이니라.
8 160권이라는 나의 성령이 세상에 나갔을 때에는 그를 거부하는, 그리고 그를 무너트리고자 하는 온 인류의 종교 지도자들이 하나가 되어 너희들을 짓밟고자 할 것이며,
9 태풍이 쓸어 가는 것처럼 너희들을 짓밟고 지나가고자 하는 감당할 수도 없으며 상상할 수 없는 그 힘 앞에, 지금의 너의 제자들과 너희들의 마음 자세로써는 그를 버티고 견딜 수가 없음이니라.
10 너희들이 지탱하는 길은 너희들이 어렵고 힘든 훈련 속에서 마음과 뜻이 하나가 되는 그 불빛을 보는 길밖에 없음이니라.
11 정녕 불기둥과 바람기둥과 같은 역사를 행하여 너희들이 소용돌이칠 때 그를 힘을 합쳐 너희들이 다 던져 같이 돌아갈 수 있는 그와 같은 제자들이 아닌 다음에는 아무것도 이루어질 수 없는 것을 알아야 될 것이니라.
12 나의 성전과 나의 법전 160권을 세상에 내는 것은 모두 네가 이끌어 감이니라.
13 내가 너희들이 타고 갈 수 있는 그 배와 나침반을 주었음이니, 그를 항해하여 끌고 그 길을 무사히 넘는 것은 네가 해야 할 일이니라.
14 내가 너희들에게 말하기를, 나 여호와는 성령을 세상에 내려보내며, 네가 선지자로서 바로 서 만백성이 너를 추앙하며 너를 따를 수 있도록 하는 것은 너의 몫이라 하였으며, 그리고 너의 제자들이 바로 서고 깨우쳐 하늘에 오르는 그 영광의 빛을 보는 길을 가는 것은 그들의 몫이라 하였음이니, 다 그가 엄연히 나누어져 있음이니라.
15 너의 제자들은 스스로 먼저 자신을 깨우쳐 바로 서는 그 훈련에 들어가야 될 것이며, 선지자는 선지자대로 그 길을 가는 훈련을 하고 있음이며, 내가 그를 주관하고 있음이니라.
16 이와 같이 너희들이 그 자신이 서 있는 자리에서 다 하나가 되어 한마음이 되어 가는 그와 같은 힘을 발휘할 수 있는 역사의 변화가 있지 아니하면, 너희들이 그와 같은 어려운 그 힘을 지탱해 나갈 수가 없음이니라.
17 차라리 나의 아들 예수의 시대에 그를 배신하며 그를 팔아먹는 마귀와 같은 행위를 한 그 제자들이 그 주변에 없었다면 그와 같이 역사가 불행하도록 변화되지는 아니했을 것이니라.
18 잘못된 제자, 깨닫지 못하는 자, 바로 서지 못하는 자, 바로 깨닫지 못하는 제자는 천만 명이 있어도 소용없음이니, 차라리 없느니만 못하느니라.

19 나의 아들 예수를 따르던 그 열두 명
의 제자들이 그와 같이 많은 세월 속
에 많은 깨달음과 역사의 기적을 이루
는 것을 보면서도 최후에 그를 배신하
며 등을 돌렸음이니, 그가 나약하게
죽어 갈 때 그를 버렸음이니라.
20 지금 너의 제자들이 또한 네가 더 지
치고 쓰러졌을 때 과연 네 곁을 지키
고 따라가는 제자들이 몇 명이나 있을
것인가?
21 그들의 마음자리가 지금 어디에 있는
가?
22 이것이 지금 내가 너에게 알고 깨닫고
느끼게 하고자 함이며, 그리고 너희들
중에 알곡식을 추리고자 하는 나의 뜻
임이니라.
23 그들도 그를 버렸으니 지금 너를 따르
는 너의 제자들 또한 그들의 마음자리
가 과연 어디에 있는가 나는 알고 있
으니, 너는 모르느니라.
24 오로지 너는 내가 기도로써 명하며 묵
상으로써 명하는 그 모두를 받아 그리
행하여 가는 길밖에 없음을 알아야 될
것이니라.
25 육의 세상 속에서 내가 60이라는 그
점수를 주어 너희들이 살아가고 이끌
어 갈 수 있는 그 모두를 다 주었음이
니, 나의 아들 네가 육의 세상에서 살
아가는 그 모습은 네가 천사와 같은
자로 보여야 될 것이며,
26 네가 천사가 되어 하늘나라에 와 나의
명을 받으며 나의 뜻을 받아 살아가고
지탱하여 가는 것은 또한 네가 변화되
는 너의 그 생활이니라.
27 네가 나의 뜻을 받아 하늘의 뜻을 명
하는 것을 기록하여 전하며 그 뜻을
따르며, 또한 육의 세상에 살아가는
그들에게 네가 빛이 될 수 있는 그와
같은 삶 속에서 그 모두를 다 이겨 내
고 견뎌 나가는 것은 너의 몫이며 네
가 노력하는 길임을 알아야 될 것이며,
28 또한 너의 제자들을 끌고 가는 것은
너이며 인도하는 것도 너이며 그들에
게 하늘나라에 오를 수 있는 그 깨우
침을 전하고 못 전하는 것 또한 너에
게 책임이 있음을 알아야 할 것이니라.
29 그와 같은 깊은 이치를 너희들이 알지
못한다면 나의 아들을 따라갈 수 없음
이니라.
30 너희들은 너희 스스로 생각하고 너희
머리로 판단하지 말며 나의 아들이 계
획하여 너희들에게 명하고 지시하는
부분을 너희들이 행하고 따라감으로
인하여 거기에 하나가 될 수 있는 모
든 역사가 이루어지는 것을 잊지 말라.

2,876 번째 하나님 말씀

2002년 8월 9일 09시 35분

1 사랑하는 나의 아들아!
2 "네, 아버님! 말씀하옵소서."
3 네가 지금 깨달음의 그 경지에서 무엇
을 느끼고 깨닫고 있는가?
4 "네, 아버님!
5 이 세상에 살아서 움직이는 동식물만
이 그 감정을 가지고 있으며 그 표현
력이 있으며 그 의사를 전달하며 자기
의 생각과 자기의 뜻을 전하는 것이
며, 살아 있고 숨 쉬는 동식물만, 생명
이 있는 것에서만 그와 같이 이루어진

다고 생각하였사옵나이다.
6 그리고 저는 식물까지도 더러는 저희
들을 사랑하고 사랑하지 아니하며 저
희들을 아껴 주며 저희들을 소중히 다
루는 자와 소중히 다루지 아니하는 자
를 알고 있다 하는 것을 듣기는 하였
으나, 정녕 식물이 그와 같은 감정을
느끼는지 안 느끼는지 몰랐사옵나이
다.
7 그러나 지금에 와 제가 아버님의 말씀
을 들어 세상의 이치를 바라보면서 천
사와 같은 아름다운 마음으로 살아가
고자 하여 이리 가는 길에, 이제는 생
명 있는 식물이 저를 좋아하며 아끼는
자, 사랑하는 자, 그리고 저에게 다가
오는 자의 마음이 사악한지 선량한지,
그리고 저를 따르려 하는 자, 보호하
려 하는 자, 저에게 생명수를 주려 하
는 자, 저를 꺾으려 하는 자, 그 모두
를 그들이 느끼고 있다는 것을 깨달았
으며,
8 그를 아는 그 식물이 그때마다 공포에
떨며 불안에 떨며 또는 즐거워서 웃
으며 행복해하는 모습을 볼 수 있는
깨달음을 알았사옵나이다.
9 그러나 저는 그보다도 더 깊은 것을
이제야 알았사옵나이다, 아버님!
10 사람들이 한 장의 종이에 자기의 뜻과
자기의 생각을 기록하여 보냈을 때,
그 글 속에서, 먹물로 써 보내는 한 장
의 그 종이 위에서 그가 어떠한 옷을
입고 있었으며, 그가 어떠한 향수를
몸에 발랐으며, 그의 몸에서 어떠한
냄새가 나는지를 깨달을 수 있으며,
11 그 글 속에 살아 있는 그 뜻을 알겠사
오며, 그가 어떤 생각으로써 그 글을
써서 보냈으며, 그가 어떤 정성으로써
글을 써서 보냈으며, 그가 어떠한 독
소를 가지고서 글을 써서 저에게 보냈
는가 하는 것을, 그것을 한 장의 글 속
에서 알겠사옵나이다.
12 저의 제자들이 써 놓은 그 몇 줄의 글
속에서도 그가 어떠한 마음을 가지고
그를 썼으며, 어떠한 생각으로써 그를
썼으며, 그가 어떤 경건한 마음으로써
그를 썼는지,
13 저를 아름답게 보고 귀하게 보며 쓴
글인지 저를 미워하며 저주하는 마음
에서 쓴 글인지,
14 그 아무런 표현도 없으며 내색도 못하
며 감정을 표현하지 못하는 그 한 장
의 글을 접하면서 그가 어떤 마음으로
기록하였는가를 알겠사옵나이다."
15 사랑하는 아들아!
16 "네, 아버님! 말씀하옵소서."
17 그 글을 보며 거기에 담고 있는 내용
을 네가 보기 전에, 한 장의 종이에 쓰
여 있는 편지를 펼쳐 그를 접하는 순
간에 그 사람이 어떠한 분단장을 했으
며, 어떠한 형태로써 있었으며, 어떠
한 모형으로써 그가 그 글을 썼으며,
어떠한 옷을 입고 썼으며, 어떠한 생
각으로 써서 전하였나 하는 것을 네가
볼 수 있기에 그 글이 살아 있다는 것
을 깨달음이니,
18 그는 곧 글이 너희들에게 생명을 가지
고 전하는 것을 네가 감지하고 깨닫기
때문에 그와 같은 것을 아느니라.
19 사랑하는 아들아,
20 만백성이 너의 그 뜻을 알 수가 없음

이니, 그들이 너의 그 뜻을 알아 주기
를 바라지 말며, 그 뜻을 받아들이기
를 바라는 마음으로 행하지 말라.
21 다만 인간 세속에 살아가는 사람들이
깨달음이 있고 그 한계가 있음이니,
거기에 네가 맞추면서 나의 피조물 만
백성을 하나하나 일깨워 주는 그 역사
를 이루도록 그리하라.
22 그리하여 네가 하얀 머리가 되었을 때,
23 오늘의 네가 한 장의 글 속에, 종이 위
에 써 놓은 글을 보고 그 모두를 알며,
그 글이 생명력이 있고 그 글이 살아
서 움직이는 그 모습을 네가 알며, 그
글이 너에게 호소하는 그것을 네가 듣
고 알고 있음이니, 그 이상의 경지에
네가 오를 때 세상의 모든 이치를 다
알게 될 것이니라.
24 사람의 흐르는 동맥이요, 그 피가 어
느 곳에서 막혔으며 어느 곳을 뚫어야
될 것인지 그 모두를 알 때 너는 병자
를 일으켜 세울 수 있는 역사가 이루
어지는 것이며, 그걸 네가 알아 행하
는 것을 보고 만백성은 기적이라 그리
말하나 그것은 기적이 아님이니라.
25 네가 마음을 다하고 집중하여 깨달았
을 때, 그리고 세상의 사물을 그리 볼
수 있는 능력이 있을 때, 과연 살아서
움직이는 동식물의 그 흐르는 물줄기
를 모르겠으며 인간의 흐르는 동맥의
피요, 그 순환되는 것을 모르겠으며,
그가 막힌 곳을 모르겠으며 뚫어야 할
곳을 모르겠는가?
26 아무리 너희들이 말해도, 말이 없으며
죽어 간 글을, 네가 종이에 써 놓은 그
문자를 보며 그 사람이 어떠한 정성으
로 썼는가를 안다면 너를 미친 자요,
정신 나간 자요, 잘못된 자라 그리 말
할 것이니, 이 세상 어떠한 종교 지도
자요, 위대한 자라 하여도 그 뜻을 알
지 못할 것이니라.
27 네가 그와 같은 깨달음의 경지에 와
있는 것을 아무도 모를 것이니, 그러
니라.
28 그 글 속에 생명이 있음이니라.
29 생명이 있고 그가 호소하는 것을 알며
그가 전하고자 하는 뜻을 알며 그가
모두를 다 보여 주는 그 역할을 하는
것을 너는 보고 있음이니,
30 세상사 인간 속에 흐르지 못하며, 흐
르지 말아야 될 곳, 많이 가는 곳, 많
이 가서 병을 유발하는 곳, 적게 가서
병을 유발하는 곳, 그 모든 막힘을 네
가 뚫을 수 있을 것이니, 그것이 바로
앉은뱅이를 일으켜 세우며 눈먼 자를
눈뜨게 하는 것이며, 너희들이 말하는
기적이라 하는 것이니라.
31 거기에 네가 한 발짝 한 발짝 다가서
고 있음이니, 누가 무슨 말을 하든 너
는 160권을 쓴 나의 아들이며, 모든
역사의 기적을 이룰 수 있는 세상에
하나밖에 없는 나의 아들이며, 마지막
으로 만백성을 구하는 대명을 띤 너이
며,
32 이다음에 어느 누구도 세상에 나가 오
늘과 같은 그 역사를 이룰 수 없으며,
구약과 신약이요, 제3의 시대와 같은
역사가 이루어질 수 없음을 알라.
33 그러하니 나의 법전이 소중함이며 나
의 아들 네가 소중함을 알아야 될 것
이니 그리 알라.

2,877 번째 하나님 말씀

2002년 8월 9일 09시 42분

1 사랑하는 나의 아들아!
2 "네, 아버님! 말씀하옵소서."
3 나의 피조물 만백성이 수천 년 수만
년 내려오는 그 세월 속에 너희들은
사랑을 베풀며 나누며 살라 하였음이
니라.
4 너희들은 말하기를 청개구리라 하는
그 미물을 말하느니, 산으로 가라 하
면 들로 가는 그와 같은 심성을 가지
고 사는 것이 그를 대표한다 말하지
않더냐?
5 너희 인간들 또한 살아가는 마음이 그
러함이니라.
6 너는 너의 제자들에게 일깨워 깨우쳐
줘야 될 것이니라.
7 내가 너희들에게 말하여 이르기를, 너
희들의 이름 석 자를 기억할 수 있는
자, 그리고 손을 잡고 인사할 수 있는
자, 눈으로써 웃음으로써 인사할 수
있는 자, 그들을 먼저 사랑하는 것이
너희들의 기본이요, 근본이라 내가 일
깨워 주었으니, 이것은 바로 내가 너
희들에게 무엇을 깨우쳐 주는가?
8 너희들은 말하기를, 먼 곳의 사촌보다
더불어 살아가는 이웃사촌이 더 소중
하며 더 가깝다는 그런 말을 하고 살
면서도 어찌하여 너희들과 같이 사는
주변 사람들에게 베푸는 것에 그리도
인색한가?
9 너희들이 청개구리와 같은 심성으로
잘못되어 깨달아 오지 않는 자들이라
면 너희들의 주변에 있는 자 도와주
며, 가까이 있는 자 도와주며, 항상 더
불어 살아가는 사람들에게 사랑을 베
풀고 사랑을 나누는 것이 너희들이 해
야 할 근본이며 기초이거늘,
10 너희들은 더불어 살아가며 너희들이
어렵고 힘들 때 같이 들어줄 수 있고
같이 대화할 수 있는 사람들에게는 말
할 수 없이 인색한 것이며,
11 보지도 못하고 만나지도 못하며 만날
수도 없는 사람들에게 너희 이름 석
자의 명예를 얻기 위하여, 너희들이
생색을 내기 위하여 그들에게 베푸는
것은 누구도 감당할 수 없는 그와 같
은 사랑과 크나큰 은혜요, 은총을 내
리는 그 행사를 주저하지 않고 그저
거침없이 행하는 것이 지금 너희들의
마음이니라.
12 너희들은 어찌하여 가까이 있는 사람
을 보지 아니하며, 보이지 않는 사람,
만날 수 없는 사람, 멀리 있는 사람,
모르는 사람들에게는 인자하고 자비
로우며 사랑을 베풀기에 주저하지 않
고 행하는가?
13 너희들과 같이 생활하며 보는 자, 형
제같이 지내는 자들이 잘되는 것, 그
리고 앞에 나가는 것, 그들이 높이 변
하고자 하는 그와 같은 것을 질투하고
시기하는 그와 같은 마음에서, 그들이
정녕 변한 것을 보기 싫은 마음에서
가까이 접하고 같이 행동하며 살아가
는 사람들을 도와주는 것에 인색한 것
이 나의 피조물 너희들이 가지고 있는
심성이요, 마음이니, 너희들이 말하는
미물인 그 청개구리와 너희들이 무엇
이 다르겠는가?

14 사랑하는 나의 아들아!
15 "네, 하나님! 말씀하옵소서."
16 너의 제자들에게 그리 일깨워 주라.
17 내가 너희들에게 만날 수 있는 사람에
게 사랑을 베풀라 하는 것은, 너희 주
변에 있는 사람들에게 사랑을 베풀며
나눔을 먼저 실천하라 함이니라.
18 너희들은 그와 같은 심성의 벽을 넘어
야 될 것이니라.
19 너희들은 아는 자, 같이 사는 자보다
모르는 자, 관계없는 자에게 더 너그
럽고 친절하며 그들에게 베푸는 것에
더 후하다 하면, 그 마음자리는 어디
서 이루어지는 것인가?
20 너희들이 한 가지서부터 만 가지까지
살아가는 생활이 그와 같음이니, 너희
들의 삶을 반대로 살아가는 그 역사를
이루어야 된다 내가 너희들에게 말함
이니, 이 이치를 깨우치도록 너의 제
자에게 이를 가르쳐 주라, 나의 아들
아!

2,878 번째 하나님 말씀

2002년 8월 9일 12시 01분

1 사랑하는 나의 아들아!
2 "네, 아버님! 말씀하옵소서."
3 어찌하여 너희들은 이리도 답답한가?
4 내가 너희들에게 뭐라 말하였는가?
5 너희들은 운명이 없는 자들이라 말하
였음이니라.
6 운명이 없는 자라는 것은 무엇이더냐?
7 영혼이요, 생명이요, 너희들이 그를
다 벗어난 자라 내가 너희들에게 명하
였거늘, 어찌하여 내가 너희들에게 내
린 그 상을 모르는가?
8 운명이 정해져 운명대로 살아가는 자
와 그 운명을 제거할 수 있으며 그 운
명을 갖지 않도록 할 수 있으며 그 운
명의 굴레에서 벗어날 수 있도록 한다
는 것은 나 여호와가 너희들에게 내린
상이니라.
9 그러면 너희들이 어찌 깨우치고 살아
가느냐에 따라서 나에게 올 수 있는
그와 같은 영광의 길을 내가 주었다
하는 것을 너희들은 어찌 그 의미의
깊음을 모르는가?
10 너희들은 어찌하여 너희들 자신이 변
화되는 그 과정에서 남이 보기 때문에
너희가 휴지를 주워야 되며, 남이 보
기 때문에 너희가 침이라는 걸 뱉지
아니하며, 남이 보기 때문에 너희가
깨끗한 척을 하며, 남이 보기 때문에
바로 살아가는 사람의 모형으로써 그
리 살아가려 하는가?
11 너희들이 지금 이와 같은 행위를 하는
것은 인간 세속의 보통 인간들이 살아
가는 그와 같은 행동이니라.
12 '법이 있기에 내가 무서운 살인을 하
지 아니하며, 제재를 받기 때문에 나
쁜 짓을 할 수 없다.' 그리 생각하고
산다 하면,
13 남들이 감시하기 때문에, 너희들의 상
사가 있기 때문에, 너희들의 부모가
있기 때문에, 너희들의 처자식이 있기
때문에 바로 살아가야 된다, 그리고
바로 산다 그리 생각하는 것은 너희들
이 지금 육의 세상에서 깨우치는 그와
같은 형국이니, 지금 너희들이 어찌하
여 그를 벗어나지 못하는가?

14 너희들이 정녕 변하고 깨우치는 것이 무엇이더냐?
15 너희들은 그와 같은 변화와 깨우침을 가지고 너희들이 얻고 잃는 것을 시시비비해서는 아니 되는 것이니라.
16 너희들은 마음속에 진정으로 변화되어야 하느니라.
17 남이 보지 않는 곳에서 더 바르게 하며, 남이 감시 감독을 하기 때문에 바르게 하며 법이 있어서 무서워서 법의 제재를 받는 것을 두려워서 그를 지키는 것이 아니라, 그 제재하는 법과는 아무런 관계없이 너희들이 마음의 변화를 갖는 것이며, 마음의 깨우침의 그 진실한 변화이니라.
18 남이 보기 때문에 휴지를 줍는 것이 아니라 그와 아무런 관계없이 너희 스스로 필요하기에 줍는 것이며, 더럽기에 줍는 것이며, 남에게 불쾌감을 주며 남에게 피해를 주기 때문에 줍는 그와 같은 너희들의 깨달음의 그 차원을 가져야 되거늘, 어찌하여 너희들이 그 변화의 차원도 가지지 못하는가?
19 전자에 내가 너희들에게 말하는 것은 너희들의 육의 변화이니라.
20 남들이 보기 때문에 조심하며, 남들이 보기 때문에 바르게 하며, 남들이 보기 때문에 말을 삼가며, 남들이 보기 때문에 옷을 단정히 입으며, 남들이 보기 때문에 바른 자세로 행한다 그리 생각하는 것은 육의 세상에서 지금 너희들이 벗어나지 못했다는 말이 아니던가?
21 너희들은 육의 세상을 벗어나 있음이니라.
22 남이 보는 것이 상관없으며 남이 생각하는 것이 상관없이 너희들은 스스로 아름다운 일을 그리 행하는 것이니라.
23 남이 제재하기 때문에, 감독관이 있기 때문에, 주인이 바라보기 때문에 열심히 일하는 그와 같은 것이 아니라, 주인이 보든 말든 너희들이 해야 할 일이기 때문에 최선을 다해서 그 임무를 마치는 그와 같은 깨달음이 육과 영혼의 세상의 차이점이니,
24 너희들은 후자의 깨우침이요, 변화요, 그 진실된 역사 속에서 살아가는 자들이 되어야 될 것이니라.
25 나의 이 애절한 뜻을 너희들이 깊이 깨우쳐 너희 것으로 만들어 너희들의 삶에 변화를 이루도록 그리하라.

2,879 번째 하나님 말씀

2002년 8월 9일 15시 35분

1 사랑하는 나의 아들아!
2 "네, 아버님! 말씀하옵소서."
3 너 자신이 정녕 바로 서 가는 그 길밖에 없음이니라.
4 내가 너희들에게 뭐라 가르쳤는가?
5 실에 매달린 추가 반듯이 내리뻗듯이, 그렇지 않으면 네가 땅에다 줄을 긋고 그 곧은 줄을 따라가듯이 그와 같이 네가 삶을 살지 아니하면 인내하고 견딜 수 없다 내가 너에게 그리 말하지 아니하였던가?
6 어찌하여 너는 내가 너에게 깨우치는 그 뜻을 그리도 하나밖에는 모르며, 그 의미를 되새겨 네 생활에 적용하여 그와 같은 깨우침을 갖지 못하는가?

7 네가 그와 같이 곧고 바른 길이 아니
면 절대 용서받을 수 없으며, 네가 갈
수가 없음이니라.
8 내가 너를 사랑하기에 너를 용서하며
너의 죄를 덮어 줄 수 있다 하여도, 나
의 피조물 만백성은, 구원의 길이요,
구원의 길이 아님을 구분하기 위해서
너를 찾아온 자들에게는 생명보다도
더 소중한 것이 구원의 길이니라.
9 그러니 그들이 너를 따르는 것을 네가
어찌 봐야 되겠는가?
10 그들이 생명을 내놓고 너를 따르는 것
이라 일차로 네가 그리 생각해야 될
것이니라.
11 자기들의 생명을 담보로 하여 너를 따
르며 나의 법전을 공부하며 네가 가는
길을 따라가는 그들이 과연 어떠한 생
각을 하고 따라가겠는가?
12 너는 그것을 알아야 될 것이니라.
13 그들이 저희 스스로 제 생명을 내놓았
으며 그 모두를 너에게 바쳤음이니,
너희들이 이 세상 살아가는 것이 남들
에게 얼마의 물질을 바치는 것도 수십
번 생각하며 계산된 속에서 행동하거
늘,
14 하물며 세상 모두를 다 준다 해도 그
무엇과도 바꿀 수 없는 하나밖에 없는
소중한 생명을 너희 목숨이 죽어 가는
순간에 연장할 수 있다면 너희 목숨의
연장을 위하여 그 모두를 다 던질 수
있는 것이 너희들의 마음 자세이니라.
15 그러한 목숨을 담보로 하여 너를 따라
옴이니, 그들이 어찌 너의 잘못 하나
를 용서하겠는가?
16 작은 먼지가 묻은 것까지도 그들이 용
서할 것이라 생각하면 너는 잘못 깨우
침이니라.
17 너는 그들에게 말하느니라.
18 아직은 네가 깨우침이 없으며, 네가
깨우침의 길에 도달하지 못하였으며,
믿음이 무엇인지 모르며, 나 여호와로
부터 갑자기 네가 부름을 받아 법전을
만들었으며 선지자라 내가 명하며 또
내가 너를 아들이라 직접 너의 실체를
밝혀 준 지금, 그들이 네가 잘못 가는
작은 것을 용서할 수 있으며 이해할
수 있으며, 그들과 더불어 깨우쳐 갈
수 있는 그와 같은 세월이 필요하다
생각하는 것은 너의 착각이니라.
19 이제 내가 너에게 깨우침을 주나니,
네가 네 생명을 내놓고 남에게 어떠한
길을 같이 가고자 할 때, 그가 바로 가
지 못하며 실수할 때는 네 생명을 담
보로 하여 네 생명을 잃게 되는 그와
같은 결과가 된다면, 과연 너는 그가
바로 가지 못하며 잘못 가는 것을 볼
수 있겠는가?
20 사랑하는 나의 아들아,
21 그들은 그 목숨을 바쳐 구원의 길을
가고자 하는 것이니라.
22 그것도 한 번밖에 없는 진실한 기회를
찾아야 되며 진실한 빛을 봐야 되며
하늘에 오르는 길을 봐야만 그들이 구
원을 받는 길을 가는 것이니, 그들이
목숨을 바쳐 너를 따르는 것은 그 무
엇과도 견줄 것이 없거늘, 자기 목숨
을 너한테 바치며 영원히 사는 구원의
길을 가기 위하여 그 길에 매달려 있
는 자가 너의 어떤 것을 용서할 것이
라 생각하지 말라.

23 내가 너에게 학같이 밥을 먹으라 했으
면 네가 학같이 밥을 먹어야 될 것이
며, 네가 행하고 지키는 것을 그들에
게 일일이 정당성을 해명하지 아니하
며 설명하지 아니하고 네가 임의로 행
했을 때, 그들은 가차없이 너에게 반
박할 것이며 너에게 그것을 추궁할 것
이며 따질 것이니라.
24 너는 그들이 따지는 것을 말해서도 아
니 되며, 그들의 말에 변명을 해서도
아니 됨이니라.
25 그들은 가장 소중한 생명을 담보로 내
놓고 너를 따라가기에 너는 남의 생명
을 놓고 지금 판가름을 하는 것이니,
과연 네가 남의 생명 앞에 소홀한 행
동을 할 수 있으며 잘못 갈 수 있으며
네가 실수를 할 수 있는가?
26 네가 실수를 할 때 남이 생명을 잃게
됨이니, 이 이치를 깊이 깨달아 오늘
부터 너 자신이 바로 가야 될 것이며,
너의 제자들이 또한 지도자가 되어 밖
에 나가 행동할 때 그를 잊지 말고 그
리 행동하라 가르치라.

2,880 번째 하나님 말씀

2002년 8월 9일 20시 35분

1 사랑하는 나의 아들아!
2 "네, 아버님! 말씀하옵소서."
3 너희들이 지금 세상에 살아가고 있음
이니, 이 지상의 낙원의 아름다움을
너의 제자들이 아직 깨닫지 못하고 있
음이니라.
4 너의 제자들이 살고 있는 이곳이 곧
지상의 낙원이요, 너희들이 살아가는
것이 영광이요, 축복이라는 것을 너의
제자들이 깨달을 때까지 내가 그들을
훈련시키고 있음을 알아야 될 것이니
라.
5 너희들이 살아가는 인생사에 남에게
줄 것이 있으며, 남에게 갚을 것이 있
으며, 남에게 지불할 것이 있는 그와
같이 어렵고 힘든 삶을 살아가는 백성
들에게는 정녕 남에게 줄 것이 없으며
남에게 갚을 것이 없으며 남에게 부채
를 진 것이 없다 하면 밥을 먹고 사는
그것으로써 가장 행복한 사람이며 이
지상이 곧 낙원이라 생각할 것이니,
그 깨달음을 너의 제자들이 얻을 때까
지 그들의 훈련은 계속될 것임을 알아
야 될 것이니라.
6 지금 너의 제자들의 마음의 변화에 의
하여 삶의 길이 무엇이며, 아름답게
사는 것이 무엇이며, 행복하게 살고
하늘에 구원을 받는 길이 무엇이며,
그리고 나의 법전을 읽고 정독하여 하
늘에 오르는 그 이치와 그 길을 깨닫
고 있으며,
7 내가 원하고자 하는 그 역사며, 지금
의 흘러가고 있는 종교의 잘못된 것
과, 너희들이 진정 나 여호와로부터
선택된 백성이며 나의 성령이 정녕 너
희들을 구원하는 나의 뜻이라는 것을
알며,
8 천 년의 역사에 걸쳐 이루어질 160권
의 법전이 백 년 단위로 10부로써 나
누어지며, 한 사람인 나의 아들이 이
를 다 기록하여 세상에 내야 시시비비
를 받지 아니하며, 먼저 온 자, 늦게
온 자, 구약이요, 신약이요, 이와 같은

시시비비가 없을 것이니,
9 그를 준비하여 지금 내가 160권의 법
전을 세상에 내려보내는 그 이치와 뜻
을 알며 하늘에서 이루어진 것같이 이
땅에서 이루고자 하는 나의 뜻 그 모
두를 다 알고 있는 너희들은 지금 얼
마나 마음의 자리가 잡혀 있는가?
10 너희들이 여기서 좀 더 깨우쳐, 너희
들에게 재물이 생기고 금화와 은화가
생겼을 때, 너희들의 행복한 삶을 추
구하고 또 너희들이 무엇인가를 이루
고자 하는 그와 같은 마음의 계획을
세우는 그 뿌리를 다 버릴 때까지 내
가 너희들을 훈련시킬 것이니, 너는
그리 알라.
11 너희들이 금화와 은화가 생겼을 때 무
엇을 바꾸고 무엇을 이루며 무엇을 추
구하는 그와 같은 생각의 근본을 버리
며,
12 나 여호와가 내린 이 지상의 낙원에
서, 너희들이 남에게 갚을 것이 있어
부대끼고 쪼들리는 그와 같은 삶을 살
지 아니하고, 그저 너희들이 가진 것
으로 살아가는 데 지장이 없을 때, 거
기에서 사랑을 베풀며 하늘의 이치와
사는 것을 깨달으면 이곳이 곧 지상의
낙원이요, 가장 행복한 삶이니,
13 남을 위하여 베풀고 사랑을 하며 살아
가 하늘에 오르는 그 이치가 여기에
있는 것이라는 기본을 깨달을 때까지
내가 너희들에게 훈련을 시킬 것이니
라.
14 너희들이 이 이치를 깨달았을 때 너희
들이 이 낙원의 삶이 정녕 소중하며,
너희들이 남에게 갚을 것이 없는 자로
서, 그저 너희들이 노력하는 만큼 얻
어서 생활하고 가꾸며 살아갈 수 있는
그와 같은 삶이 가장 행복한 것이며,
그와 같이 살 수 있는 곳이 지상의 낙
원이요, 영광이요, 나 여호와에게 받
은 위대한 축복이라는 것을 너희들이
깨닫고 느낄 때, 그때쯤 하여 너희들
이 시험으로써 끝나며 그리 살아갈 수
있을 것이니,
15 그때가 되어 나의 축복과 영광을 알며
너희들이 이 지상에서 내가 만든 낙원
의 아름다움을 알게 될 것이며,
16 너희들같이 마음을 비운 자들이 천국
에 사는 그와 같은 마음을 느낄 수 있
도록 너희들이 깨달을 때, 그 모두가
다 같이 내가 너희들에게 상을 내릴
것이니, 그 깨달음을 스스로 깨우쳐
그리 가도록 해야 될 것이며,
17 그와 같은 마음자리를 잡았을 때, 너
희들이 원하는 그 뜻이 가장 작은 소
망이요, 가장 작은 희망이요, 가장 작
은 기본의 바람인 너희들 마음을 내가
사랑하기에 모두를 다 그리 이루어 줄
것이니라.
18 이를 너의 제자들은 깨달아야 할 것이
니 그리 알라.

2,881 번째 하나님 말씀

2002년 8월 9일 20시 41분

1 사랑하는 나의 아들아!
2 "네, 아버님! 말씀하옵소서."
3 내가 지금 추릴 자 추려 놓았으며, 각
자 자기들이 할 수 있는 자들이며, 그
리고 너와 더불어 갈 수 있는 자들이

여기 남아 있음이니라.
4 그리고 소명이 있으며 나름대로 대명
이 있는 자들이 지금 나의 성전에 와
너로부터 강론을 듣고 있느니라.
5 그 너의 제자들에게 네가 일러야 할
것이니라.
6 그들이 하나가 되지 못한다면 아무것
도 이루어질 수 없음을 알라 가르치라.
7 입에서 남을 비평하며 남을 시시비비
하며 남의 잘되고 잘못됨을 말하는 그
와 같은 말을 나의 성전에서 누구도
입을 열어서는 안 되는 것을 그들에게
깨우쳐 줘야 될 것이니라.
8 그 모두를 평하며 그 모두를 다스리는
것은 나 여호와만이 할 수 있음을 알
라.
9 남의 허물을 보며 남을 시시비비하며
남의 옳고 그름을 평가하며 말로써 모
든 것을 다 시비하는 자, 그와 같은 자
는 제가 그와 같은 잘못을 저지를 수
있는 사람이라는 것을 내가 너희들에
게 깨우치라 하였음이니,
10 너희들은 어떠한 형태든, 어떠한 상황
이든 나의 성전에 와 있는 나의 백성
들에게 시시비비하는 말을 하지 말며,
누구도 평가하지 말며, 누구를 점수
매기지 말며, 무엇이 잘됐으며 못 됐
다는 말을 감히 입에 담지 말라 하라.
11 너희들은 알곡식으로서 너희들이 해
야 할 일이 있고 대명이 있기에 내가
이곳에 갖다 놓은 자이니, 그 누가 더
막중한 책임이요, 더 막중한 역사를
이루는지를 너희들은 모르고 있음이
니, 너희들은 똑같은 자이니라.
12 절대 너희들 속에서 남을 평하며 시시
비비하며 남의 잘못된 점을 말하며,
자기는 옳으며 남은 잘못되었다는 그
러한 말이 두 번 다시 나의 성전에서
있어서는 아니 될 것이니라.
13 너희들은 다 각자가 필요하여 갈 길을
알고 있으며 내가 다 명하여 주관하는
것이니, 그와 같은 시시비비를 한다면
너희들이 하나가 될 수 없음이니, 그
마음부터 버리라 하라.
14 남을 탓하며 남을 흉보며 남의 잘못된
점을 말할 수 있는 자, 그와 같은 자는
용서할 수 없음이며, 그와 같은 자가
하나로 가는 그들을 방해하며 그를 흩
어 놓는 자며, 내가 이루고자 하는 그
역사의 대업에 길을 막는 자라는 것을
알아야 될 것이니라.
15 나의 성전에 들어와 있는 자, 그 누구
도 평가하지 말라.
16 그 누구도 그에 대한 점수를 매기지
말라.
17 그리고 너희들이 갑론을박하지 말라.
18 제가 높은 자요, 제가 똑똑한 자요, 제
가 가진 자요, 제가 더 위대한 자라 말
하지 말라.
19 그와 같이 말하는 자, 그가 그 부분에
서 가장 낮은 자이며 잘못 가고 있는
자임을 알아야 될 것이니라.
20 이들은 내가 선별하여 알곡식을 구하
는 나의 백성들이며, 나의 아들의 제
자들이니라.
21 너희들은 감히 어떤 이유든 그와 같은
시시비비를 하지 말라.
22 사랑하는 나의 아들아!
23 "네, 아버님! 말씀하옵소서."
24 내가 너에게 일렀듯이, 바로 가는 그

길밖에 없음이니라.
25 네가 남으로부터 저주받는 일이나 남
으로부터 마음 상해하는 일이나 남으
로부터 의심받는 그와 같은 어떠한 역
사의 행위도 해서는 아니 되는 것이니
라.
26 이를 그리 지켜 행하도록 그리하라.
27 네가 지금 변화되어 가며 너의 내면이
변해지며 네가 변해 가는 그 모두를
천사도 보고 놀라고 있음이니라.
28 여기서 네가 한 발짝 더 나가며 좀 더
깨달아 앞으로 나간다면, 너는 나로부
터 하나도 부족함이 없는 나의 아들로
서 바로 설 수 있는 그 기간이 머지않
았음이니라.
29 조금만 더 인내하고 조금만 더 깨우치
며 조금만 더 네가 나의 뜻을 깨달아
행하는 그와 같은 삶을 살도록 그리하
라.
30 그것만이 너의 제자들을 구하는 길이
며, 만백성이 너를 보고 구원의 길을
올 수 있는, 그와 같은 만백성을 구하
는 가장 위대한 길임을 잊지 말라.

2,882 번째 하나님 말씀

2002년 8월 9일 21시 04분

1 사랑하는 나의 아들아!
2 "네, 아버님! 말씀하옵소서."
3 너희들 인간 세상에 수천 년 역사가
흘러오는 동안에 구약의 시대에 십계
명을 바로 지켰으며 신약의 시대에 나
의 아들 예수를 통해 내렸던 모든 너
희들의 깨우침을 제대로 지켰다면, 너
희들은 지금 의심하는 마음, 남을 저
주하고 시기하는 그와 같은 마음이 아
니라, 천사와 같은 마음으로 이 세상
을 살아가고, 그와 같은 역사가 진행
되어야 할 것이니, 그게 바로 너희들
이 나의 진리를 그대로 계승하여 깨우
쳐 나가는 그와 같은 삶의 환경이니라.
4 그러나 너희들은 어찌 되었는가?
5 그 모두를 너희들은 지키지 아니하였
으며 그 모두를 다 거부하였으며,
6 정녕 너희들이 믿음의 깨우침에 의하
여 참진리요, 참생명의 구원의 빛을
보기 위하여 살아온 것이 아니라, 너
희들의 육의 안일과 육의 행복과 너희
들이 백 년도 살지 못하는 인생의 그
육의 삶을 위하여 다 바치고 살아가고
자 하다 보니, 너희들은 남을 속이고
남을 기만하며 그리고 남을 넘어트려
너희가 딛고 일어서는 그와 같은 험난
하고 사악한 삶을 살아왔으며,
7 지금에 와서는 사람의 목숨까지도 그
저 너희들의 물질이요, 금화와 은화
앞에 가차없이 바꾸는 그와 같은 무서
운 형국이 되었으며,
8 너희들은 남을 위하여 봉사함이 아니
라, 스스로 너희들의 재물이요, 살아
가는 그 삶을 위하여 어떠한 것이든
그저 팔 수 있으며 금화와 은화를 구
할 수 있다면 너희들의 피와 살점까지
도 도려내는 그와 같은 지금의 사악한
형국이 되었으니, 너희들이 어떠한 시
대가 이루어지고 있는가?
9 물질 만능의 시대가 팽배하여 더 이상
팽배할 수 없는 이와 같은 지금의 시
국에 와 있음이니라.
10 그리하여 너희들이 구약과 신약 시대

의 가르침을 제대로 받았더라면 지금
은 천사와 같은 마음을 가진 백성들이
이 지상에서 살아갈 것이거늘, 너희들
은 어떠한 마음으로 변화되어 있는가?
11 너희들은 어떠한 것을 보고 듣는 것으
로써는 세상사에 아무것도 믿을 수 없
는 그와 같은 너희들의 험악한 마음들
이 지금 자리를 잡게 되었음이니라.
12 그리하여 너희들이 말하기를 백 번 천
번 듣는 것은 믿지 아니하며, 단 한 번
이라도 만져 보는 것을 더 믿는 그와
같은 마음자리가 되었음이니, 너희들
의 지금의 형태가 그러하니라.
13 그러하니 내가 너희들에게 어떠한 것
을 깨우쳐 주며, 너희들에게 미래에
대한 나의 뜻이요, 하늘에 오르는 그
역사를 아무리 깨우치고 가르쳐 준다
해도, 그를 믿지 아니하며 믿으려 하
지도 아니하는 것이 지금 너희들의 삶
의 형태이니라.
14 그러한 너희들에게 내가 무엇을 내려
보내 주며, 미래에 대해서 어찌 가르
쳐 주면 되겠는가?
15 지금 내가 어떠한 것을 가르쳐 준다
해도, 너희들이 손으로 만져 보고 눈
으로 직접 보고 체험하는 것만을 믿는
그와 같은 형태가 되어 있음이니,
16 너희들이 지금 이 사악한 인간 생활
속에서 내가 아무리 나의 뜻이요, 나
의 아름다운 길이요, 너희들이 구원을
받는 길이요, 십계명을 지키는 것만이
하늘에 오르는 영의 양식이요, 지금
제3의 시대에 구약과 신약을 덮으며
내가 나의 성령을 직접 세상에 내려보
내니 이것이 곧 너희들의 구원이라 말
한들, 너희들이 나의 뜻을 믿겠는가?
17 사랑하는 나의 아들아, 만백성에게 전
하라.
18 너희들이 만져 보지 아니한 것도 믿는
그와 같은 시대가 되었다면 내가 예수
의 시대처럼 말로써 너희들에게 전하
며, 그리 전하여 간단히 깨우치는 그
와 같은 시대의 역사를 이룰 수 있으
나,
19 너희들은 그와 같은 마음자리가 되지
아니하였으니, 만져 보고도 의심하는
그와 같은 형국이 너희들의 마음자리
이니,
20 이제 내가 최종적으로 너희들에게 마
지막 명령을 내리며, 무엇을 고치고
또 교정하고자 내가 너희들에게 내렸
다 하면 그건 누구도 번복할 수 없으
며 고칠 수 없는, 나 창조주가 내리는
최종 명령이니, 말로써 전해져 그것이
잘못 전달됐을 때 얼마나 무서운 결과
를 초래하겠는가?
21 그리하여 내가 밤낮을 가리지 아니하
고 나의 아들을 통하여 나의 성령을
그 가슴에 직접 심어 주어, 그가 하늘
에 오르는 길인 나의 법전을 만들어
만백성을 구하고자 하는 것이니,
22 이것은 내가 너희들을 위하여 나의 아
들을 통하여 너희들에게 직접 보고 듣
고 읽고 깨우쳐 너희 손으로 만지며
너희 귀로 들으며 너희 눈으로 확인하
여 너희들이 구원의 길을 바로 가도록
그리하여 내가 법전을 세상에 내려보
내는 나의 깊은 뜻의 이치를 알아야
할 것이니라.

2,883 번째 하나님 말씀

2002년 8월 9일 21시 22분

1 사랑하는 나의 아들아!
2 "네, 아버님! 말씀하옵소서."
3 내가 너에게 말하기를, 줄을 반듯이
긋고 그 줄을 밟고 걸어가는 그와 같
은 삶을 살아야 한다 했으며, 실에 매
단 추가 곧은 것처럼 너는 그리 살아
가야 한다 했으며,
4 내가 수없이 너에게 고통스런 그 길을
가도록, 너의 작은 죄도 용서하지 말
고 어떠한 불의한 짓도 하지 말며, 바
르게 천사의 심성과 나 여호와의 심성
과 같이 살라 하며 내가 너를 달구고
깨우치고자 함이니, 너는 나의 이 뜻
을 알겠는가?
5 사랑하는 아들아,
6 내가 정녕 만백성을 구하는, 천 년에
걸쳐 이 지상에 아름다운 백성들이 살
며 그 대대손손이 영원히 하늘과 같은
이 지상의 낙원에서 살아가는 새 역사
를 창조하는 이 시점에, 내가 제3의
시대를 열어 감이니,
7 내가 너를 통하여 무엇을 지키라 명했
을 때, 네가 깨달음이 부족하며 이해
함이 부족하며 시행함이 부족하며, 정
녕 나 여호와의 뜻대로 네가 살아가지
못하고 그를 지키지 못하며 행하지 못
한다면, 이 세상 어느 누구도 내가 원
하는 그 길을 갈 수 없으며, 너희들이
잘못 가는 백성의 삶을 바로잡을 수
없음이니라.
8 그리고 너 또한 네가 잘못되어 가는
것을 너 스스로 잡을 수가 없음이니,
9 너를 통하여 만백성을 위하여 하늘에
오르는 길을 깨우치고 가르치고자 하
는 그와 같은 나의 뜻에서 네가 바로
잡지 못하고 바로 서지 못하며 남들로
부터 네가 존경받고 나 여호와의 아들
이요, 나의 선지자라는 그와 같은 믿
음을 받지 못하고 살아갈 때,
10 그와 같은 너에게 내가 영원히 사는
세상의 그 이치를 내려보냈을 때 네가
그를 잘못 받고 잘못 깨달아 이해한다
면 그 오차의 범위를 누구도 감당할
수 없으며, 나 여호와까지 그를 바로
잡을 수 없는 그와 같이 무서운 파경
에 이르게 됨이니라.
11 그리하여 내가 사랑하는 아들 네가 피
가 나도록 노력하여 어떠한 시련과 고
통 속에서도 네가 진심으로 스스로 깨
우쳐 천사와 같이, 나의 심성과 같이
바로 확실히 섰을 때, 그리하여 내가
내리는 그 모두를 받아들일 수 있도록
네가 다듬어지고 만들어졌을 때,
12 그리고 네가 만백성에게 바로 서는 그
와 같은 빛이 될 수 있으며 그들의 생
명의 인도자가 될 수 있는 나의 아들
로서 바로 섰을 때,
13 네가 그 위에서 어떠한 시련과 고통
속에서도 너 자신이 가야 할 길을 깨
우치며 네가 행할 것을 확실히 깨우쳐
너 스스로 네 것으로 만들었을 때,
14 네가 깨우친 그 고통 속에서 하늘에
오르는 길이 무엇이며 네가 가야 할
길이 무엇이며 만백성을 인도하는 네
가 어떠한 사람으로서 살아가야 하는
지를 확실히 깨우쳐 네 마음의 자리를
잡아 네가 천사와 같은 심성으로 변했

을 때,
15 네가 그와 같은 노력으로써 그 시련과
고통 속에서 깨우쳐 바로 섰을 때, 내
가 너를 믿고 만백성을 구하는 그 성
령을 내릴 수 있음이니라.
16 내가 너에게 한 번 내려 명한 그 성령
은 교정할 수도 없으며 고칠 수도 없
기에, 완벽한 네가 되어 나의 완벽한
성령을 받아 완벽하게 실행하는 네가
되어야 되기 때문이니라.
17 내가 너에게 모든 상을 주며 내가 너
에게 직접 깨우침의 마음을 알려 주고
싶으나, 너 스스로 노력하여 길을 열
어야 될 것이니라.
18 내가 너에게 길을 열어 주고 빛을 보
도록 한다면 너는 정녕 너 스스로 견
딜 수 없으며, 만백성을 인도하는 진
정한 나의 아들이요, 선지자가 될 수
없음이니라.
19 너 스스로 모두를 깨우쳐, 이 세상 만
백성을 구하는 것은 오로지 너 하나
며, 너만이 그를 행할 수 있는 나의 자
식이요, 나의 아들로서 존재함이니,
20 너 스스로 네가 얼마나 소중한 사람으
로서 이 세상에 내려와 나를 대신하여
만백성을 구하는 그 역사를 이루는 것
인지 네가 스스로 잘 다스려 나가야
될 것이니라.
21 네가 나의 아들로서 천사와 같은 마음
으로 만백성을 구하는 그 구원의 빛이
되는 사람으로 살아가겠다는 마음을
잠시라도 지워 버리며, 네가 소중한
자라 생각하지 아니하며, 네가 나에게
기도와 경배로써 모두를 행하지 아니
한다면,
22 너의 마음의 그곳을 사탄이 침투할 것
이며, 그들이 너를 스스로 무너지도록
할 것이며, 네 마음의 흔들리는 그곳
을 파고들어 너를 쓰러트리려고 할 것
이니라.
23 그러하니 너는 그들이 네 마음의 어느
곳도 건드리지 못하며 네 마음속에 침
투할 수 없는, 사악한 것들이 네 마음
에 감히 근접할 수 없는 깨우침을 가
져야 할 것이니라.
24 사랑하는 아들아!
25 아들이란 무엇이라 말하였던가?
26 영원히 사는 나의 나라에 와 존재할
수 있는 그 특권을 가지고 있으며, 그
아무 때나 나의 나라에 올 수 있는 것
이 나의 아들이라 내가 명했음이니라.
27 그리하여 내가 너를 아들이라 불렀으
며, 내가 너를 아들이라 부르기에 한
점의 부끄러움이 없어 네가 나의 아들
이라 함을 세상에 내가 공포하였으니,
내가 너를 더 이상 높이 부를 호칭이
없다 말하지 아니하였는가?
28 오로지 아들이요, 나의 자식이라 부르
는 그보다 더 위대한 호칭이 없음을
너는 알라.
29 너는 나를 대신하여 모든 대업을 이루
는, 인간의 형태를 가지고 내려간 나
의 아들임을 잊지 말라.

2,884 번째 하나님 말씀

2002년 8월 9일 22시 12분

1 사랑하는 나의 아들아!
2 "네, 아버님! 말씀하옵소서."
3 네가 내려다보는 지금의 세상이 어찌

보이던가?
4 "네, 아버님!
5 세상이 파란 바다와 같이 끝이 보이지
않사옵나이다.
6 파란 평원이 보이나이다.
7 끝이 보이지 않는 파란 바다처럼 넓고
넓은 그 평온한 모습만이 보이옵나이
다."
8 사랑하는 아들아!
9 "네, 아버님 말씀하옵소서."
10 그리 보이는 파란 그 넓고도 넓은, 끝
이 보이지 않는 그 평원을, 그저 그 위
를 너는 걸어가면 되느니라.
11 세상사 살아가면서 네가 지금 세상의
모두를 다 덮어 파란 잔디와 같이, 파
란 바다와 같이 넓고 멀리 보이는 그
곳을, 너는 그저 그 위를 편안히 걸어
가는 마음으로 살아가면 되는 것이니
라.
12 그 파란 잔디 위를, 그 끝이 보이지 않
는 바다 위를 걸어가는 네가 거기서
무엇을 싫어하고 미워하고 질투하며,
무슨 은혜를 받고자 하며 역사하고자
하며, 추하고 더러운 것을 얻고자 하
는 그 마음이 있는가?
13 "아버님! 이 파란 잔디 외에는 싫어하
는 것도 보이지 아니하며 더러운 것도
보이지 아니하며 미운 것도 보이지 아
니하며 질투하고 시기하는 그 어떠한
것도 존재할 수 없으며, 그 모두가 아
무것도 보이지 않는, 그와 같이 평온
하고 넓고 넓은 바다와 같사옵나이
다."
14 사랑하는 아들아, 세상사를 그와 같은
마음으로 봐야 할 것이며, 그 위를 걸
어가는 평온한 사람처럼 그 마음의 자
세로 살아가는 그와 같은 깨달음을 네
가 알아야 될 것이며, 너 스스로 그와
같은 삶을 살아야 될 것이니라.
15 "전지전능하신 여호와 아버님!
16 제 마음속은 하얀 백합꽃이 만발하여
있사옵나이다.
17 제 가슴에는 하얀 백합꽃이 만발하여
있으며, 그저 제 입을 통하여 나오는
것은 모든 아름다운 향기만이 세상에
나오는 것 같으며, 그와 같은 형국으
로 살아가는 것이 저희가 살아가는 길
이요, 인간이 가는 길이라 깨닫게 되
었사옵나이다.
18 이 파란 잔디 외에 더럽고 추한 어떠
한 것도 보이지 않는 그저 평온한 모
습 속에서 그 위를 묵묵히 걸어가는
제 마음속에는 하얀 백합꽃이 만발하
여 제 가슴을 다 채우고 있으며,
19 그리하여 제 입을 통하여 나오는 모든
말들은 그 백합꽃의 향기처럼 아름다
운 향기만이 나오는 것 같은 그와 같
은 것을 느끼고 있사옵나이다."
20 아들아, 그와 같이 변해야 되며, 그와
같은 삶을 살아야 되며, 그와 같은 길
을 가야 하는 것이 너임을 알라.
21 네 입에서는 꽃향기처럼 아름다운 향
기가 나는 그와 같은 말만 나와야 될
것이며, 네 가슴속에는 하얀 꽃으로써
그득히 차 있으며, 그 속에는 추하고
더러운 것이 하나도 없는 그와 같은
마음이 되어야 될 것이니, 그와 같은
삶을 살도록 그리 가라.

2,885 번째 하나님 말씀

2002년 8월 9일 22시 22분

1 사랑하는 나의 아들아!
2 "네, 아버님! 말씀하옵소서."
3 네가 지금 느끼고 깨우치는 그 마음과
네 육신의 자세는 과연 어떠한 것이더
냐?
4 "전지전능하신 여호와 아버님!
5 제 마음은 지금 육신이 구름 위에 떠
있는 것과 같은 마음이옵나이다.
6 저 자신이 구름보다 더 높이 떠 있어,
두둥실 떠가는 그 구름 속에 제 육신
과 마음이 같이 있사옵나이다.
7 그와 같은 것을 느끼고 있사옵나이다.
8 제 육신이 구름 위에 떠 있으며, 그 구
름 위에서 세상만사에 만백성이 살아
가는 그 모습을 바라보고 있사옵나이
다.
9 제가 육신의 생활 속에서 찌들고 힘들
고 어려운 그 삶과, 백 년도 못 되는
그 육신의 삶을 위하여 허덕이며 시기
하고 질투하고 음해하는 추하고 더러
운 욕심의 고리를 버리지 못하고 살아
왔던 모습이,
10 이제 구름 위에 떠 있어 내려다보는
제 눈에 저 자신이 보이며, 모든 사람
들이 살아가는 모습이 아름답고 추하
고 더러운 그 모습 구석구석까지, 그
들의 마음속까지도 보이는 그와 같은
느낌을 받고 있사옵나이다.
11 사람이 죽어서 육은 땅으로 가고 영혼
은 하나님 앞으로 불려 올라가듯이,
제가 누운 채로 지금 그 영혼이 하늘
에 불려 올라가는 그와 같은 형국으로
써 저 자신이 구름 위에 높이 떠 있사
옵나이다.
12 그 구름 위에 떠 있어 내려다보는 저
자신이 제 모습을 볼 수 있으며, 인간
사에 제가 더덕더덕 짓고 살아온 그
죄를 바라볼 수 있으며, 만백성이 살
아가는 그 모습을 바라볼 수 있사옵나
이다.
13 이 무서움을 지금 깨닫고 있사옵나이
다.
14 전지전능하신 여호와 아버님!
15 제가 육에서 지금 깨달음을 얻지 못하
며 아버님의 존재하심을 알지 못하며
아버님의 성령을 받지 못하며 창조주
이신 아버님이 계시는 것을 모르고 그
와 같이 추한 모습으로 육의 삶을 살
았을 때, 저의 영혼은 정녕 이 구름 나
라요, 하늘나라에 올라올 수 없다는
것을 깨달았사옵나이다.
16 그리하여 제가 만백성이 살아가는 그
모습을 보고 있사옵나이다."
17 사랑하는 나의 아들아!
18 "네, 아버님! 말씀하옵소서."
19 만백성에게 그리 깨우쳐 주라.
20 너희들이 죽어서 지금 육은 땅으로 한
줌의 흙으로 돌아가며, 너희들의 영혼
은 나에게 불려 올라옴이니,
21 육의 세상을 갓 벗어나서 영의 세계에
올라오는 그 영혼이 세상을 바라보는
그와 같은 모습을 보며 그와 같이 너
희들이 그를 보고 살아온 모습의 죄를
받음이니,
22 너희들의 영혼이 하늘로 올라가는 그
순간에 너희들이 지상에 살아가는 인
간 세상을 내려다보듯이, 스스로 자기

자신의 모습을 돌아다보며 내려다보
도록 그리 가르쳐 주라.
23 그들이 죽은 자가 되어 영혼이 올라가
지상에 살아가는 제 모습을 바라보는
그 깨달음을 알 때, 제가 얼마나 잘 살
았고 못 살았으며, 얼마나 아름다운
모습으로 살았고 얼마나 사악하고 추
하고 더러운 모습으로 살았는가 제 모
습을 볼 수 있는 것이니, 그 높은 곳에
서 저 자신을 바라다보는 그와 같은
깨달음을 얻도록 나의 피조물 만백성
에게 네가 일깨워 줘야 됨을 잊지 말
라.
24 사랑하는 나의 아들아,
25 네가 구름 위에 떠 있는 것과 같은 마
음이요, 그와 같은 것으로써 세상을
내려다봄이니, 세상 속에 인간들이 살
아가는 그 깊은 마음속의 형태를 네가
다 보고 있음이니라.
26 이와 같은 깨달음을 얻은 것이요, 이
와 같이 네가 천사와 같은 마음으로
살아가고자 하는 그 깨달음을 얻는 역
사는, 네가 나의 피를 받은 나의 성령
을 받아 세상에 나온 자이니, 나의 피
요, 나의 성령을 받아 나의 아들로서
세상의 만백성을 구하고자 온 자는 너
하나뿐이며,
27 이후에 또한 나의 아들이라 하여 세상
의 나의 피조물 만백성을 구하고자 하
는 나의 성령의 그 장서를 기록하여
세상에 낼 자가 없다 함을 너희들은
알아야 될 것이니라.
28 사랑하는 나의 아들아!
29 "네, 아버님! 말씀하옵소서."
30 너희들이 살아가는 인간 사회에서 죄
를 짓고 사는 자, 너희들이 천사와 같
이 산다 하는 자, 그리고 살인하는 자,
간음하는 자, 도둑질하는 자, 사악한
짓을 하며 사는 자, 그들이 사는 모습
이 과연 어떠하던가?
31 천사와 그들과의 사는 모습이 너는 어
찌 보이던가?
32 천사와 같은 마음으로 살고 아름답게
산다는 그 사람들과 인간 사회에서 저
주받는 그 죄를 짓고 사는 사람들을
네가 바라보는 그 모습이 어떻던가?
33 "아버님!
34 인간 세속에 살아가면서 아무리 험악
한 죄를 지어도 그 죄의 높이가 쌀 한
톨의 높이만큼도 아니 되며,
35 인간 사회에서 아무리 착하고 선하게
살고자 노력하여 저희들이 깨끗하게
산다 말하고 스스로 천사와 같이 살며
아름다운 모습으로 산다 해도,
36 그들이 사는 뒷모습이요, 어둡고 보이
지 않는 곳에서의 그들의 행동을 같이
비추어 볼 때, 선한 자, 착한 자라 말
하는 이들이 쌀 한 톨의 높이도 되지
않는 그와 같은 속에서 서로 아옹다
옹하며 살아가는 그 추한 모습을 보게
되었습니다.
37 그리고 그 모습을 보고 있사옵나이
다."
38 사랑하는 나의 아들아,
39 천사라 하여 살아가는 자와 사악하다
하여 살아가는 자들이, 그들의 차이가
쌀 한 톨의 높이만큼도 안 되는 것을
네가 깨달았음이니,
40 너는 그와 같은 세상사의 인간들이 살
아가는 그 모습 속에서 선한 자와 악

한 자라 구분하여 그들을 핍박하는 그
와 같은 행위를 하지 말도록 나의 피
조물 만백성에게 일깨워 주라.
41 더군다나 나의 아들과 같이 살아가며
나의 아들이요, 딸들이요, 알곡식을
추리듯이 내가 구분해 놓은 너희들이,
나의 성전에 와 나의 법전을 공부하는
너희들이 누구는 선한 자요, 누구는
악한 자라 그리 구분하여 핍박하는 것
은,
42 너희들 인간 세속에 잘못 살아가는 자
와 잘 살아가는 자의 차이가 쌀 한 톨
의 높이도 안 되는 걸 가지고 서로 갑
론을박을 하여 선하다 악하다 하며 저
희 추한 모습을 보이듯이, 너희들 또
한 그보다 더 추한 모습으로써 너희들
자신을 돌아다보지 못하며 제 모습을
바라보지 못함이니라.
43 사랑하는 나의 아들아!
44 "네, 여호와 하나님! 말씀하옵소서."
45 그들이 다 뼈와 살을 준 나의 소중한
자식이라는 것을 그들에게 일깨워 줘
야 될 것이니라.
46 그러하기에 나의 성전에 와 있는 너희
들은 다 내가 뼈와 살을 주어 나의 자
식으로서 세상에 내보냈으며, 그 테두
리를 벗어나 살 수 없는 것이 너희들
이거늘, 어찌하여 너희들이 서로 선한
자요, 악한 자라 구분하며, 쌀 한 톨의
높이도 안 되는 걸 가지고 나의 성전
에서 시시비비를 하는가?
47 너희들이 서로 구원하고 구원하지 못
할 자라 그와 같이 말하는 것을 용서
할 수 없음이니, 너희들은 전혀 깨우
침이라는 걸 모르고 살아가는 자들이
라는 것을 알아야 될 것이니라.
48 내 뜻에 따라 살아가지 않는 자는 곧
구원과 버림 가운데 버림이요, 하늘에
오르는 길을 모름이니, 그만큼 무서운
차이가 있는 것이 나의 뜻에 따라 살
아가지 않는 자들의 생활하는 방법이
요, 살아가는 모습임을 너희들은 알아
야 될 것이니라.
49 나의 법전을 읽고 깨우쳐 새로운 역사
를 이루고자 하는 자와 그것에 도전하
는 자들은 구원과 버림이라는 그와 같
은 하늘과 땅의 차이가 있음을 너희들
은 알아야 될 것이니라.
50 내가 너의 제자들에게 다시 한 번 이
깊은 밤 간곡히 명하노니,
51 너희들이 살아가는 인간 세상에서 선
한 자와 악한 자가 다 너희들 제자 손
안에서 벗어나지 못하는 것이니,
52 너희들 제자의 손안에서 악한 자, 선
한 자가 벗어나지 못하고 그 안에 같
이 더불어 있는 그와 같은 차이라는
것을 알아서,
53 너희들 스스로 갑론을박하고 서로 미
워하고 저주하며 의심하고 의혹하는
마음을 가지고 살아가는 자들은 나의
자식이 될 수 없다는 것을 너의 제자
들에게 깊이 심어 줘야 할 것이니, 이
를 명심하여 행하도록 그리하라.

2,886 번째 하나님 말씀

2002년 8월 9일 22시 31분

1 사랑하는 나의 아들아!
2 "네, 아버님! 말씀하옵소서."
3 너는 너의 제자들에게 일러 확실히 그

들의 머릿속에 심어 줘야 될 것이니라.
4 내가 너에게 말하여 2부를 내가 너에
게 10월이라는 그 달까지 만들라 하
였으며, 내가 어떠한 일이 있어도 3부
를 너희들이 이 해가 다 가기 전에 만
들라 하였음이니, 그와 같은 역사를
이루기 위하여 네가 밤잠을 자지 아니
하고 지금 달려가도 그를 이룰까 말까
함이니라.
5 그와 같이 달려가는 너를 돕는 자, 말
로써 너를 돕는다 하며, 나의 법전의
3부가 나오며 160권의 법전이 세상에
나오는 그 역사를 위하여 돕는다 말하
는 자들, 법전이 세상에 나오게 만든
다는 자,
6 너를 바로 가게 한다는 자들, 그리고
저희들이 깨달음 속에서 너를 깨우쳐
바로 가게 하는 그와 같은 역사를 하
겠다는 자들, 그리고 네가 잘 가고 잘
못 가는 것을 시시비비하며 너에게 감
히 답을 요구하며, 너의 형태를 점검
하며, 작든 크든 너에게 네가 잘 가고
잘못 가는 것을 말하는 자,
7 그들의 자세와 그들의 몸가짐이요, 마
음가짐이 어떠한 형태에서 너에게 그
리 말하는가 그것을 너는 알아야 될
것이니라.
8 말로는 나의 아들 너를 돕고자 하며
나의 법전이 2부요, 3부요, 160권이
세상에 나오는 데 그 모두를 다 바쳐
가겠다 하며 너에게 바로 가라 하는
자, 그리고 정녕 네가 나 여호와의 뜻
을 깨우쳐 빨리 변하여야 된다 그리
말하는 자, 네가 변하지 못하여 모든
역사가 이루어지지 못하며 모든 파장
이 이루어진다 그리 말하는 너의 제자
들, 그들에게 너는 물어봐야 될 것이
니라.
9 그와 같이 말하는 자가 진심으로 말한
다면 그는 너를 위함이요, 나 여호와
의 뜻에 따라 행하는 나의 사랑하는
자식일 것이니라.
10 그러나 겉과 속이 다른 자가 내가 사
랑하는 나의 아들에게 그리 핍박한다
면 그는 내가 사랑하지 아니함을 알아
야 될 것이니라.
11 너에게 와 갑론을박하는 자, 나의 법
전을 위하여 모두를 다 바쳐 너와 더
불어 가겠다 말하는 자, 그들의 마음
자세가 겉과 속이 다르다면 그들을 내
가 용서치 아니할 것이며, 그들은 내
가 사랑하지 아니함을 알라 이르라.
12 나의 아들 예수의 그 역사의 기적을
다 보며 그와 더불어 하늘나라에 오르
고자 굳게 목숨을 내걸고 맹세했던 자
들이 마귀가 되어 등을 돌렸으며, 그
를 부정하고 부인하며 저희들의 목숨
을 살리기 위하여 뒷모습을 보이며 추
악하게 도망간 자들의 그 형태를 보라.
13 너희들이 어떠한 형태로 살아가는가?
14 하나의 미물이요, 짐승인 닭도 솔개가
저를 채 가고자 할 때 그 자식인 병아
리를 보호하기 위하여 온갖 정성을 다
하며 제 품에 안았다가 제가 솔개의
먹이가 되도록 하면서 그 새끼를 분산
시켜 살리고자 한다 하였거늘,
15 나 여호와의 아들이요, 창조주 나의
성령을 받아 나가 세상의 왕이요, 만
백성을 구한다는 나의 선지자 옆에서
같이 더불어 살아왔던 자들이 그리 꼬

리를 내리고 도망가는, 짐승들의 모습
만도 못한 그 추한 형태를 너희들은
그림으로써 형상화해 보라.
16 그들이 어떤 추한 모습이며, 그들의
뒷모습이 얼마나 부끄러운 모습인가?
17 나의 아들 예수를 목숨을 내걸고 따랐
던 자들도 그와 같이 그를 해하고 돌
아섰음이니라.
18 그리고 마귀가 되어 그를 팔았음이니
라.
19 그리고 그에 대해 거짓 증언을 하였음
이니라.
20 그리고 짐승만도 못하게 꼬리를 내리
며 수풀 속으로 달아나는 그와 같은
형국이었음이니, 그것이 어떠한 모습
이었던가?
21 아무리 미물이라도 제가 살기 위하여
새끼를 놓고 꼬리를 내려 풀 속으로
도망가는 그와 같은 짐승이 없거늘,
22 나의 아들을 따라 그 모든 역사를 이
루며, 그가 제왕이 되었을 때 같이 가
겠다 하던 자들이, 그와 같은 짐승이
요, 미물의 행동만도 못하게 꼬리 내
리고 도망가는 추한 모습으로써 숨어
가는 그 형국을 볼 때, 그들의 마음이
과연 어떠하다 생각하는가?
23 그들은 속과 겉이 다른 자였음이니라.
24 겉마음과 속마음이 같았다면 어찌 그
리할 수 있겠는가?
25 그들은 나의 아들에게 이리 언약하고
약속했을 것이니라.
26 '당신이 죽으면 나도 같이 따라 죽을
것이며, 당신을 위해서 모두를 다 바
치며, 당신이 하나님께 올라가 영광의
나라에 갈 때 나도 그 길을 따라갈 수
있도록 모두를 다 바쳐 가겠다.' 그리
말했을 때, 그게 속과 겉이 다르지 아
니했다면 저희들이 나의 아들이 죽어
갈 때 같이 죽음을 선택하는 그와 같
은 길을 갔어야 될 것이 아닌가?
27 그들이 저희들의 속과 겉의 마음이 같
았다고 변명한다 하여도 그들의 행동
이 그렇지 않았음이니, 그들은 속과
겉이 다름이니라.
28 그러니 너를 따라 너와 같이 가며, 지
금 나의 성령을 받아 만백성을 구하는
이 대업을 이루는 너의 제자들이 속과
겉이 다른 자로서 너에게 바로 가라
하며 너를 돕는다 하며 너를 깨우친다
하는 그러한 자들은 어떤 것이냐?
29 계산을 두고 있는 것이니라.
30 저의 어떠한 이해타산이요, 수지 타산
이요, 제가 얻고 못 얻는 그 모두를 계
산하는 속에서 너를 따르는 제자가 되
었으며, 그리하여 계산 속에서 네가
바로 가길 원하는 것이 바로 그들의
형태인 것이니라.
31 그와 같이 계산적인 마음이 없다면 그
들은 겉과 속이 다를 수가 없음이니라.
32 나의 아들 예수가 세상의 제왕이라 하
니, 만백성을 통제하는 육의 제왕이
되면 그때 저희들이 무엇인가를 얻고
한자리를 차지하고자 하는 그와 같은
계산적인 마음을 갖고 그 제자들이 나
의 아들을 따랐듯이, 그것은 진정한
고통의 길이요, 고행의 길이요, 믿음
의 길을 가는 것이 아님을 너희들은
알아야 될 것이니라.
33 지금 너의 제자들 또한 겉과 속이 다
른 자, 네 앞에서 바로 가기를 저희들

은 세 치 혓바닥으로 말하며 너를 깨
우친다 하며 법전을 만드는 데 모두를
다 바친다 하나, 그들이 속과 겉의 마
음이 다르면 저희들이 이해관계의 수
지 타산의 계산을 깔아 놓고 하는 행
위이니,
34 하시라도 너에게서 떠날 수 있으며 너
에게 화살을 쏠 수 있는 자들이기에
내가 그들을 사랑하지 아니하며, 그들
은 구원을 받을 수 없는 자들이라 하
는 것을 내가 오늘 나의 법전에 기록
하여 전함이니, 이를 그들에게 전하도
록 그리하라.

2,887 번째 하나님 말씀

2002년 8월 9일 22시 53분

1 사랑하는 나의 아들아!
2 "네, 아버님! 말씀하옵소서."
3 이제 네가 살아가는 그 모습이 어떻더
냐?
4 네 그 모두를 다 세상에 내놓아도, 네
가 살아가면서 가려졌던 네 인생의 삶
의 포장을 헤쳐 이제는 그를 다 찢어
버리고 너를 드러내놓는 그와 같은 삶
을 살아가도 한 점의 부끄러움이 없느
니라.
5 너를 포장했던 것이며 너를 압박했던
지난날의 너의 삶이며 네가 깨닫지 못
하여 몸부림치며 네가 나의 뜻에 따라
행하지 못하는 그 아픔의 절규를 이제
는 네가 다 뛰어넘었음이니,
6 너의 포장된 그 모습을 이제는 다 펴
놓는다 하여도 어느 누구에게도 한 점
의 부끄럼이 없는 그와 같은 네가 되
었으니, 이제 네가 포장되어 있는 너
의 모습을, 네 마음을 다 찢어 버리라.
7 그리고 네 마음과 너 자신과 네 육신
의 삶 그 모두를 다 드러내는 너야말
로 세상에 하나밖에 없는 나의 아들이
요, 그 아름다운 삶을 살아가는 그와
같은 형국으로써 네가 가도 하나의 손
색이 없을 것임이니라.
8 그러하니 너의 모습을 다 드러내어 네
가 지금까지 아름답게 살아가고자 몸
부림치며 변화되는 너의 삶을 만백성
에게 보여 주며 살도록 그리하라.
9 무엇이 두려우며 무엇을 네가 주저할
것인가?
10 이제는 네가 너의 포장된 그 모두를
다 갈기갈기 찢어 너의 모습을 다 보
여 주는 그와 같은 형국으로 가야 함
을 알아야 될 것이니라.
11 그리고 네가 그리 갈 수 있으며, 네가
그와 같이 행할 수 있으며, 네가 지금
살아가는 그 모습에 속일 것도 없으며
덮을 것도 없으며 네가 포장을 벗기지
못할 이유가 없음이니라.
12 그와 같은 너의 삶의 모두를 다 세상
에 드러내 놓는 그와 같은 삶을 네가
지금서부터 살아가야 될 것이니, 그와
같은 마음을 굳건히 갖고 살아가야 될
것이니라.
13 그리고 너의 제자들에게 일깨워 줘야
될 것이니라.
14 너의 제자들도 저희들을 감싸고 있는
모든 포장을 찢어 버릴 용기를 가지도
록 하며, 그와 같은 삶을 살아가는 자,
나의 성전에 와 공부하며 너의 제자라
그리 명할 수 있는 그들에게 네가 이

제 임명장을 줄 날이 머지않았음이니,
자기 자신의 포장을 다 찢어 보이는
자만이 너로부터 그와 같은 임명장을
받을 수 있는 자임을 알라.
15 이제는 네 주변에 변하는 상황이 급속
도로 회오리바람이 몰아치듯이, 태풍
이 불어 세상을 쓸어 가듯이, 또는 이
세상을 다 넘는 비가 쏟아지듯이 그와
같은 변화의 역사가 시작될 것이니라.
16 그 역사가 이루어지는 것에서 가장 중
요한 것은 너 자신이 포장을 가지고
있는 삶을 살아서는 안 되며, 네가 베
일에 싸인 자요, 포장되어 꽉꽉 묶여
있는 그와 같은 너의 삶이 일부분이라
도 있어서는 아니 될 것이니,
17 너를 감싸고 있는 모든 포장이요, 네
가 지난날 살아오며 그 잘못된 죄의
두려움이요, 네가 지금 깨우치지 못했
다 하여 불안해했던 그 모두를 다 너
는 펼쳐 놓아야 될 것이며, 그 위에서
네가 당당히 아름다운 모습으로 살아
가는 그 삶을 지금서부터 행해야 될
것이니라.
18 오로지 네 주변의 역사가 변하며, 나
의 법전의 역사가 변하며, 세상의 만
백성이 혁명이요, 개혁의 바람이 몰아
치는 그와 같은 소용돌이 속에서, 나
의 법전을 보고 깨우치는 만백성과 깨
우치지 못하는 자들의 그 대립 속에
서, 그 모두는 너에게 집중되어 모두
너를 바라보게 되어 있음이니,
19 네가 지금서부터 포장을 다 찢어버리
고 내놓은 삶을 살아가지 아니한다면
아니 될 것이니라.
20 너를 핍박하는 자들은 그 포장을 찢기
위하여 몸부림칠 것이며, 갖은 수단과
방법을 가리지 아니할 것이며,
21 온 세상의 종교 집단들이 다 이해관계
를 떠나서 오늘까지 저희들의 적이요,
사탄이요, 이단이라 싸워 오며 적대시
했던 그 모든 종파의 우두머리들이 하
나가 되어, 그리고 그 밑에서 깨우침
을 얻어 하늘에 오르고자 몸부림치던
그 신도라는 백성들까지 하나가 되어
완벽하게 굳어진 그들의 그 강한 모습
으로써 너의 포장을 갈기갈기 찢어 너
에 대한 흠집을 찾으려 할 것이니,
22 네가 지금 먼저 그 포장을 벗기는 삶
을 살아가야 될 것이니, 그 훈련을 네
가 하지 아니하며, 네가 지금 마음의
어두운 부분이 있으며, 포장의 한구석
에 네가 그를 펴놓지 못하여 잘못된
부분이 거기서 나온다면, 그는 감당할
수 없는 회오리 속에 싸임이니라.
23 또한, 네가 지금서부터 너 자신의 포
장을 다 찢어 모든 백성들이 보는 그
속에서 네가 아름답고 깨끗한 삶을 살
아가는 것을 지금 가지 못한다면,
24 너를 추종하는 백성들이요, 너는 진정
한 나의 아들이요, 나의 성령을 받아
나의 160권의 법전을 세상에 전하여
만백성을 구한다 하여 너를 핍박하는
자들과 대적하는 내 사랑하는 백성들
이 그 포장을 그 당시에 찢을 때 그들
의 마음이 얼마나 졸이며 얼마나 가슴
아프며 그들이 당당하지 못하겠는가?
25 그들은 믿고 따라갈 것이니라.
26 그러나 막상 사악한 종교 집단들이요,
모든 그들이 너에 대한 포장을 찢고
헤칠 때 그를 바라보는 너를 따르는

많은 백성들이요, 나의 성령의 나의
뜻이라 하여 나를 믿고 오는 그 백성
들이 그 포장을 찢을 때까지 그들이
졸이는 마음, 불안한 마음으로 얼마나
고통스러운 시간을 갖게 되겠는가?
27 네가 모든 포장을 다 찢어 너의 그 모
습을 다 내보이는 삶을 지금서부터 살
아갈 때, 잘못된 종교 집단과 너를 따
르는 백성들이 경합하여 서로 맞대결
하여 어느 한 길을, 승자의 길을 택할
수 있도록 치열한 공방전이 벌어질 때,
28 그들에게 용기를 주고 힘을 주며 싸울
수 있는 자신감을 주는 것은, 그들이
맞붙어 죽기 아니면 살기로 서로 진리
의 길이라 하여 공격하고 방어하며 치
열한 전투가 벌어질 때 네가 너의 포
장을 여는 것이 아니라, 미리 너의 포
장을 여는 것이니,
29 너를 따르며 나 여호와의 성령을 따라
잘못된 종교 지도자들이요, 잘못된 그
신도들이 가는 곳에 나의 법전을 전하
여 그들을 깨우쳐 꿈에서 깨우는 그
용기 있는 일을 할 수 있도록 네가 지
금서부터 미리 모두를 보여 주며 포장
을 다 찢어 버리는 그 삶을 살아가는
것이 네가 그들에게 용기와 힘을 주어
그들이 승자가 될 수 있도록 하는 것
임을 너는 알아야 될 것이니라.

2,888 번째 하나님 말씀

2002년 8월 9일 23시 25분

1 사랑하는 나의 아들아!
2 "네, 아버님! 말씀하옵소서."
3 내가 나의 피조물 만백성을 깨우치고
자 하는 것이 백 년에 1부인 열여섯
권의 법전을 내어 10부로써 천 년의
역사에 걸쳐 새로운 세상을 이루고자
함이니라.
4 내가 너희들에게 하늘에 오르는 길을
수없이 깨우쳐 주었으며 깨닫도록 하
여 주었으며, 그리고 구원의 길이 무
엇인가를 너희들 가슴에 울리고 또
울려서 너희들이 들을 만큼 듣도록 그
리하여 내가 법전을 세상에 내려보냈
음이니라.
5 그러나 너희들은 어찌 생각하는가?
6 아무리 천만 번 너희들의 가슴에 울려
도 너희들은 듣지 아니하려 하며 깨우
치지 아니하려 함이니라.
7 내가 너희들에게 사랑하는 마음이요,
베푸는 마음이요, 이웃을 사랑하며 나
이 먹은 자를 공경하는 그와 같은 마
음이 하늘에 오르는 기본이요, 근본이
라 가르쳐 주었으나, 너희들이 사는
것은 과연 얼마만큼 그리 행하고 사는
가?
8 너희들은 그를 행하지 아니함이니라.
9 내가 너의 제자들에게 뭐라 말하여 주
었더냐?
10 내가 그리 알려 주었음이니라.
11 개라는 동물은 사람을 물어뜯어도 사
람은 개를 물어뜯지 못하는 것이라 내
가 말하여 가르쳐 주었음이니,
12 내가 이 말을 내릴 때 너희들의 심성
이 얼마나 잘못되었으며 얼마나 잘못
가면 개와 사람을 견주어 너희들의 가
슴에 못을 박아 깨우치도록 하고자 하
는 그 말을 내리겠는가?
13 너희들은 시기하지 말며, 질투하지 말

며, 남을 욕하고 남을 미워하는 자는
스스로 제가 그와 같은 자이기 때문
에, 너희들이 남을 탓하고 남을 말하
기 전에 너희 자신을 먼저 깨달으며,
남을 탓할 자격이 있는가 자신을 돌아
다보라 내가 수천수만 번 그리 가르쳐
주었음이니라.
14 그러나 너희들은 두세 사람만 모여도
서로 비방하며 그의 잘못을 꾸짖으며,
좀 더 가진 자, 좀 더 능력 있는 자, 그
리고 좀 더 높은 자가 저 자신의 더럽
고 추한 그 모습은 바라보지 못하면서
저보다 나약한 자, 저보다 미약한 자,
제 눈 아래 있는 자, 그들이 잘못하는
것은, 그들의 조금의 실수는 매서우리
만큼 힐책하며 그를 탓하며,
15 모든 너희들의 실수요, 이뤄지지 않는
것도, 너희들의 뜻대로 행해지지 아니
한 그와 같은 것도 모두 그들이 잘못
하는 것이 있고 잘못 깨우치기 때문에
그와 같은 일이 이루어진다 하며 너희
들은 그리 핍박하고 그를 경멸하는 그
와 같은 언사를 함부로 함이니라.
16 내가 너희들에게 말하기를, 어떠한 일
이 있더라도 인간은 인간을 평가하지
말라 하였거늘, 내가 수백 번 너희들
에게 그리 가르쳤음이니라.
17 내가 너희들에게 말하기를, 인간은 인
간을 평가할 수 없으며 나 여호와만이
너희들을 평가할 수 있다 하였음이니
라.
18 창조주인 나 여호와가 너희들이 잘못
가고 잘 가는 것을 알고 있음이며 너
희들의 속마음과 겉마음이 어떤 것인
가를 다 알고 있음이니, 오로지 너희
들을 평가할 수 있는 것은 나 여호와
하나라 내가 수백 번 너희들에게 심어
주었거늘,
19 너희들은 그저 모르면 갑론을박하며
너희 뜻이 옳다며 그와 같이 말의 시
비를 하여 상대방의 인품이요, 인격이
요, 그를 다 말살하며 그들을 묵살하
는 그와 같은 행위를 하고 있음이니,
20 너희들이 하루에 살아가는 것이 백 가
지의 이치를 살아간다면 너희들은 너
희들보다 나약한 자가 한 가지를 잘못
하는 것은 매섭게 꼬집고 그를 힐책하
면서, 아흔아홉 가지를 잘못한 너희
자신의 허물은 바라보지 못하며, 그는
너희들이 드러내놓고 남에게 심판을
받지 아니하고 감추려 하는 그와 같은
형국으로 살아감이니,
21 어찌하여 아흔아홉 개를 잘못한 그 무
거운 죄를 지은 자가 하나를 잘못한
자에게 매서우리만큼 그리 힐책하고
힐난하며 그를 평가하는가?
22 나 여호와가 가장 아름다운 모습으로
만들었으며 동물의 왕이라 말하는 너
희들을 깨우치고 깨닫게 할 길이 없
어, 남을 욕하고 비방하며 시기하고
질투하는 그 마음을 내가 너희들에게
더 이상 깨우치고 가르칠 길이 없어,
오죽하면 내가 개라는 동물은 너희를
물어도, 그 개를 너희들은 물지 않는
다 그리 말하였겠는가?
23 이 이치의 무서운 뜻을 잘 깨우치라.
24 개는 사람을 무느니라. 그러나 사람은
개를 물지 아니한다는 이 무서운 나의
뜻을 깨우쳐,
25 너희들이 두 번 다시 나의 성전이요,

나의 백성이요, 나에게 선택된 자들이
모인 자리에서 남을 헐뜯으며 남을 비
방하며, 저 자신을 모르고 남의 약점
을 들추는 그와 같은 행위를 해서는
절대 용서받지 못함을 알라.
26 너희들은 정녕 사람이 되고자 하는가,
사람을 무는 개가 되고자 하는가?
27 이것이 너희들의 답임을 알라.

2,889 번째 하나님 말씀

2002년 8월 9일 23시 36분

1 사랑하는 나의 아들아!
2 "네, 아버님! 말씀하옵소서."
3 내가 나의 피조물 만백성 너희들에게
수없이 그 깨달음의 가르침을 주었느
니라.
4 너희들이 살아가면서 남의 허물을 말
하기 전에 너희 자신을 먼저 돌아다보
며 너희 자신을 알아야 한다 내가 너
희들에게 깨우쳐 주었으며, 자기의 단
점을 잘 모르는 자가 남의 말을 함부
로 하는 자라 내가 그리 말하였음이니
라.
5 너희들 말에 자기 자신의 잘못된 것을
모르는 자가 남의 잘못된 부분은 그리
도 냉혹하게 심판한다 하였음이니, 너
희들은 그와 같은 마음을 가지고 평생
나에게 오고자 기도하고 기원해도 구
원을 받을 수 없음을 알아야 될 것이
니라.
6 저 자신을 알지 못하면서 남을 함부로
평가하여 남에게 눈물을 흘리게 하는
자, 너희들이 죽어 나한테 왔을 때 그
몇십 배의 고통을 치러야 된다는 것을
잊어서는 아니 됨을 알아야 할 것이니
라.
7 사랑하는 나의 아들아!
8 "네, 아버님! 말씀하옵소서."
9 나의 피조물 만백성에게 내가 너를 통
하여 내려보내는 이 뜻들을 하나하나
깨우쳐 저희 것으로써 만들지 아니한
다면 너희들은 죽을 때까지 기도하고
경배해도 구원의 길을 얻을 수 없다는
것을 알아야 될 것이니라.
10 너는 이와 같은 삶을 만백성에게 모범
을 보여야 될 것이며, 너는 천사와 같
은 삶을 사는 데 주저하지 말며 두려
워해서도 아니 될 것이며, 나 여호와
의 심성을 닮고자 노력하며 천사의 심
성을 닮고자 노력하여 너 스스로 깨우
쳐 나가야 됨을 잊어서는 안 될 것이
니라.
11 내가 160권의 법전을 세상에 만들기
위하여, 너를 통하여 이 세상에 천 년
의 역사에 걸쳐서 새로운 광명의 세상
을 열기 위하여 내가 너의 생명을 연
장하여 주었으며, 네 생명을 대신해서
죽어 가는 자의 그 모습을 너는 보지
않았는가?
12 내가 너를 통하여 160권의 법전을 만
들기 위하여 너 대신 죽어 가며 어렵
고 힘들어하는 그의 모습을 너는 보지
않았는가?
13 그와 같은 네가 넘을 수 없는 그 상대
방의 가슴 아픔과 네가 용서받을 수
없는 그와 같은 역경을 치르면서 내가
160권의 법전을 만들기 위하여 네 생
명을 연장해 주며 너 대신 슬픔을 안
고 가야 하는 그 사람의 모습의 처절

함을 너는 보았으며, 그가 너를 원망
하는 그 눈빛을 너는 지금도 몸서리칠
만큼 잊지 못할 것이니라.
14 그것이 또한 그의 운명이며, 그는 나
로부터 그 보상을 받았다 하나, 그가
원망하며 너를 바라보는 그 눈빛이 얼
마나 저주스럽고 원망스러워했는가
를 너는 알았을 것이니라.
15 그러니 네가 160권의 법전을 만드는
데 소홀히 할 수 있겠는가?
16 내가 너에게 생명을 대신 연장해 주었
으니 네 생명이 네 것이 아님이니, 네
가 나의 법전을 만드는 데 최선을 다
하여야 될 것이며,
17 만백성을 구원하기 위해 네가 바로 살
며 천사와 같은 심성을 갖고 사는 데
조금도 두려워해서도 안 될 것이며 주
저해서도 안 될 것이며 그를 게을리해
서도 안 되는 것이 너임을 알라.
18 사랑하는 나의 아들아!
19 "네, 아버님! 말씀하옵소서."
20 내가 너에게 네가 꼭 지켜야 할 것을
명했느니라.
21 네가 스스로 나의 법전을 읽고 그대로
살아가는 모습을 보이며 나의 십계명
에서 벗어나지 않는 삶을 완벽하게 지
금이라도 지켜 간다 하면, 너는 더 이
상 너 자신이 괴로움 속에서 고통을
당하지 아니하는 길을 갈 수 있으나,
22 네가 지금 그대로 깨우치지 못하며 바
로 가지 못한다면 너는 네가 인내하기
에 괴로운 그 고통의 길을 가야 할 것
이니라.
23 네가 나의 뜻을 받아 죽은 자라 깨달
으며 네가 생명의 연장을 받은 자라
생각하여 모든 것을 몸소 깨달아 네가
나로부터 한 점의 부끄럼이 없으며 만
백성이 너를 바라볼 때 한 점의 부끄
럼이 없는 진정한 나의 아들이요, 선
지자요, 만백성을 구할 수 있는 자라
네가 그들로부터 추앙을 받지 아니할
때,
24 네가 몸소 깨달아서 가지 아니할 때는
네가 그와 같은 길을 갈 수 있도록 하
며 그와 같은 형태로 너를 만들어 놓
기 위하여 내가 다른 사람으로 하여금
그 고통의 역경을 당하게 하여 그가
너 대신 고통과 시련을 겪는 그것을
네가 볼 것이며, 다른 사람이 희생당
하는 그 아픔을 네가 보게 된다 내가
말하였음이니라.
25 네가 진정 바로 깨우치지 못할 때, 너
의 제자들이요, 선택된 백성이요, 또
많은 사람들이 네가 깨달을 수 있도록
시련과 고통을 겪게 됨이니, 그를 보
고 네가 바로 설 수 있도록 너를 다스
리기 위하여 많은 사람이 희생의 길을
가야 된다는 것을 너는 잊어서는 아니
될 것이니라.
26 한 사람의 생명을 짓밟아 지옥으로 가
는 것도 용서치 못하거늘, 많은 사람
들이 고통 속에 시련을 당하도록 네가
바로 깨우치지 못하며 바로 서지 못한
다 하면, 네 그 죄를 너는 어찌할 것인
가?
27 그리고 네가 그들의 시련을 네 눈으로
직접 보게 될 것이며 네가 그들을 바
라볼 것이니, 너의 고통 또한 벗어날
수 없음을 알라.
28 네가 바로 깨우쳐 바로 서지 아니하는

한 너를 바로잡기 위하여 다른 사람이
희생하는 그 모습을 보게 됨이니, 너
로부터 피해 입는 자가 없도록 그리해
야 될 것이니라.
29 네가 160권을 만들어 수천 수억의 역
사 속에 만백성을 구원하고자 네가 나
로부터 나의 아들로서 세상에 나가 만
백성을 구하는 법전을 기록하여 전하
는 네가 만에 하나 바로 서지 못한다
면 그 모두가 역사를 이룰 수 없기 때
문에, 어떠한 희생을 치러서라도 네가
160권의 법전을 세상에 만들어 내는
그 대명은 이루어야 될 것이니,
30 네가 바로 못 설 때 너의 제자들이요,
네가 아는 사람들부터 너 대신 어려운
역경을 겪게 된다는 것을 잊지 말라.
31 그리해서 너를 내가 바로 세우고자 함
이니, 이 고통과 시련을 겪고 네가 인
내할 수 없는 그 아픔 속에서 네가 그
를 치르고 깨닫는 자가 될 것인가 그
렇지 않으면 지금 네가 바로 설 것인
가 그것은 너의 선택이니 그리 알라.

2,890 번째 하나님 말씀

2002년 8월 10일 0시 40분

1 사랑하는 나의 아들아!
2 "네, 아버님! 말씀하옵소서."
3 나의 예수가 깊은 밤 수없이 나에게
기도를 드렸음이니라.
4 그와 같이 고통스럽고 힘든 길을 가지
아니하면 정녕 안 되는가 하여, 그리
고 그 받아야 하는 잔을 옮길 수 있다
면 피하게 해 달라고 그는 눈물로써
수없이 나에게 기도를 드렸음이니라.
5 그러나 나는 나의 피조물 만백성 너희
들을 구하기 위하여 나의 아들의 그
피나는 눈물의 기도를 들어주지 아니
하였음이니라.
6 또한, 나의 아들은 나에게 기도를 드
리며 그 제자들에게 그리 말하였느니
라.
7 '내가 나의 아버지께 간곡히 기도를
드리는 동안 너희들은 잠을 자지 말며
기다려 달라.' 그리 말하였음이니라.
8 예수는 과연 어떠한 마음이었겠는가?
9 예수는 나 여호와에게 어렵고 힘든 그
잔을 과연 옮길 수 있다면 옮겨 그 길
을 피해 가고자 애절한 기도를 드릴
때 그 제자들에게 눈을 뜨고 기다려
달라 하였음이니라.
10 그는 말할 수는 없었으나 그 제자들이
나의 아들 예수의 그 간곡한 뜻에 부
응하는 기도를 나 여호와에게 드려 주
기를 바랐으며, 그들이 하나의 마음으
로써 나 여호와에게 기도드리는 그 형
태를 원했음이니라.
11 그러나 그는 나의 뜻이요, 나의 명이
기에 그 제자들에게 그리 말을 하지
못하였을 것이며, 다만 눈을 뜨고 기
다려 주기를 간곡히 부탁하였느니라.
12 그러나 그들은 어찌하였는가?
13 나의 아들이 나에게 기도드리고 돌아
갔을 때 그 제자들은 자고 있었음이니
라.
14 한 사람도 눈을 떠 그를 기다리지 아
니하였으며, 더욱이 나 여호와가 영원
히 저희들과 같이 더불어 있을 수 있
도록 나에게 간곡하게 힘을 모아 저희
들이 하나가 되어 기도를 드려 주기를

바랐던 예수의 그 마음과는 너무나도
먼 거리의 행동을 하였던 것이 그들이
그때 행한 행위였음이니라.
15 그러니 지금 너를 따르는 제자들은 과
연 어떠하던가?
16 네가 지치고 쓰러져 무너져 갈 때 그
들은 과연 너를 위하여 받쳐 주며 지
탱할 자들이라 그리 생각하는가?
17 인간의 마음이 그와 같이 형용할 수
없을 만큼 수시로 변하는 것이며, 그
와 같이 한 면에 선한 마음이 또 한 면
에는 사악한 마음이요, 저희들의 계산
과 저희들의 손익 계산이요, 잃고 얻
음을 따지는 그와 같은 욕심의 마음이
너희들을 전체적으로 지배하고 있음
이니, 그 계산에 의하여 그들은 아름
답고 선한 삶의 길을 보지 못하고 있
음이니라.
18 나의 아들을 따랐던 그 제자들에게 나
의 아들이 나에게 기도드리는 그 시간
동안 잠을 자지 말며 눈을 뜨고 기다
려 달라 그리 간곡히 부탁하였음이니,
그 의미가 무엇이었겠는가?
19 그러나 그들은 눈뜬 자 없이 그저 다
잠들어 있었음이니, 그 제자들의 그와
같은 형국이 어떠한 마음 자세며, 그
들의 믿음이 어찌 나의 아들 예수를
따랐던 자들이라 그리 말할 수 있는가?
20 지금 나의 성령을 받아서 만백성을 구
하기 위하여 세상에 나의 법전을 전하
는 너의 제자들과 너를 따르는 백성들
은 과연 어떠하던가?
21 네가 무엇을 하고자 할 때 그들이 하
나가 되어 과연 너를 받쳐 줄 수 있는
자들이라 생각하는가?
22 그들 또한 너로 하여금 무엇을 얻고
자, 구원받고자, 그리고 이해관계의
생각에서 너를 따르는 것은 아닌가?
23 그리고 그와 같은 것이 이루어지지 않
고 그 결과가 없을 때 그들은 너로부
터 등을 돌리고 떠나지 아니하겠는가?
24 너의 제자들의 그와 같은 형태의 마음
을 너는 들여다봐야 될 것이며, 인간
관계에 이루어지는 그 모두에 수시로
변하는 그 마음을 네가 다스릴 줄 알
며 그를 볼 줄 알아야 할 것이니라.
25 너의 제자들 또한 너로부터 등 돌리지
않는 자 없을 것이며 너에게 화살을
쏘지 아니하는 자 없을 것임을 너는
알아야 될 것이니라.
26 계속 그와 같은 현상이요, 그와 같은
길이 반복되고 반복되면서 남을 자 남
고 떠나갈 자 떠나며 그리 다스려지고
그리 굳어져서 너를 따를 수 있는 완
전한 알곡식인 나의 아들딸을 구원하
고자 하는 것이 나의 뜻이니,
27 두 번 다시 예수 시대의 그와 같은 역
사의 아픔을 반복하지 않으려 하는 것
이 나 여호와의 뜻이니라.
28 그리하여 다스리고 또 검증하고 또 훈
련시키며 서서히 이루어 가고자 하는
것이 나의 뜻이니라.
29 그리하여 천 년이라는 그 역사 속에
그 모두를 다져 감이니라.
30 나의 아들 예수처럼 몇 년의 그 역사
속에 모든 것을 이루는 것이 아니라,
천 년이라는 긴 세월 동안 나의 성령
으로써 내가 직접 마지막으로 너희들
을 다스려 가는 그와 같은 시대가 열
림을 너희들은 알고 깨우쳐야 할 것이

니라.

2,891 번째 하나님 말씀

2002년 8월 10일 08시 39분

1 사랑하는 나의 아들아!
2 "네, 아버님! 말씀하옵소서."
3 수천 년 역사가 흘러오는 그 기간 동
안 나의 피조물 만백성이 나로부터 생
명을 받아 세상에 나가 육의 삶을 마
치고 그들이 그 삶에 대한 심판을 아
니 받은 자 없으며, 그 심판을 받은 대
로 그들은 그 영광을 받거나 그 죄의
대가를 치르며 사느니라.
4 그러나 그들이 나에게 와 심판을 받으
며 가장 후회하고 통곡하는 것이 무엇
인 줄 아는가?
5 너의 제자들과 이 법전을 읽는 만백성
은 너희들이 살아와 심판을 받는 그
순간에 가장 뼈저리게 통곡하는 것이
무엇인가?
6 너희들 자신과의 싸움에서 스스로 다
스리지 못하며 자신과의 싸움에서 너
희들이 패자가 되는 것을 가장 괴로워
하며, 그로 인하여 저희들이 모든 원
인이 되어 있다는 것을 그때야 깨달음
이니라.
7 너희들이 추운 겨울에 추위를 느끼는
것도 너희 자신이 느끼며, 더위를 느
끼는 것도 너희 자신이 느낌이니라.
8 그리고 너희들이 구원을 받고 못 받는
것도 남이 도와줌이 아니요, 남이 너
희들을 그리해 주는 것도 아니며, 오
로지 너희들 자신이 싸워 이기는 길밖
에 없다 하였음이니,
9 가장 중요한 것은 너희들 자신을 다스
리는 것이 소중하고 중요함을 알라.
10 너희들 스스로 옳고 그름을 알며 선과
악을 아나니, 그 선과 악의 생각에서
너희들 자신을 다스리지 못하는 자는
죽어 내 앞에 와 통곡의 눈물을 흘리
는 것이며, 자신을 다스린 자는 영원
히 구원을 받는 나의 나라에 존재하는
그와 같은 영광을 얻게 됨이니라.
11 그리하여 모두를 너희들 자신부터 다
스리는 그와 같은 훈련 속에서 너희가
바로 서야 할 것이니라.
12 그 싸움에 너희들이 믿음을 향하여 나
를 바라볼 때, 정녕 그 찬란한 영광의
빛을 볼 것이며, 너희들이 그리 원하
는 나의 형상을 보며 나의 음성을 들
을 수 있음이니라.
13 자신을 다스리는 데 게을리해서는 안
되며, 자신을 다스리는 데 조금도 용
서함이 있어서는 아니 됨이니라.
14 내가 너희들에게 말하기를, 천사가 사
는 세상에는 천사밖에 올 수 없다 하
였음이니,
15 너희들이 천사가 되어 하늘에 오르고
자 한다면, 자신을 다스리는 데 조금
도 용서함이 있어서는 아니 될 것이니
라.
16 그 죄로 하여금 너희는 아무런 가치가
없는 삶을 사는 자가 됨을 알아야 될
것이니라.
17 너희들은 살면서 '설마, 이것은 여호
와 하나님께서 용서하시겠지.' 하며,
그리고 나의 아들까지 죽여 너희들을
구원하고자 한 나 여호와는 용서하는
하나님이요, 용서를 위해 존재하는 하

나님과 같이 그리 생각하느니

18 너희들이 잘못되고 죽을죄를
나 여호와는 사랑의 여호와 아버지
기에 너희들을 용서한다 그리 생각하
나, 그것은 너희들의 헛된 꿈임을 알
아야 될 것이니라.

19 나 여호와는 공의의 하나님으로서, 너
희들이 잘되고 잘못된 것에 따라서 엄
히 그를 다스림을 알아야 할 것이니라.

20 내가 너희들을 사랑하며 구원하는 것
은 너희들이 육의 세상에서 깨우쳐 나
에게 오를 수 있는 길을 깨우쳐 주며
그 뜻을 깨우쳐 주는 것이 나 여호와
로서 너희들을 용서함이며,

21 그리고 또 너희들이 깨우쳐 바로 가기
를 바라는 그 기다림의 세월이 있기에
용서를 함이니라.

22 그러나 너희들이 죽어 나에게 와 심판
을 받을 때 무조건 너희들이 잘못하고
죄지은 것까지 용서하는 나 여호와 아
버지가 아님을 알게 될 것이니,

23 육의 삶을 살면서 너희들이 잘못했을
때 열배 백배로 갚고 용서를 빌며, 알
고 짓는 죄를 짓지 않고자 그와 같이
노력할 때 거기에 나 여호와의 사랑이
있으며 나의 용서함이 있음이니라.

24 사악한 행위를 하고 그저 말로써는 나
의 아들의 그 고귀한 보혈로써 구원받
았다 하며, '공의의 하나님이요, 사랑
의 하나님이니, 오직 우리들을 구원하
기 위하여 아들까지 버리신 그 하나님
이니, 사랑이 충만하신 분이라' 하여
너희들이 무조건 사랑을 받고 사랑 속
에 구원을 받는 자라는 그런 착각 속
에 사는 자, 너희들이 내 앞에 왔을 때

는
임을 너희들 니라.

27 모든 근본의 원천은 너 지지 않
 호와
싸움이니, 너희들이 자신과의 싸
서 지는 자가 되어서는 아니 될 것이
니라.

28 모두를 너희 자신들보다 더 잘 아는
자 없으며, 너희들 자신처럼 자신이
죄를 짓는 행위를 하고 안 하는 것을
더 잘 아는 자 없으니, 그를 용서하지
아니하며 바로 서는 것도, 그를 용서
하여 계속 사악한 짓을 하는 것도, 그
모두는 너희들 자신에게 달렸음이니
라.

29 그리하여 자신과의 싸움에서 지는 자
가 되지 아니하고 승자가 되는 훈련부
터 먼저 행하도록 그리 깨우쳐 주라.

2,892 번째 하나님 말씀

2002년 8월 10일 08시 47분

1 사랑하는 나의 아들아!

2 "네, 아버님! 말씀하옵소서."

3 너희들이 지도자의 길이라는 것이 얼
마나 힘들고, 바로 서야 되는가?

4 내가 너의 많은 제자들이 함량 미달이
며, 도저히 이대로는 세상에 나가 지
도자가 될 수 없다 하여 내가 그들을
열여섯 권의 법전 중에 1권서부터 다
시 공부하라 하였으며 다시 깨우치라
하였음이니라.

5 그리고 그중에서 너희들을 내가 선별

의 성전에
정을 알곡식을
었음이니,
열여섯 권의 법전을 다 깨
로부터 제자의 임명을 받을 때
지 과연 몇 명이나 존재하며 남을
수 있는지는 나 여호와밖에 모름이니
라.
7 그리하여 너희들이 지도자로서 하나
의 손색이 없어야 되며, 유리로 비춰
봐 한 점의 부끄러움이 없는 자가 종
교 지도자의 행위를 할 수 있으며 그
길을 갈 수 있다 하였음이니라.
8 하물며 나의 성령이요, 나의 법전을
가지고 만백성을 가르치는, 직접 내
앞에 내 이름을 가지고 나가는 전사
요, 지도자라 하는 것은 절대적 아무
에게나 임명장을 줄 수 없음이니라.
9 완벽한 자로 다스려지지 아니하는 자
에게는 임명장을 줄 수 없으니,
10 1년이 걸리든 10년이 걸리든 계속 반
복되는 훈련 속에서 완벽한 지도자에
게만 임명장을 줄 수 있음이니,
11 너희들이 지도자가 되고 못 되는 것
은, 너희들이 일찍 깨우쳐 나로부터
지도자의 명을 나의 아들을 통하여 받
을 수 있는 자격을 획득하고 못 하는
것은 너희들의 피나는 노력과 깨달음
이 있어야 되느니라.
12 내가 책을 3번 이상 읽으라 했으면 읽
어야 될 것이며, 그리고 그 뜻을 정독
하여 깨우치라 했으면 깨우쳐야 될 것
이며,
13 너희 마음을 비우라 했으면 비운 자가
되지 아니하면 절대 너희들은 지도자
가 될 수 없음을 알아야 될 것이니라.
14 사랑하는 나의 아들아!
15 "네, 아버님! 말씀하옵소서."
16 너로부터 기도를 받고 또 교육을 받아
지도자라 명을 받는 자는 자신을 스스
로 다스릴 줄 알며, 자신을 다스릴 수
있는 그 기초와 기본 아래 만백성을
다스리는 지도자로 그는 설 수 있음을
알아야 될 것이니라.
17 자신을 스스로 다스릴 줄 모르는 자는
만백성의 지도자가 될 수 없음을 알아
야 될 것이니라.
18 그리고 지도자라 하면 세속의 모두에
얽매여 있는 인연과 너희들이 살아가
는 그 습성과 살아온 그 생활 방법 모
두를 다 흘러가는 물처럼 버리지 않으
면 절대 지도자의 자리를 갈 수 없음
이니라.
19 지금까지 너희들이 잘못 믿어 온, 너
희들을 가르친 종교요, 종파에서 10
년, 20년, 30년 너희들이 믿고 깨우쳤
던 것을 하루아침에 다 버리는 자가
되지 아니하면 나의 성령의 뜻을 너희
들이 머리로 받아들일 수 없다 하였음
이니,
20 그와 같은 생각에 젖어 있는 자 또한
지도자가 될 수 있는 그와 같은 자질
이 못 된다 내가 말하였거늘,
21 너희들은 새로운 마음으로써, 아주 초
보적인 마음의 그 깨끗한 마음으로써
나의 법전을 읽고 깨우쳐 나갈 때, 너
희들이 스스로 다스리는 것을 깨달으
며, 만백성을 지도하는 지도자가 될
수 있는 것이니라.
22 그리하여 지도자가 될 수 있는 근본이

요, 근원은 내가 뭐라 말하였느냐?
23 지도자가 될 수 있는 그 근본은 너희
들이 스스로 죽은 자가 되는 것이라
말하였으니, 죽은 자의 그 의미를 너
희들은 깨우쳐야 될 것이니라.
24 또한 너희들의 마음을 다스리는 것이
지도자가 될 수 있는 근본이라 하였으
니, 너희들이 마음을 다스리는 것이
또한 죽은 자가 되는 근본임을 알아야
될 것이니라.
25 정녕 너희들이 마음을 다스리지 못하
면 죽은 자가 되는 근본이 될 수 없음
이니라.
26 죽은 자는 위대한 것이니라.
27 죽은 자는 너희들의 영혼이 불려와 하
늘에 오를 때, 너희들이 지상에서 나
에게 불려오면서 인간 세상 세속의 너
희들이 살아가는 모습과 저 자신을 죽
기 전에 다 구름 위에서 바라볼 수 있
는 것이며 그를 느낄 수 있듯이, 그와
같이 올라와 내려다볼 수 있는 지도자
가 되어야 함이니,
28 그 지도자가 되고자 하면 너희들 스스
로 마음을 다스리는 자가 되어야만 만
백성이 살아가는 그 모습을 너희들이
볼 수 있으며, 너희들 자신을 돌아다
보는 그와 같은 깨달음의 경지에 오름
을 알아야 될 것이니라.
29 사랑하는 나의 아들아!
30 "네, 아버님! 말씀하옵소서."
31 내가 너희들에게 말하기를, 잠을 자라
말하면 너희들은 깨어 있는 백성이 되
어야 되며, 내가 잠을 자라 말하면 너
희들은 깨어나 기도하는 그와 같은 마
음 자세로 가야 될 것이니,
32 너희들에게 깨어 있으라 하면 너희들
은 정녕 피와 땀을 쏟는 그보다도 더
진한 기도로써 나에게 용서를 빌며 너
희들이 바르게 살 수 있는 그 힘과 용
기를 달라 기도하는 자세가 되어 있어
야 할 것이니라.
33 내가 너희들에게 기도하라 말한다면
너희들은 몸과 마음을 다 바쳐 천사와
같이 되고자 하는 그와 같은 마음으로
써 기도를 드리며, 그 길을 위하여 너
희들이 어떠한 고통과 역경도 견디고
나가겠다는 굳은 결의를 나에게 바치
는, 너희 자신을 바치는 그와 같은 기
도를 드려야 될 것이니, 이를 잊지 말
라.
34 사랑하는 나의 아들아,
35 나의 아들과 더불어 가며 너희들이 나
로부터 선택된 백성이요, 선택되지 못
한 백성이요, 하늘에 오를 수 있는 자
요, 오르지 못하는 자를 구분하는 것
은 너희들이 나의 아들과 더불어 160
권을 끝까지 만들어 법전을 세상에 낼
때 그 160권에 이름이 기록되는 자,
그는 영원히 구원을 받을 수 있는 자
이니,
36 마지막에 이름이 기록되어 남는 자가
나로부터 구원을 받는 자임을 알아야
될 것이며,
37 너희들 중에 선택된 백성은 그때 나의
160권의 법전에 이름이 기록되는 자
이니 그리 알아야 할 것이니라.

2,893 번째 하나님 말씀

2002년 8월 10일 08시 57분

1 사랑하는 나의 아들아!
2 "네, 아버님! 말씀하옵소서."
3 나로부터 선택된 백성들이요, 알곡식
을 추리듯이 추려 놓은 너의 제자들이
과연 어떠한 마음으로 살아가야 되는
가?
4 그들에게 하나 확실히 심어 줘야 될
것이 있으며, 나의 성전에 와 내가 지
금 명하여 고치라는 언행을 그들이 삼
가지 아니하고 두 번 다시 행한다면
그는 영영 나로부터 구원을 받는 자가
될 수 없음이니라.
5 내가 너희들에게 고치라 명한 것을 작
다 하여 실행하지 아니하며 크다 하여
실행하는 그와 같은 마음의 자세로 살
아서는 아니 될 것이니라.
6 내가 바람결에 스쳐 가듯이 너희들에
게 고치며 다져지라 하는 것은 너희들
이 그대로 실천하고 행함이 나에게 순
종하며 구원의 빛을 볼 수 있다는 것
을 알아야 될 것이니라.
7 나로부터 선택된 백성이, 나의 성전에
와 나의 아들을 통하여 내리는 성령을
직접 들으며 하늘에 오르는 나의 법
전, 그 책을 갖고 공부하며 깨닫는 자
들이 내가 명하는 것을 지키지 아니하
면 그를 어찌하는가?
8 너희들은 어찌하여 나의 아들의 잘못
되는 부분은 보고 그를 말하면서, 너
희들 스스로 나의 법전에 기록된 너희
들의 그 몫은 다하지 아니하는가?
9 어찌하여 너희들은 너희들 스스로 해
야 할 몫과 너희들이 해야 할 일이 수
천수만 가지가 있거늘, 그러한 너희들
의 책임과 임무는 다하지 않으려 하고
그를 바라보지도 아니하며, 너희들이
무엇을 해야 될 것인가를 생각하여 깨
우쳐 너희들이 해야 할 책임을 찾아
하는 것이 아니라,
10 오로지 나의 아들 선지자의 잘못된 부
분이요, 잘못 가는 부분이라 비추어지
는 그것을 가지고 시비하는 것에 매달
리는가?
11 그와 같은 자들이 되어서는 아니 될
것이니라.
12 세상사 살아가면서 너희들은 스스로
자신이 해야 할 책무를 찾아 거기에서
자기 책임을 다하는 자가 남을 탓할
수 있는 것이니라.
13 나의 성전에 와 공부하며 깨닫는 너희
들은 너희들 스스로 자기 자신의 허물
은 바라보지 못하면서, 남의 행위와
그가 살아가는 모습을 바꾸며 고쳐 달
라, 그리고 이리 살아 달라, 바로 사는
것이 아름다운 모습이라 하며 그리 마
구잡이로 말함이니,
14 충고하는 것과 탓하며 시시비비하는
그 언행은 하늘과 땅의 차이임이니라.
15 너희들이 충고로써 하는 것은 아름답
게 받아들일 수 있는 것이나, 시시비
비하며 시비 속에서 남에게 어찌 고쳐
달라 그리 말하는 것은 받아들일 수
없는 것이니, 그리하는 자가 되어서는
아니 될 것이니라.
16 남에게 무엇을 고치라 하며 너희 자신
은 바른 행동으로 간다 하며 지금의
잘못 감을 탓하는 사람이 되지 말라.

17 너희들이 그리 말할 수 있거든, 자신
이 남에게 그와 같은 것을 요구하며
고쳐 달라 말하기 전에, 너희들 자신
이 고치며 너희들 자신이 변화되는 그
와 같은 마음의 자세를 갖지 아니하면
너희들은 아무런 역사도 이룰 수 없음
을 알아야 될 것이니라.
18 너희들 자신이 남으로부터 간섭받지
않는 삶을 사는 데, 남이 눈살을 찌푸
리지 않는 삶을 사는 데 우선 역점을
두어야 될 것이며, 그리하여 너희들이
그곳에만 매달리는 인생의 삶을 살아
야 될 것이며,
19 남에게 이리 가라, 저리 가라, 이리 고
쳐 달라, 저리 고쳐 달라, '너는 고쳐
야 될 것이다.' 하는 그러한 망령된 평
가를 함부로 하지 않는 너희들이 되어
야 될 것이니,
20 나의 성전에서 두 번 다시 그와 같은
언쟁이 있어서는 아니 됨을 알아야 될
것이니라.
21 너희들이 정녕 하늘에 오르고자 한다
면 나 여호와의 아픈 마음을 알아야
할 것이며,
22 내가 너희들을 사랑하는 마음이요, 구
약의 시대에 하늘의 문을 닫았던 것
을, 또 너희들이 신약의 시대에 그 문
을 닫게 했던 그와 같은 너희들 자신
에 대한 그 삶을 어찌 살았는가 돌아
보고,
23 너희들이 역행하고 잘못 살아오는 그
속에서 나 여호와의 고통스럽고 아픈
마음을 아는 자가 되어야 될 것이며,
24 나의 아들 예수가 죽어 가는 그 고통
의 아픔을 들여다보는 자가 되어야 될
것이며,
25 지금 나의 아들이요, 나의 선지자가
가고 있는 그 고통의 길을 가는 것을
알아보는 사람이 되어야 될 것이며,
그를 바라볼 수 있는 마음의 문을 열
어야 되며, 그와 같은 삶을 너희들이
살아가야 하거늘,
26 너희들이 서로에게 무엇을 요구하며
시시비비하며 자기에게 묻은 것은 모
르면서 남의 묻은 것만을 큰 것이라
말하는 그와 같은 마음을 가진 너희들
이,
27 어찌하여 나 여호와가 너희들을 사랑
하기에 구약의 시대에 문을 닫은 천국
을 신약의 시대를 열어 주며 신약의
시대에 천국의 문을 다시 열어 주었으
나, 나의 마음을 아프게 하여 신약 시
대에 다시 그 문을 닫게 하여,
28 지금 나의 아들을 통하여 제3의 시대
에 하늘의 문인 천국의 문을 열어 너
희들에게 오라 하며, 올 수 있는 방법
을 가르쳐 줌이니,
29 이와 같이 두 번 세 번 반복하여 하늘
의 문, 천국의 문을 열었다 닫고 닫았
다 여는, 내가 너희들을 사랑하는 그
마음조차도 모름이니,
30 그와 같이 자식이 잘못되어 문을 닫았
다가 자식이 들어올 수 있도록 다시
문을 열어 주며, 또 잘못하는 자식을
내쫓았을 때 그 부모의 마음 아픔이
요, 또 그리하여 문을 닫았다가 또 열
며 이와 같이 번복하는 나 여호와의
아픈 마음을 바라보는 너희들이 되어
야 될 것이니라.
31 그 와중에 나의 아들 예수가 그와 같

이 고통스럽게 죽어 갔으며, 그가 받을 그 잔을 다른 곳으로 옮길 수는 없는지 물으며, '이 잔을 받지 아니하면 아니 되겠사옵나이까?' 하며 밤마다 나에게 눈물의 기도를 올리며 그 고통 속에 시련을 겪었던 그의 아픔과, 그가 너희들을 위하여 나에게 순종하여 십자가에 못 박혀 죽는 그 고통스러운 죽음을 너희들이 바라보며,

32 그리하여 천국의 문을 닫았으나 내가 너희들을 사랑하기에, 내보냈던 자식을 받아들인 부모의 마음처럼 대문의 빗장을 열듯이 천국의 문을 내가 또 열어,

33 제3의 시대에 나의 선지자요, 나의 아들을 세상에 내보내어 밤과 낮을 가리지 아니하고, 천 년의 역사 동안에 이루는 160권의 법전을 쓰고 가는 나의 아들의 그 고통과 그가 스스로 변하여 살아가고자 하며 몸부림치는 그 고통을 바라볼 수 있는 제자가 되어야 될 것이거늘,

34 그를 바라보지 못하니 너희들이 얼마나 사랑이 없는 자며 사랑이 메마른 자들인가?

35 너희 자신의 부끄러움을 돌아다보는 그와 같은 삶을 살아야 할 것이거늘, 어찌하여 너희들이 나의 성전에 와 남의 일을 보듯이, 남의 성전에 들리는 자같이, 아무런 관계도 없이 지나다 나의 성전에 들리는 자가 한마디씩 던지듯이, 너희들끼리 서로 그에게 무엇을 고치며 바르게 살라 하는가?

36 충고가 아니요, 조언도 아닌 핍박하는 그와 같은 언행을 해서는 아니 될 것이니, 이 뜻을 깊이 깨우쳐 행하는 나의 백성이 되도록 하라.

37 간곡히 너희에게 반복하고 또 반복하며, 너희들에게 깨달으라 하며, 잘못된 것을 행하지 말라 하는 창조주 나의 이 마음을 너희들이 돌이켜 너희 것으로 만들지 아니하면 너희들은 영원히 나의 아들이요, 딸로서 살 수 없음을 알라.

2,894 번째 하나님 말씀

2002년 8월 10일 09시 12분

1 사랑하는 나의 아들아!

2 너의 제자들과 만백성에게 전해야 될 것이니라.

3 내가 지금 밤과 낮을 가리지 아니하고 이 동양의 작은 나라에서 나의 아들에게 나의 법전이요, 나의 성령을 내려 세상에 전하여 너희들을 구하고자 함이니,

4 동방의 이 작은 나라에서 나의 법전이 기록되며 너희들이 살아가는 언어로써, 너희들이 살아가는 생활 습성의 그 태도로써, 그를 기초로 하여 너희들에게 이 세상의 피조물 만백성을 구하는 나의 성령이 지금 내려가고 있다 함이니,

5 너희들은 세상에서 하나의 공통어로 이루어질 것이며 모든 삶의 습성이 동방의 이 작은 나라의 그와 같은 흐름을 정점으로 하여 모두가 변해져 간다면, 너희들은 바로 동양의 이 작은 나라가 이 세상 모든 나라 중에 중심이 될 것이며, 너희들이 근본이 되어 흘

러간다는 것을 지금 믿지 아니하려 하
며 그와 같은 생각조차도 하지 아니하
는 것이 너희들이니라.
6 그리하여 동방의 이 작은 나라에서 나
의 아들을 통하여 너희들의 언어를 가
지고, 너희들의 글을 가지고 세상에
공통어를 만들고자 하여 지금 밤과 낮
을 가리지 아니하며 내가 내리는 160
권의 법전이요, 그 후에 너희들이 받
고 살 그 아름다운 영화의 뜻까지도
다 기록하여 그가 죽을 때까지 세상에
전하고 감이니,
7 너희들은 이 작은 나라의 위대함을 알
지 못할 것이니라.
8 그러나 너희들이 죽어 나에게 오기 전
에 너희들이 이 세상의 변화며 이 세
상의 만백성이 개혁과 혁신의 그 소용
돌이 속에서 동방의 이 작은 나라의
언어요, 나의 아들을 내려보낸 이 성
령이 정녕 나 여호와의 뜻이라는 것을
너희들이 알게 될 때는,
9 그때가 되면 너희들은 이 작은 나라의
위대함과 아름다움을 알 것이며, 나에
게 선택된 나라임을 알게 될 것이며,
너희들이 나에게 선택된 백성이요, 이
나라가 얼마나 위대한 것인가를 알게
될 것이니라.
10 그리하여 너희들이 나의 아들과 더불
어 160권의 법전을 세상에 만들어 공
통어의 기초요, 기본을 다져 놓았을
때, 수천 년의 역사가 흐르며 이 지구
가 멸망할 때까지 너희들의 후손들이
이 땅에 태어남을 그들은 가장 축복이
요, 영광이라 생각할 것이며,
11 그와 같은 기틀을 만들어 놓고 그 역
사의 기초를 다져 놓은 너희들을 영원
히 기릴 수 있는 그와 같은 후손들이
너희들을 칭송하며, 너희들의 삶을 기
초로 하여 그들이 천사와 같은 삶을
살아가는 그 역사가 동방의 이 작은
나라에서부터 이루어지며,
12 나의 아들이 받아 기록하는 나의 법전
으로부터 그 새로운 역사가 이루어진
다는 그 위대함을 너희들은 알아야 될
것이며,
13 지금은 동방의 이 작은 나라가 가지고
있는 특성이며 그 아름다움이요, 그
위대함을 너희들은 모르고 있으나, 너
희들은 나의 법전과 견주어 이와 같은
이치를 하나하나 깨우쳐 볼 때 너희들
의 언어요, 너희들의 동방의 이 작은
나라가 가지고 있는 그 모든 조건의
특성이 얼마나 아름답고 위대하고 정
교하게 준비되어 있는 나라인가를 알
게 될 것이니라.
14 그를 깨달으면 너희들이 살고 있는 이
동방의 나라가 얼마나 위대하며, 여기
서 태어난 백성 너희들이 얼마나 축복
된 백성인가를 알게 될 날이 머지않았
음이니, 그 이치 하나라도 너희들이
바라보며 깨우치도록 그리하라.

2,895 번째 하나님 말씀

2002년 8월 10일 09시 36분

1 사랑하는 나의 아들아!
2 "네, 아버님! 말씀하옵소서."
3 지금 나의 피조물 만백성을 일깨워 주
는 그 성서라는 것이 어찌 기록되었으
며 어찌 전하여졌는가 그 역사를 너희

들은 지금 한번 돌아다봐야 될 것이니
라.
4 그는 무엇이더냐?
5 나의 아들의 행함을 그 제자들이 기록
하였음이니, 과연 그 제자들은 어떠한
자이더냐?
6 어떠한 자들이 기록한 것이며 그들은
어떠한 마음의 형태로써 지금의 그 성
서라는 것을 기록했으며, 그들의 자세
는 무엇이며, 그들의 마음의 본질은
무엇인가 너희들은 다시 한 번 돌이켜
봐야 될 것이니 이를 알아야 될 것이
니라.
7 너희들이 지금 공부하며 성서라 말하
는 것은 나의 아들 예수의 숨통을 끊
어 놓고 그를 세상에 더 존재하지 못
하도록 하였으며, 나의 성령이 더 이
상 너희들의 생수가 되어 내려가지 못
하도록 그를 숨통을 끊어 놓은 그 제
자들이 기록하여 써 놓은 그것을 가지
고 너희들이 하늘에 오르는 길이라 공
부하며 울부짖고 그와 같이 너희들이
몇천 년 동안 그를 갖고 지금까지 깨
우쳐 왔음이니라.
8 그리하여 그것만이 진정 너희들이 하
늘에 오르는 길이며 이는 진리라 그리
말하느니라.
9 그러나 너희들은 누가 이것을 기록하
였으며 어떠한 사람들이 기록하였는
가를 돌아다봐야 될 것이니라.
10 그를 기록한 제자들이 어떠한 행위를
했던가?
11 나의 아들의 숨통을 끊도록 그와 같은
행위를 한 자들이니라.
12 그들이 써 놓은 그 복음서를 가지고
너희들이 하늘에 오르는 길이요, 진정
이것이 나 여호와가 원하는 것이 있으
며 여기에 내가 이루고자 하는 그 새
로운 시대의 역사의 미래를 다 기록하
여 놓은 것이라 그리 말하고 너희들은
그걸 가지고 울며불며 흥분을 하고 있
느니라.
13 너희들은 여기서 알아야 될 것이니라.
14 너희들은 지금 정녕 콩이라는 그 알맹
이를 모르며 껍데기를 가지고 곡식이
라 하며 그를 키질하고 골라 너희들의
양식으로 삼으며 다시 봄에 알곡식으
로써 씨앗을 심고자 하는 그와 같은
행위를 하고 있으며, 그와 같은 삶으
로써 너희들이 가고 있다는 것을 알아
야 될 것이니라.
15 내가 원하는 뜻이 무엇이며 내가 너희
들을 통하여 이루고자 하는 것이 무엇
인지도 모르며, 너희들은 나의 아들의
숨통을 끊어 그를 죽게 했던 그들이
기록해 놓은 그것을 성서의 복음서라
하여 그걸 가지고 하늘에 오른다 하니,
16 진정 콩 껍데기에 싸여 있는 그 속의
콩을 모르며 그를 먹어 보지 못하며
그 맛을 보지 못하는 것이 너희들이니
라.
17 알맹이를 모르고 그저 껍데기만을 가
지고 진정한 곡식이라 하며, 이것이
새로운 봄에 새싹이 날 수 있을 것이
라 그와 같은 형국으로 가고 있는 것
이 지금 너희들의 믿음의 길이며, 너
희들이 몇천 년 동안 믿고 따라온 그
것이니라.
18 그 속에서 너희들은 죄를 지을 수 있
는 자, 인간이기 때문에 죄를 짓지 않

고는 살 수 없어 그 죄를 재물을 갖다
바치고 구원을 받는 것이 하늘에 오르
는 길이라 이리 벌써 잘못 가르친 것
은 너희들이 콩 알맹이를 모른 채 콩
껍데기만을 가지고 이것을 고르고 너
희들의 알곡식이라 그리 몸부림치며
살아왔기 때문이니라.
19 그 콩 껍데기는 새봄에 다시 새싹이
날 수도 없는 것이며, 너희들이 나의
뜻을 모르고 나의 진정한 그 속을 모
르는 한 너희들이 하늘에 오르는 그
찬란한 빛을 모르는 것과 같으니라.
20 너희들은 모르고 살아왔음이니라.
21 정녕 나와는 관계없는 그 길을 살아왔
기에, 내가 너희들에게 말하기를 구원
할 자 하나도 없으며 구원받은 자 없
다 그리 말하였음이니라.
22 그와 같은 너희 형국을 알아야 될 것
이니라.
23 너희들은 정녕 알곡식을 모르고 껍데
기만을 가지고 몸부림쳤음이니, 너희
들이 하늘에 오르는 빛이요, 참빛을
모르고 살아왔음을 알아야 될 것이니
라.
24 너희들은 여기서 하나 깨우쳐야 될 것
이니라.
25 모든 것은 나의 아들을 통하여서만이
너희들에게 전해지며 역사가 이루어
지는 그와 같은 것을 너희들은 여기서
알아야 될 것이니라.
26 남을 통하여 남이 기록한 것을 갖고,
남들이 말하는 것을 가지고 너희들이
나의 뜻을 알 수가 없음이니라.
27 내가 나의 아들을 통해서만 나의 성령
을 직접 전하며 너희들에게 생명수가
될 수 있도록 전하니,
28 오직 한 사람만을 통하여 세상에 내려
보낼 수 있으며, 한 사람만을 통하여
너희들의 기도 소리를 거두어들이는
그와 같은 형태로 하늘의 뜻이 이루어
졌음이며 내가 그리 통제함이니라.
29 내가 두 사람, 세 사람, 열 사람을 통
하여 세상에 내려보낸다면 너희들은
중구난방이 될 것이며 세상이 온통
혼란에 빠질 것이니라.
30 내가 하늘의 뜻이요, 하늘의 이치를
나의 아들을 통해서만 세상에 내려보
내도 지금 나와는 아무런 관계도 없는
수억의 인구들이 나로부터 음성을 들
었으며 나로부터 터치를 받았으며 나
에게 가르침을 받았으며 나에게 대명
을 받았다며 저희들의 환상과 착각 속
에서 동분서주하며 날뛰고 있는 이러
한 형국이니,
31 내가 진정한 나의 성령을 두 사람이
요, 세 사람이요, 열 사람에게 내렸다
면 이 지구를 통제할 수 없으며, 이 지
상의 낙원을 하늘의 낙원처럼 만들어
가꿔 갈 수도 없는 그와 같은 형국이
되었을 것이니라.
32 그리하여 오직 나는 나의 아들을 통하
여 전하여 나의 아들을 통하여 세상을
통제하며 나의 음성이요, 나의 뜻이
요, 나의 성령을 전해도 하나도 부족
함이 없음이니라.
33 너희들이 방해하지 아니하며 그를 죽
이려 하지 아니하며 그 모두를 찢어
버리려 하지 아니한다 하면, 너희들이
그저 받아들이는 백성으로서 간다면
한 사람을 통하여 세상을 통제하는 데

는 시간문제도 아니 됨이니라.
34 그러나 너희들이 이를 방해하며, 너희
들의 사악하고 잘못 가는 그 믿음을
덮으려 하고 그를 지속하기 위하여,
잘못 가고 있으며 잘못되어 있음을 알
고 있는 그 지도자들이 그를 덮어두고
그를 방어하기 위하여 나의 성령이 세
상에 나오는 것을 방해하며 사탄이요,
이단이라 그리 말하는 것이 지금의 형
국이니라.
35 나는 반드시 나의 아들 하나를 통하여
세상에 내려보내며, 절대 두 사람을
통하여 내려보내지 아니함을 너희들
이 알아야 될 것이니라.
36 그리하여 나의 아들을 통하여 세상에
내려보냈던 것을, 너희들은 나의 아들
예수의 숨통을 끊어 놓고 누구를 통하
여 전할 수 있다 그리 생각하며, 과연
너희들은 전해졌다 생각하는가?
37 그리하여 그것을 보고 들은 원초의 알
맹이요, 콩 속의 알맹이를 모르면서
껍데기만을 기록한 그것을 가지고 너
희들이 나의 성령을 연구하며 깨우쳐
나의 뜻을 알고자 하는 것이 아니라,
그 속에 너희들이 어렵고 힘들게 지키
라 하는 그 알맹이가 더러 들어 있으
나 그것은 보지 아니하려 함이니, 그
것이 지금까지 너희들이 살아온 형국
인 것이니라.
38 너희들이 콩 알맹이인 성서에 기록된
어렵고 힘든 길이요, 나의 계명을 지
키고 살아가고자 발버둥을 쳤다면, 너
희들은 콩 껍데기를 가지고 하늘에 오
르는 생명이라 그리하지 아니하고 알
맹이를 가지고 너희들의 양식이요, 너
희들의 생명을 구원하는 빛을 볼 수
있었으나, 너희들은 그를 보지 못하고
살아온 것이니라.
39 그리하여 지금 내가 마지막 제3의 시
대에 나의 아들을 통하여 너희들에게
나의 성령이요, 새로운 역사를 이루는
그 모두의 뜻을 알기 쉽게 담아서 세
상에 내려보냄이니, 그리하여 이것을
보고 깨우치는 자, 깨우치지 못하는
자가 구분됨이니, 그리하여 내가 법전
이라 명하여 내려보냈음이니라.
40 너희들은 지금으로부터 나의 법전을
보고 그 믿음 속에서 내가 너희들에게
행하라 기록하여 내려보낸 그 모두를
행함이 너희들에게 가장 큰 복인 것이
며, 행함이 없는 그 믿음은 결국 너희
들에게 죽은 믿음이니,
41 수천 년 역사 동안에 흘러오면서 너희
들에게 내가 콩알인 십계명을 지키고
살라 말하였으나, 너희들은 이를 지키
고 살기가 너무 힘들고 어려우며 인간
으로서는 넘을 수 없는 길이라 하여
그를 행하지 아니하고 살아온 것이 또
한 너희들이 스스로 죽음의 원인이었
음을 알아야 될 것이니라.
42 나 여호와가 너희들을 구원하기 위하
여 빛을 내리는 것이며, 내가 내리는
그 뜻은 나의 아들을 통해서만 이룰
수 있으며, 또한 너희들이 하늘에 오
를 수 있는 것도 나의 아들을 통해서
만 오를 수 있음을 알라.
43 너희들이 나의 법전을 통해서만 하늘
에 오를 수 있는 그와 같은 이치를 깨
우쳐야 될 것이니,
44 나의 법전을 통하지 아니하며 나의 성

령에 기록되어 있는 '하늘에 오르는 길'이요, 나의 뜻인 이 법전을 통하지 아니하면 너희들은 절대 하늘에 오를 수 없다는 그 이치를 오늘 이후 깨우쳐야 될 것이니 이를 잊지 말라.

2,896 번째 하나님 말씀

2002년 8월 10일 09시 48분

1 사랑하는 나의 아들아!
2 "네, 아버님! 말씀하옵소서."
3 인간 세속에 살아가는 너희들 속에서도, 또 하나의 집단이요, 조직 속에서도 자기가 스스로 책임을 다하며 주인에게 충성을 다하고자 하는 자, 그리고 진정한 마음으로써 따르는 자를 그들은 사랑하지 아니하는가?
4 그리고 그들은 또한 신뢰하며 그들로 하여금 모든 역사를 이루어 가는 그와 같은 하나의 장을 열어 감이니라.
5 그렇다면 나에게 구원을 받아 하늘에 오르고자 하며, 나 창조주를 믿고 따르며 내가 있는 하늘나라에 오르고자 하는 너희들의 마음 자세는 과연 어떠해야 되겠는가?
6 인간 세상사의 인간의 조직 속에서 주인을 위하여 일하는 종업원이요, 상사를 위해서 모두를 바치고자 하는 충성된 자를 골라 쓰며 또 그를 필요로 하며, 그를 신뢰하며, 그로 하여금 더욱 큰 역사를 이룰 수 있도록 대명이요, 임무를 준다 하는 것은 너희들이 다 깨우쳐 알고 있는 사실이 아니던가?
7 하물며 대역사를 이루며 하늘에 오르고 나에게 오르고자 하는 나의 아들딸인 백성 너희들은 어찌하여야 되는가?
8 너희들은 너희들의 그 소중한 목숨을 다해 나를 위해 바치는 충성된 마음으로, 그와 같은 결의의 마음으로 살아가는 것이 중요함을 알아야 될 것이니라.
9 너희들은 나 여호와가 욕심을 가진 자요, 나 여호와만을 숭배하라 하는 것이라 그리 말할 수 있으나, 그렇지 아니함이니라.
10 그 모두를 다 바칠 때 너희들 마음에 사악한 것들이 너희 마음에 혼란을 주지 않고 너희 마음을 흔들어 놓지 아니함이니, 너희들이 그리하여 긴장 속에서 나 여호와를 향하여 달리는 그 마음이 너희들의 목숨을 다 바치는 그와 같은 애절한 마음과 충성스런 마음으로 달려오며 믿음을 향하여 와야 된다는 것을 너희들에게 일깨워 줌이니, 이를 너희 것으로 만들어야 할 것이니라.
11 너희들이 정녕 깨우쳐서 내가 원하는 것을 행하며 너희들이 정녕 깨우쳐 나에게 오르고자 한다면, 내가 너희들에게 지키라 명하는 것을, 내가 원하는 것을 순종하고 행하며 그를 실천하는 것이 또한 너희들이 나의 나라에 올 수 있는 하나의 길임을 깨우쳐 행해야 될 것이니,
12 이와 같은 나의 뜻에 너희들은 거역하는 그와 같은 행위를 해서는 아니 됨을 알아야 할 것이니라.
13 내가 너희들에게 내리는 작고 큰 모든 뜻을 너희들은 소중히 간직하여 받아들이며,

14 이는 창조주요, 진리의 뜻이요, 너희
들이 깨우칠 수 있는 그 생명의 빛이
되는 것을 너희들에게 내가 내림이니,
너희들은 내가 내리는 것을 하나도 거
역하지 않는 마음자리를 지키는 것이
또한 소중함을 알아야 될 것이니라.
15 작든 크든 너희들이 거역하지 않는 마
음자리를 지키며 순종하는 그 마음이
얼마나 소중한 것인가를 깨우쳐야 될
것이니,
16 이제 너의 제자들 중에 나의 뜻을 알
며 남아 있는 자들은 내가 알곡식으로
서 추려 놓은 자들이니, 너희들의 머
릿속에 하나하나 심어야 되는 때가 왔
음이니라.
17 죽은 자라는 것은 무엇을 말하는 것이
냐?
18 깨우치는 것이니라.
19 너희들에게 내가 바위가 되라, 죽은
자 되라 그리 말하는 것은 무엇이더냐?
20 죽은 자라 하는 것은 곧 너희들이 깨
우침을 얻는 것이니라.
21 깨우침을 얻는 데 너희들이 쉴 새 없
이 노력하며, 너희 모든 살과 뼈를 바
쳐 아름다운 쪽으로 생각하고 연구해
나갈 때, 너희들이 곧 죽은 자라는 그
이치를 깨달으며 죽은 자가 될 수 있
음이니라.
22 그리하면 악의 뿌리의 모든 것이 너희
들에게 뿌리를 내리지 못하고, 접근하
지 아니하며, 악의 씨, 악의 말은 들리
지 아니하며 보이지도 아니하고, 그를
바라보지도 아니하며,
23 그것과는 관계없이 너희들은 그와 같
이 아름답고 선한 천국에 오는 그 길
만을 위하여 살아갈 수 있는 것임을
알아야 될 것이니라.
24 내가 너희들에게 뭐라 말하였느냐?
25 내가 60점이라는 그 점수 속에서 너
희들의 육의 삶의 모두를 다 주었으
니, 너희들이 나의 계명을 지키며, 60
점은 인간의 한계이니, 그 한계를 넘
어서 보는 것이 너희들에게 가장 중요
하며, 그 한계를 넘는 자가 구원의 길
을 받을 수 있음이라 말하였음이니라.
26 너희들이 육에서 살던 잘못된 죄가 티
끌만큼이라도 너희들에게 붙어 있는
그와 같은 자세로는 그 60점의 한계
를 넘지 못함이니, 천사의 심성으로
살라 내가 그리 간곡히 너희들에게 알
리는 것이며 전하는 것이니라.
27 어버이가 자식에게 구원의 길을 오르
라 그리 가르치거늘, 너희들은 어찌하
여 이를 귀를 씻고 정신 차려 듣지 아
니하는가?
28 이것이 정답이니라.
29 이를 잊지 말라.
30 내가 너희들에게 죽은 자라는 것은 그
리 너희들이 죽은 자로서 깨우쳐 가며
깨달음을 얻었을 때, 너희들은 영의
세계에서 육의 세계를 내려다보는 그
와 같은 위치에서 세상을 보게 됨이니
라.
31 곧 이것은 무엇이더냐?
32 영의 세계에서 너희들이 육의 세계를
내려다볼 수 있도록 높이 와 있는 것
은 60점의 한계를 넘어 있음이니, 곧
천사가 되어 있으며 천사의 길에 들어
선 것이니라.
33 그곳에서 너희들이 살아온 모습을 바

라볼 때 너희들은 어찌 가야 할지를
알며, 너희들이 잘 살고 잘못 살아 선
택받고 못 받는 것을 알게 될 것이니
라.
34 그때 너희들이 만백성에게 깨우치고
전하고자 해도 그때는 이미 때가 늦어
할 수 없음이니, 지금 나의 법전을 읽
고 한 형제인 그들을 깨우치기 위하여
너희들이 최선을 다해야 될 것이니라.
35 너희들이 나의 피조물 만백성을 구하
는 만큼 너희들에게 은혜와 영광을 내
가 내린다 하였음이니,
36 너희들이 만백성을 구하는 것은 바로
나의 법전을 전하며, 너희들이 나의
법전대로 바르게 살며, 그들이 깨우쳐
법전을 읽고 하늘에 오르는 진정한 길
을 볼 수 있도록 그리 인도함이니라.
37 너희들이 천사와 같은 삶으로 살았다
하여도 너희들이 육의 세상을 벗어나
영의 세계에 들어와 육의 세상을 바라
볼 때, 너희들이 깨우치지 못함이 얼
마나 어리석고 잘못되었고 우매했던
가를 알게 될 것이니,
38 나의 법전을 만백성에게 전하여 만백
성을 구하는 데 역점을 두고 너희들이
최대의 노력을 다하는 그와 같은 삶
을 살도록 하라.
39 그것이 얼마나 소중한 것인지 너희는
알게 될 것이니라.
40 그리고 그것이 너희들의 축복이요, 영
광이라는 것을 너희 스스로 깨닫게 되
며, 너희들이 축복과 영광을 받는다는
것을 잊지 말라.

2,897 번째 하나님 말씀

2002년 8월 10일 10시 02분

1 사랑하는 나의 아들아!
2 "네, 아버님! 말씀하옵소서."
3 성서의 한 줄을 읽어 본 적도 없으며
종교 지도자들이 손으로 지은 그 성전
에 가 나를 경배하고 하늘에 오르고자
다녀 본 역사가 없는 그와 같은 네가
지금 나로부터 나의 종이라 불리며,
나의 선지자라 불리며, 너에게 내가
내리는 그 성령을 받아써 만백성을 구
하는 그 역사를 이루라 하였을 때,
4 너는 어리둥절하여 몸 둘 바를 모르며
당황하던 그때를 지나, 이제 내가 너
를 불러 뭐라 말하더냐?
5 너는 그 많은 세월 속에 나의 종이요,
나의 선지자로서 나의 법전을 만드는
그 대명의 역사의 기초를 다졌으며,
네가 그와 같이 지금 천사요, 귀신도
혀를 내두르는 그 역사의 장을 열어
가고 있으며, 너 스스로 변하는 그 모
습이 얼마나 아름다운가?
6 이를 하늘나라가 알며 내가 알고 있음
이니라.
7 그리하여 네가 나의 아들임을 밝혔으
며, 내가 너를 아들이라 칭한 그 부분
을 만백성이 축하해야 될 것이며, 너
의 제자들 또한 그 경축함이 하늘에
닿을 정도로 기뻐하며, 그와 같이 너
희들의 가슴에 새겨야 될 영광과 축복
의 그날이니라.
8 내가 나의 아들이라 칭하여 너희들에
게 명하였으니, 그 영광과 축복이 얼
마나 위대하던가?

9 그러나 너희들은 어찌하였는가?

10 나의 아들 밑에서 배운 자들이요, 나의 성령을 공부하는 자들, 그들이 어떠한 행위를 하는가?

11 그들은 저희들의 이해관계요, 영리라는 것에 눈이 어두워, 내가 나의 아들이라 명하는 그 축복의 영광을 나의 아들이 받는 그 순간에 저희 스스로 그의 가슴에 창을 꽂으며, 그 나의 아들로부터 등을 돌리는 그와 같은 사악한 행위를 했던 것이 지금 나의 성전에 와 공부하며 배움을 얻었다는 자들이 떠나가며 저지른 그와 같은 작태이니라.

12 그들은 나의 법전을 들고 가 말하기를 '이 법전은 정녕 여호와의 성령이며 하나님의 말씀이나, 이 선지자는 잘못된 자라' 그리 말하며, 그 책 속에 있는 내가 선지자를 부르는 그 이름을 지우며 그 사진을 지워 버리며, 저희들이 무엇인가를 공부하여 깨우치고 그 깨달음을 얻겠다며 그와 같은 행위를 하고 있음이니,

13 그들이 어찌 나로부터 선택된 백성들이며, 나의 성전에 나와 나의 아들이 잘못 감을 깨우쳐 주고 다스려 잡아가며 나의 성령에 따라 같이 살아가도록 격려하고 이끌어 주며 그를 바로잡고자 하여 버팀목의 역할을 하는 그 나의 선택된 백성들인가?

14 그들은 영리를 위하여 나의 아들을 핍박하고 공격하며, 내가 나 여호와의 아들이라 명하였거늘, 그들은 그 추한 입으로 말하기를, '선지자라 부르는 것은 하나님으로부터 선택된 자요, 아들이라 부르는 자는 버림을 받은 자다.' 하며 그와 같이 말도 안 되는 그 망령된 말들을 하고 있음이니,

15 내가 너희들에게 일찍 깨우쳐 주었음이니라.

16 아들이라는 것은 영원히 나와 같이 거할 수 있는 자격이 있으며 나의 옆에 올 자격이 있는 것이요,

17 선지자라 명하는 것은 영원히 내 옆에 그가 스스로 올 자격이 없으며, 그가 그 자격을 획득해야 오는 것이니,

18 그와 같이 멀고도 먼 것이 아들과 선지자의 차이거늘, 어찌하여 너희들은 진주를 진주라 말하지 아니하고, 돌을 갖다 놓고 진주라 말하는 그와 같은 사악한 행위를 하는가?

19 이와 같은 행위를 하는 것이 욕심이요, 금화와 은화의 재물에 눈이 어두워 살아가는 것이 너희들의 작태임을 알아야 될 것이니라.

20 내가 너희들에게 말하였느니라.

21 만백성을 구하기 위하여 나의 성령을 가지고 세상에 나간 나의 아들 예수를 너희들이 핍박하고 그를 가장 고통스럽게 죽도록 하며 그를 죽인 것이 너희들의 심성이며 너희들이 가지고 있는 마음의 자세이니라.

22 그와 같이 사악한 역사가 흐르고, 너희들이 그가 죽은 다음에 이는 진정한 나의 아들이며 그가 기록하며 그 제자들이 적은 복음서가 하늘에 오르는 길이라 하여 너희들은 눈물로써 거기에 회개한다 하며, 너희들이 손으로 지은 성전에 그를 들고 시계추처럼 왔다갔다하며,

23 하늘에 오르는 기도와 축복과 영광을
구하기 위하여 아우성치는 그 기도 소
리를 외치며, 너희들이 지은 죄를 재
물로써 갚을 수 있다는 망상 속에 착
각하여 나에게 몸부림치는 그런 형국
을 하니,
24 그는 나와 아무런 관계도 없다 하였음
이니라.
25 그러나 나의 아들이 죽는 그 고통 속
에 너희들이 죽음으로 이끌어 가는 것
을 그가 순순히 받아들이면서도 그가
죽어 가는 그 아픔보다도 더 가슴 아
팠던 것은 무엇이던가?
26 가장 그가 가슴 아파 괴로워했던 것은
너희들이 진실을 못 보는 것,
27 너희들을 구원하고자 나로부터 대명
을 받아 세상에 내려온 나의 아들이,
나 여호와가 진정 존재하며 그가 나의
아들이요, 그가 전하는 것은 나의 진
정한 성령이라는 것, 진실이라는 것을
너희들에게 보여 주지 못하고, 진실이
라는 것을 너희들에게 깨우쳐 주지 못
하고 너희들이 깨닫지 못하는 그러한
형국에서 인간 세속을 떠나 그가 죽음
의 길을 선택했을 때,
28 깨닫지 못하는 너희들을 보고 가장 가
슴 아파 울고 통곡하였다는 사실을 너
희들은 알아야 될 것이니라.
29 지금 나의 선지자가 어떠한 마음인지
너희들은 아는가?
30 그는 정녕 나의 아들이니라.
31 너희들이 아무리 화살을 쏘며 창을 꽂
아도 그는 아프다 생각지 아니하느니
라.
32 너희들이 반성하며 깨우쳐 돌아오기
만을 바라는 것이 나의 아들이요, 그
것이 너희들과 차별화됨이니라.
33 너희들은 너희 육신의 부귀와 영화의
얻어지는 것을 계산하여 그의 가슴에
창을 꽂고 그를 핍박하나, 그는 그 모
두를 사랑으로 받아들이며, 그 모두는
저의 부덕함이요, 저의 깨우침이 부족
한 역사 속에서 이루어진 것이라며 반
성하고 문을 열어 놓고 너희들을 기다
리는 것이 나의 아들의 마음이니,
34 핍박하고 욕하고 등 돌리고 떠난 자,
35 그리고 나의 아들을 바로 세우기 위하
여 버팀목의 역할을 하고 비바람이 몰
아칠 때 온갖 힘을 다하여 버티며 나
의 성전을 지키며 이곳에서 나의 법전
을 공부하는 나로부터 선택된 백성들,
36 너희들은 비록 창을 꽂고 돌아갔으나
그 아픔을 참고 인내하며 너희들을 기
다리는 나의 아들의 마음,
37 이 세 부류를 볼 때, 어떤 것이 가장
위대한 것이며, 하나를 위해서 가는
길이며, 나 여호와 하나님의 뜻에 의
해서 살아가며 역사하는 자들인가를
너희들 스스로 깨우치고 평가해 볼 때
가 되었음을 알아야 할 것이니라.
38 나의 아들은 콩을 보고 콩이라 너희들
에게 말하며, 콩으로서의 그 특성과
그 모두를 너희들에게 상세히 깨우쳐
주고 콩을 놓고 콩이라 말하느니라.
39 그러나 너희들은 무엇을 말하느냐?
40 내가 콩을 놓고 콩이라 말하거늘, 너
희들은 밤이라는 것을 갖다 놓고 콩이
라 우겨대는 것이며, 사과를 갖다 놓
고 그것이 콩이라 그리 우겨대며, 그
것을 콩이라 말하라고 나의 아들에게

너희들이 그리 윽박지르며, 너희들 집
단의 힘으로써 그를 협박하며 그를 그
리 가도록 핍박하니,
41 정녕 나의 아들이 손에 든 것은 콩이
거늘, 너희들이 사과를 갖다 놓고 콩
이라 한다 하여 나의 아들이 굴복하며
그것을 들을 것이라 생각하는가?
42 이는 정녕 선택된 나의 아들이요, 창
조주 나의 뜻에 따라 만백성을 이끌어
가는 그에게 너희들이 어떠한 방법으
로 그를 협박하고 핍박한다 해도 그는
그를 받아들이지 아니하며 용서치 아
니할 것이거늘, 너희들은 이 뜻을 알
아야 될 것이니라.
43 나의 아들이 어떠한 희생을 치른다 하
여도, 너희들이 사과나 밤을 갖다 놓
고 콩이라 부르짖으라 하더라도, 나의
아들은 그를 따르지 아니할 것을 너희
들은 모름이니라.
44 지금 나의 아들을 내가 아들이라 불러
그 경축과 영광의 축복이 있는 이 날
에, 너희들은 나의 아들에게 그리 핍
박하고 떠나가는 자들이 되어 있음을
너희 스스로 알아야 될 것이니라.

2,898 번째 하나님 말씀

2002년 8월 10일 10시 16분

1 사랑하는 나의 아들아!
2 "네, 아버님! 말씀하옵소서."
3 세상사 네가 그 모두를 다 용서하며
가슴으로 안고 살아가야 하느니라.
4 그러나 네가 넘지 말아야 할 선이 하
나 있음이니, 어떠한 유혹이나 어떠한
형태로든지 네 앞에 와 그들이 나 여
호와로부터 성령을 받았으며 나로부
터 명을 받았다 하여 너에게 다른 신
에게 와 절하라 할 때,
5 너에게 어떠한 역사와 크나큰 영광이
아니라 세상 것을 다 준다 하여도 너
는 그들 앞에 절하는 행위를 해서는
아니 되는 것이니, 곧 그는 무엇이더
냐?
6 사탄 앞에 네가 고개를 숙이는 그와
같은 역사의 형국을 이루게 되는 것임
을 알아야 될 것이니라.
7 너희들은 성서에 기록된 것을 수없이
읽고 깨우쳤음이니라.
8 나의 아들 예수가 사탄으로부터 그와
같은 유혹이나 시험을 받을 때, 나의
아들이 과연 어찌 버티고 견디어 나갔
다 생각하는가?
9 그들이 내가 만든 나의 재산을 가지고
나의 아들을 유혹하고 현혹하며 혼란
케 하였음이니라.
10 거기에서 나의 아들 예수가 그를 몰랐
다 하면 그는 그들에게 시험을 당해서
쓰러졌을 것이니라.
11 나의 아들 예수가 그와 같이 굳건히
버틴 그 구절이 있거늘, 지금 나의 아
들이 세상에 나가 나의 법전 160권을
써 세상의 만백성을 구하고자 하거늘,
너희들이 그와 같은 시험을 지금도 하
고 있음이니, 몇천 년 전에 나의 아들
을 그리 시험했듯이 지금 그 사악한
사탄의 뿌리들이 나의 아들 너를 놓고
시험하고자 함이니, 그게 바로 무엇인
줄 알겠는가?
12 그들이 금화와 은화를 갖다 놓고 너에
게 다른 신 앞에 절을 하고 기도하라

함이니라.
13 저희들이 남에게 받은 그 기도가 정녕
나의 뜻이니, 그 뜻대로 네가 행하고
살아가면 그 재물을 도로 가져가지 아
니하며 저희들이 너를 따라 역사를 이
루겠다 말하는 것은 바로 무엇이더냐?
14 성서에 기록되어 사탄들이 나의 아들
예수를 유혹하고 현혹했던 그 형상이
그대로 지금 여기서 이루어지고 있음
이며, 나의 아들을 쓰러트리고자 하는
것이니라.
15 그러나 나의 아들은 이 세상의 창조주
가 나 여호와 아버지라는 것을 알며
그가 나의 아들이라는 것을 알기에,
너희들이 아무리 유혹한다 해도 그가
쓰러지지 아니함이니라.
16 그와 같이 또한 절대 거기에 현혹되지
아니하고 갈 수 있는 것이 나의 아들
이며, 그리 가도록 해야 되는 것이 그
의 본분이라 내가 명하였음이니라.
17 너희들이 아무리 사악한 방법으로, 금
화와 재물로써 나의 아들을 핍박한다
하더라도,
18 신약 시대에 예수가 사악한 그들에게
넘어가지 아니하고 속지 아니하며 환
란을 이루지 아니하였듯이, 지금의 나
의 아들 또한 그와 같은 역사를 지키
고 갈 수 있는 것이거늘,
19 너희들이 나의 아들 앞에 금화와 은화
를 쌓아 놓았다가 그것을 거둬 가면서
나의 아들을 핍박하며, 그것을 줄 것
이니 너희 뜻을 따르라, 너희들이 밖
에서 들은 그 기도를 따르라 하는 것
이 바로 사탄이 나의 아들 예수에게
제공했던 그 조건과 무엇이 다른가?
20 하물며 너희들은 모두가 다 나의 아들
을 나 여호와의 아들이라 믿으며 그
가르침에 따라 세상에 역사를 이루겠
다 하면서, 너희 뜻을 따라야 떠나지
아니하겠다 그리 협박하나,
21 나의 아들은 예수와 같이 나의 아들임
을 알며 이 세상의 창조주가 나라는
것을 알고 있음이니, 그가 너희들과
타협하리라 생각하는가?
22 그리하여 그는 너희들에게 타협하지
아니하였음이니라.
23 그리하여 너희들은 그 광분을 참지 못
하며, 나의 아들을 쓰러트릴 그 길이
없으니 온갖 작태와 행패를 다 부려
그를 쓰러트리고자 하나,
24 그것은 너희들의 마음 자세가 잘못되
었으니 너희들의 착각임을 알아야 될
것이니라.
25 나의 아들은 정녕 나의 아들임을 알
며, 나의 성령은 곧 나의 뜻임을 알며,
만백성을 구하는 길을 아는 것처럼,
예수가 알듯이 그도 확실히 그를 알고
있음이니, 너희들이 그를 유혹하여 쓰
러트리려는 그와 같은 쓸데없는 행위
를 하지 말라.
26 너희들이 인간으로서 나의 아들을 인
도하고 지도하며 가르친다 하며, 너희
들이 밖에서 기도를 받았다 하여, 그
사탄과 사악한 자들이 기도한 것이라
하여 너희들에게 가르쳐 준 그 내용을
갖고 나의 아들 앞에 가 그것에 순종
하며 절하라 함이니, 그것이 지금 벌
어지고 있는 작태임을 알라.
27 그러하니 나의 아들 너는 이와 같은
것에 현혹되어서는 아니 될 것이며 흔

들려서는 아니 될 것이니,
28 네가 모두를 다 사랑하고 용서하되,
다른 신에게 굴복하라는 것은 절대 네
가 용서하지 아니할 것이지만, 네 마
음이 흔들리는 것이 있어서도 아니 될
것이니라.
29 나는 네가 흔들리지 아니함을 알고 있
으나, 네가 또한 힘들고 어려워 네 마
음에 동요를 이룰까 하여 내가 너에게
명함이니,
30 너는 길이 아니면 가지 말 것이며, 수
천수만의 사악한 무리들이 나로부터
뜻을 받았다 하여 세상을 다 줄 듯이
너를 유혹할 것이나, 너는 거기에 개
의치 아니함을 내가 아느니라.
31 그러나 네가 흔들리는 그 추한 모습이
있다 하면 너는 나의 아들로서 자격이
없으며, 만백성을 구하는 나의 아들로
서 160권의 법전을 만들어 내는 자격
이 없음을 알아야 될 것이니라.
32 이를 나의 아들의 제자 너희들에게 일
러, 아무리 사악한 방법으로 나의 아
들을 쓰러트리려 해도 나의 아들이 너
희들의 그와 같은 시험에 들지 않는다
는 것을, 일찍이 너희들의 사악한 마
음을 접어 둠이 옳다는 것을 내가 깨
우쳐 주어, 나의 아들이 너희들과 싸
우는 그 수고로움을 덜고자 함이니라.
33 나의 아들은 나의 뜻을 알며, 내가 존
재함을 알며, 나의 성령이 만백성을
구하는 빛이라는 것을 확실히 알고 있
음이니, 너희들이 어떠한 것으로 그를
유혹한다 해도 그리 넘어지지 아니함
이니라.
34 나의 아들에게서 떠난 자들이요, 나의
아들을 쓰러트리는 자요, 나의 아들에
게 와서 재물을 거둬 가며 그를 핍박
한 너희들이 잘못된 사탄의 행위이니,
예수를 유혹했던 그때의 형국과 똑같
음을 깨닫고, 너희들이 나의 아들 앞
에 와 진정한 나의 성령을 받아 깨우
침을 얻도록 하기 위하여 지금 내가
이 한 구절을 나의 아들에게 내려보내
는 것이니,
35 이는 특히 나의 아들에게 재물을 주었
다가 일시에 거둬 가는 자, 나의 아들
에게서 떠나며 욕하고 핍박하는 자,
그들을 위하여 내가 내리는 대목이며,
36 앞으로도 이와 같은 행위를 하는 백성
들이 있다 하면 그를 깨우쳐 이르고자
함이니, 이 뜻을 그들에게 전하는 것
을 잊지 말라, 나의 아들아!

2,899 번째 하나님 말씀

2002년 8월 10일 11시 08분

1 사랑하는 나의 아들아!
2 "네, 아버님! 말씀하옵소서."
3 수많은 사탄과 마귀의 집단들이 너를
공격하여 너를 쓰러트리며 너를 흩트
려 놓으며 이 세상에 존재치 못하게
하며, 나의 법전이 세상에 나오지 못
하도록 방해하고 그를 엎으려 하는 자
들이 수없이 너에게 밀어닥치는 것을
나 여호와가 알고 있었음이니라.
4 그리하여 내가 너에게 일찍이 말하지
아니하였더냐?
5 네가 나의 아들이라는 것을 내가 너에
게 명하여 주었으니, 이는 모두 지상
의 영광이요, 이 시대에 사는 만백성

의 축복과 영광임은 물론,
6 수천 년 나의 지상의 낙원에 존재하는
모든 백성들은 오늘에 내가 나의 아들
이라 부름을 경축하며 기뻐해야 할 것
이거늘,
7 오히려 너를 공격하며 나의 아들 너를
쓰러트리려 하며 존재치 못하도록 하
는 그와 같은 악마요, 사악한 무리들
이 너를 공격할 준비가 되어 있으며
쓰러트리려 하는 그 역사의 한 소용돌
이가 작게 일어날 것을 내가 알고 있
었음이니라.
8 그리하여 내가 너에게 나의 핏줄이라
는 것을 알려 주었으며 내가 나의 아
들이라 너를 불렀음이니라.
9 그리하여 내가 나의 아들이라 부름으
로 인하여 너는 나의 핏줄이니, 너와
나의 관계를 끊을 수 없다는 것을, 그
리고 네가 나의 아들이라는 것을, 나
와 너의 관계를 알려 주며,
10 감히 그를 끊으려 하는 자들이 얼마나
사악한 자들이며 잘못 가고 있는 백성
들인가 하는 것을 내가 남아 있는 너
의 제자들에게 깨우쳐 주기 위하여 내
가 일찍 네가 나의 아들이라 발표하지
못했던 것을 오늘 내가 너희에게 나의
아들임을 밝히며 나의 핏줄임을 알려
주었음이니라.
11 너희들이 살아가는 인간관계에서 부
자 관계요, 부모와 자식의 관계는 특
별한 관계요, 끊을 수 없는 관계이며,
너희들의 가계의 족보를 이어 가는 것
이 부자 관계가 지속되는 것이 아니던
가?
12 하물며 나 여호와의 아들은 나와 어떠
한 인연이던가?
13 그는 창조주 나의 아들로서 만백성을
구하며 하늘과 같은 낙원을 이 세상에
만들고자 하는 그 방대한 나의 뜻을
받아 세상에 나가 그를 이루고자 하
며, 그를 이루어야 하는 것이 나의 아
들이며, 나와 나의 아들과의 부자지간
의 관계가 여기 있음이니,
14 너희들이 인간관계의 한 가계를 이어
가는 인간의 만남의 역사와 너희들 만
백성을 구하는 나의 아들로서, 창조주
의 아들로서 세상에 나가 그가 이루어
가는 그 부자 관계라는 것을 너희들은
어찌 생각하는가?
15 너희들은 인간관계의 부자 관계도 남
이 끊을 수 없거늘, 만백성을 구하는
창조주인 나의 아들이라 하는 자와 나
와의 부자 관계를 끊으려 하는 그 사
악한 자들이 나의 아들을 공격할 것이
며, 그와 같은 어리석은 행위를 할 자
들이 네 앞에 곧 나타날 것을 내가 알
기에 너를 그리 불렀음이니라.
16 그리하여 내가 혈통의 소중함과 네가
나의 아들이며 모두를 감싸 세상의 만
백성을 구하는 그와 같은 역사를 이룰
수 있는 너라는 것을 내가 확실히 심
어 주기 위함이었음이니,
17 지금 네 앞에서 떠나는 자, 너에게 등
돌리고 가는 자, 나의 성전에 와 나의
법전을 읽고 깨우쳤다 말하던 자가 저
희들의 욕심에 눈이 어두워 한 치 앞
을 보지 못하여 너를 핍박하고 공격하
며 창을 꽂고 화살을 쏘며 떠나는 것
을 내가 알고 있었음이니라.
18 그리하여 내가 추려 놓은 알곡식인 남

아 있는 너의 제자들의 마음에 동요가
없으며 바로 세우기 위하여, 네가 나
의 혈통인 것을, 부자지간의 그 인연
의 끈이 무엇인가를, 너희들 자신의
인간관계에서도 끊을 수 없는 것이 아
버지와 아들이라는 것을, 방대한 역사
를 이루는 나의 아들과 창조주인 나의
끊을 수 없는 그와 같은 위대함이 있
음을 너희들의 마음에 심어 주고자 하
여 내가 밝혔음을 알아야 될 것이니라.
19 너는 인간 세상에 살아가면서 혈통이
중요하며, 너희들이 서로 만나고 헤어
지는 것도 다 중요한 인연이나, 너희
들이 사탄과 만나는 것도 중요한 인연
이며 인간관계라 그리 생각해야 할 것
이며,
20 모두를 다 가슴으로 감싸고 네 몸으로
모두를 다 받아들이는, 소중한 인간관
계를 엮어 가는 그와 같은 마음으로
살아가도록 그리해야 될 것이며, 너의
제자들 또한 그와 같은 마음으로 살아
가도록 그리 깨우쳐야 될 것이니라.
21 너희들과 만나고 부닥치는 것, 사탄이
라 해도 너희들과 만나는 인연의 그
소중함을 생각한다 하면,
22 나의 아들과 나의 부자지간의 관계가
얼마나 소중하며, 내가 아들인 예수를
먼저 보내 그를 죽게 하였으며 또다시
만백성을 구하기 위하여 제3의 시대
에 나의 아들을 내려보내 그가 걸어가
는 모습을 보는 나 여호와의 마음이
과연 어떠할 것인가?
23 그를 사탄이요, 이단이라 하며, 그리
고 감히 아들과 어버이의 관계까지 끊
어 놓으려는 사악한 그들의 행동은,
그들이 오늘에 저지른 그 대가를 저희
들이 죽어 내 앞에 왔을 때 받을 것이
니,
24 오늘 남아 있어 나의 아들의 버팀목이
되는, 나로부터 선택된 백성 너희들의
그 발끝도 그들은 감히 고개 들어 바
라볼 수 없는 그와 같은 차이를, 죄를
받고 죄를 받지 않는 그때 그를 알게
될 것이니라.
25 너의 제자들에게 이제 가르치라, 너희
들과 만나는 자 모두가 소중하며, 몸
소 가슴으로 안는 그와 같은 인간관계
의 소중함을.
26 맺어진 인간관계를 끊지 않는 것이 인
간이 살아가는 도리이니, 너희들은 그
와 같은 관계를 끊으려 하는 자를 경
계해야 될 것이며,
27 나와의 부자지간의 인연까지도 끊으
려는 그 사악한 자들이 깨닫고 돌아올
때까지, 그들이 돌아왔을 때 그를 감
싸줄 수 있는 마음 자세를 길러 다스
려 나가는 것이 너희들이 해야 할 덕
목임을 잊지 말라.

2,900 번째 하나님 말씀

2002년 8월 10일 11시 29분

1 사랑하는 나의 아들아!
2 너희들 인간사의 세속에서 살아가는
부모와 자식 사이에도, 부모가 여러
자식을 두었을 때 잘난 자식만을 사랑
하며 못난 자식은 자식이 아니며 그를
사랑하는 마음이 다르던가?
3 그렇지 아니함이니라.
4 열 자식을 둔 그 부모의 마음에는 소

중하지 아니한 자식이 없으며 잘난 자
식, 못난 자식을 사랑하는 마음은 다
같으며, 차라리 모자라고 못난 자식의
장래를 더 걱정하며, 그에게 더 깊은
애정을 갖고 그를 위해 기도하고 노력
하는 것이 부모의 원심이 아니던가?
5 그 마음이 자식을 사랑하는 원심의 깊
은 마음이니라.
6 자식을 똑같이 사랑하는 그것이 너희
육신의 부모이거늘, 창조주인 나 여호
와가 너희들을 사랑함에 차별을 두겠
는가?
7 그리고 바로 살아와 나에게 오르고자
하는 자, 내가 그 자식을 누군들 버리
겠는가?
8 그러나 너희들은 어찌하여 내가 오르
라는 길이요, 깨우쳐 하늘에 오르는
길을 보아 축복을 받으라 하여 내가
너희들에게 내리는 가르침은 듣지 아
니하며, 거역하고 역행하는 그와 같은
길을 그리 가고 있는가?
9 너희들이 얼마나 잘못 가고 있으며,
너희들의 깨우침이 지금 얼마나 잘못
된 자들인가?
10 나의 성전에 와 나의 법전을 읽으며
나의 법전을 나의 백성들을 통하여 받
아 읽은 자들, 너희들이 그를 보고 등
을 돌리며 그를 덮는 자들이 얼마나
어리석고 우매한 자들인가를 알게 될
것이니라.
11 너희들은 어찌하여 신원도 모르고 확
실한 근본도 모르며, 나의 아들처럼
책으로써 증거하는 나의 성령을 받아
만들어 세상에 전하는 자도 아니요,
뜬구름처럼 지나가는 말 한마디를 그
저 던지는 그와 같은 자들의 말을 나
의 뜻이요, 나의 성령이라 말하는가?
12 그 자신이 무엇인지도 모르는 자가 번
갯불보다 빠르게 지나가는 것과 같이
한마디 지껄이는 그 속에, 너희들이
번갯불에 콩을 볶으려 대들듯이, 그
한마디에 너희 모두를 다 걸며 그 말
을 따르고 순종함이니,
13 더구나 너희들이 그와 같이 지나가는
듯이 한마디 흘리는 것을 듣고 그걸
가지고 나의 성전에 와 나의 백성들에
게 그를 전하며 그 기도의 내용을 갖
고 갑론을박하며 나의 아들을 놓고 평
가하는 그와 같은 행위를 저지르는 것
이 과연 너희들이 할 수 있는 행위이
며 바른 자세인가를 알아 봐야 될 것
이니라.
14 너희들이 정녕 나의 성전에 와, 나의
아들이 나의 성령을 받아 160권의 법
전을 기록하는 그 내용에 나를 찾지
아니하였으며 그 내용이 잘못되며 불
의한 곳이 어디 있는가 너희들이 그걸
보고 깨우치라 내가 그리 말하였거늘,
15 어찌하여 나의 성령인 나의 책을 보지
아니하며, 너희들은 하루에 수백 가지
실수요, 잘못을 하면서 너희들과 같은
육의 형태로써 60평생 너희들과 더불
어 같이 살아온 나의 아들이 하나의
실수를 했을 때 그를 붙잡고 시시비비
를 하는가?
16 그를 바로 깨우쳐 인도할 수 있으며
그가 바로 설 수 있는 버팀목이 되는
것이 너희들이 해야 할 일이라 내가
수차 말하였으며,
17 법전이 나올 때, 열여섯 권의 법전이

나오는 데 역사하는 자가 있으며, 2부
요, 3부요, 그 부수가 나올 때마다 역
사하는 사람들이 정해져 있어 그들이
와 도울 것이라 하였거늘,
18 너희들이 맡은 임무를 게을리하면서,
번갯불이 지나갈 때 콩을 볶으려 대드
는 자와 같이 그저 한마디 지나가는
말을 지껄이는 것을 가지고 너희 생명
을 거기에다 걸며, 그것이 진정한 여
호와의 뜻이라 하며, 그를 갖고 감히
나의 성전에 와 그에게 기도 받기를
유도하며 그에게 이끌어 가는 그 사악
한 자는 나의 아들 예수를 판 유다와
같은 자이며, 그보다 더한 악마의 행
위를 하는 자들이니라.
19 감히 너희들이 나의 성전에 와 나의
법전의 내용을 들으며, 나의 아들을
통하여 내리는 강론을 들으며, 너희들
의 말로써 '이는 여호와 하나님의 말
씀이요, 진정한 하나님의 뜻이라' 겉
으로 그리 말하고 눈물을 흘리며 내
앞에서 기도하나,
20 너희들은 지나가는 신원도 모르는 사
악한 자의 그 기도가 너희들에게 부귀
와 영화를 주며 육의 안일을 주며 영
혼을 구한다 하여 나의 성전에 있는
자들을 인도하여 그리 끌고 가고자 하
니, 그와 같은 것이 바로 무엇이냐?
21 유다의 행위이니라.
22 나의 아들 예수를 죽인 자보다도 더
간악한 방법으로 나의 아들을 죽이며
공격하는 그와 같은 행위를 하는 것이
라는 것을 알아야 될 것이니라.
23 그리하여 내가 그와 같은 자들에게 철
퇴를 내리기 위하여 네가 나의 아들임
을 밝혔음이니라.
24 내가 나의 아들이라 칭하며 나의 만백
성 너희들에게 이를 내림이니, 이 시
대에 살아가는 온 백성의 영화요, 축
복이라 내가 말하였으며,
25 나의 아들과 더불어 나의 법전을 내며
버팀목 역할을 하는 너희들이야말로
그 영광을 죽어 내 앞에 왔을 때 알게
될 것이며,
26 나의 아들이 정녕 만백성을 구하는 그
증표는 160권의 법전이 세상에 내려
가는 것이니라.
27 그 이상의 어떠한 증표를 찾으려 하지
말며,
28 나의 아들이 더러 실수하고 넘어졌을
때 너희들은 그를 일으켜 세워 주며
그에게 바로잡을 수 있도록 깨우쳐 주
는 것이 너희들의 할 일이며,
29 그리하여 나의 아들이 선지자로서 바
로 서 만백성을 구하며, 더불어 너희
들 스스로 구원의 길을 얻을 수 있으
며 너희 자신이 구원의 영광을 얻게
되는 것을, 같이 하늘에 오르는 길을
올 수 있다는 것을 너희들은 잊지 말
라.
30 너희들이 나의 아들을 핍박하며, 지나
가는 신원도 모르는 사람이 지껄이는
소리를 듣고 나의 성전에 와 갑론을박
하며, 나의 성전에 와 나의 뜻에 따라
구원의 길을 가고자 하는 자들을 유혹
하여 끌고 가는 것은 너희들의 욕심이
며, 너희들이 너희 자신의 욕심을 버
리지 못하였음이니라.
31 그리하여 너희들이 선지자를 욕하고
선지자를 음해하며 그와 같은 죄악의

행위를 할 수 있는 것이니, 그와 같은 행위를 하는 자는 정녕 용서받을 수 없음을 알라.
32 너희들이 얼마나 사악하고 간악한 자들인가를 알아야 될 것이니라.
33 너희들이 남의 집을 방문하여도 그 주인의 뜻을 따르며 예의를 갖추며 그가 원하는 방법으로 따라 주는 것이 손님의 도리이거늘,
34 여기는 창조주 나 여호와가 만백성을 구하고자 직접 만든 나의 성전이니, 나의 성령을 나의 아들을 통하여 직접 전하며 법전을 전하여 깨우치는 이 장소에 와서 감히 너희들이 사악한 행위를 하는 것이 얼마나 큰 죄악이며,
35 예의를 모르고 기초도 모르며 인간 세속에 살아가는 사람의 도리도 모르는 우매하고 어리석은 자의 행위던가?
36 그러한 자가 육의 세상에 60점을 벗어나 어찌 하늘나라요, 천사가 오는 그 영혼의 세계를 바라볼 수 있는가?
37 너희들이 얼마나 부덕하며 사악한 자들인가 알아야 될 것이니라.
38 너희들이 신원도 모르는 사악한 자들의 지껄이는 그 말을 듣고 나의 성전에 와 나의 아들에게 굴복하라 함이니, 그와 같은 일이 이루어질 수 있다고 생각하는 그 자체가 너희들이 얼마나 우매한 것인가?
39 나의 아들은 나의 성령이요, 내가 이루고자 하는 뜻이며, 나 여호와가 존재함과 그가 해야 할 일과 그가 갈 길을 다 나로부터 받아 알고 있음이니,
40 너희들이 그와 같은 행위를 감히 나의 아들 앞에 와 그리 강요함이니, 과연 나의 아들이 너희들에게 굴복할 것이라 생각하는가?
41 너희들이 신원도 모르는 자의 말이 맞다 하면 너희들은 그리 따라가면 되는 것이니라.
42 너희들이 그곳에서 기도하며 구원을 받으면 될 것이지, 어찌하여 내가 사랑하는 나의 아들이요, 나의 성령을 기록하여 만백성을 구하는, 세상에 하나밖에 없는 나의 성전에 와 나의 아들을 따라가는 그 버팀목이 되는 그들까지도 빼내려 하는가?
43 그 버팀목을 빼며 쓰러트려 나의 아들까지 상하게 하는 너희들이 얼마나 사악하며 간악한 자들인가?
44 잘못된 사람이요, 신원을 알 수 없으며 번갯불보다 빨리 지나가는 그 썩어져 가는 말 한마디를 던졌을 때, 그를 구분하지도 못하는 너희들이, 그 번갯불에 콩을 볶아 익혀 먹겠다고 대드는 그 무모한 짓을 하는 너희들이,
45 좋은 길이며 맞는 길이면 너희들 스스로 가면 될 것이며 너희 이웃이요, 형제를 그리 이끌고 가 구원하면 될 것이거늘, 어찌하여 나의 성전에 와 바로 가고자 하는 그들까지 유혹하여 데려가고자 하는가?
46 그것이 얼마나 추악한 형태인가?
47 너희들은 나의 아들 앞에 감히 갑론을 박하지 말라.
48 너희들이 나의 아들 앞에 와 갑론을박할 자격이 있는가?
49 나의 아들의 깨우침이며 성령의 높이요, 그가 가고 있는 길이 어디에 와 있는지 너희들은 아는가?

50 너희들은 밤과 낮을 가리지 아니하고
160권의 법전을 받아쓸 수 있는 자격
도 없으며, 그를 하지도 못함이니라.
51 그 역사를 이루는 나의 아들은 너희들
이 감히 바라볼 수도 없는 자리에 있
거늘,
52 어찌하여 너희들이 그 찬란한 빛 앞에
그는 죽어 가는 빛이라 하며, 썩어져
냄새 나는 너희들이 찬란한 빛이요,
구원의 길이라 그리 억지를 쓰는 사악
한 행위를 하는가?
53 이 모두는 심판할 날이 머지않았음이
니라.
54 너희들의 육의 삶이 천년만년 살 것
같으나, 얼마 남지 않았음이니라.
55 얼마 남지 않은 그 속에서 오늘의 너
희들이 나의 아들에게 등 돌리고 화살
을 쏘며 돌아간 너희 육신이 죽기 전
에 그 무서운 변화를 알게 될 것이며,
그 역사가 이루어지는 것을 알게 될
것이니라.
56 그때 나의 아들을 따르는 그 제자들이
요, 버팀목의 역할을 하는 그들을 끌
고 가려 했던 너희들이 그들 앞에 눈
물로써 울고 배워 깨달아도 너희들은
얻어짐이 없음이니라.
57 너희들이 그와 같이 우매하고 큰 죄악
을 지고 있음이니, 그때 와서 너희들
을 받아 주고 안 받아 주는 그들에게
너희들이 심판을 한 번 받게 될 것이
며,
58 너희들은 그 시간이 지나 죽어 내 앞
에 왔을 때 그 모든 것을 알게 될 것이
니, 그때는 너희들을 용서할 길도 없
으며 너희들이 용서를 받을 길도 없음
이니라.
59 지금이라도 너희들이 나의 아들 앞에
와서 용서를 비는 것이 아니요, 그 버
팀목을 쓰러트리고 빼 가려고 했던 나
의 아들의 제자들 앞에 너희들이 눈물
로써 용서를 먼저 받으라.
60 그 제자들에게 용서를 구하고 용서를
받는 자, 너희들이 그 제자의 손을 잡
고 나의 아들 앞에 왔을 때 내가 너희
들을 용서하도록 나의 아들에게 명할
것이니라.
61 직접 나의 아들에게 용서를 받을 수
없음을 너희들은 알라.
62 그와 같이 사악하고 간악한 자들이 너
희들이니, 지상에서 너희들이 한 번의
심판을 받는 기회를 내가 줌이니라.
63 이 심판을 너희들이 통과하지 못한다
면 너희들은 영원히 끓는 기름 가마
속에, 불바다 속에서 아우성치며 살결
이 튀고 뼛가루가 타는 그와 같은 고
통에서 영원히 살 것을, 내가 너희 죄
를 이미 명하여 나의 아들을 통하여
지상에 내려보내니, 이것이 너희들이
받을 죄임을 알라.

2,901 번째 하나님 말씀

2002년 8월 10일 12시 05분

1 사랑하는 나의 아들아!
2 "네, 아버님! 말씀하옵소서."
3 내가 말하기를, 너의 장자요, 큰아들
이라 하는 '홍철화'가 지금 나의 성령
을 들으려 네 뒤에서 무릎 꿇고 앉아
있음이니, 그에게 이르라.
4 인간은 세상에 자기가 이루고자 하는

욕심이 있으며, 자기가 무엇인가를 성
취하고자 하며, 그것을 이루었을 때
그 기쁨이 얼마나 큰가?
5 그 성취감에서 그들은 살아가는 삶을
육에서 얻는 것이니라.
6 그러나 나의 아들은 육의 세상에 이루
고자 하는 욕망이 없으며 제가 계획하
여 성취하고자 하는 것이 없음이니,
7 너희 인간 세상에서 살아가는 자들은
괴롭고 슬플 때 오락으로써 풀고 알코
올로써 풀며, 너희들이 모든 방법으로
써 그를 달래고 풀 수가 있음이니라.
8 그러나 나의 아들은 고통스럽고 힘든
그 역경의 길을 가면서 그가 무엇으로
써 마음을 달래며 무엇으로써 풀 수
있다 생각하는가?
9 그가 풀 수 있는 것은 지금의 고통보
다 더 고통스러운 것, 더 힘든 것, 그
길을 추구하는 것이 그를 위로하며 달
래는 것이며 그가 마음을 푸는 것이니,
10 그 속에서 가장 큰 자식이라는 네가
성전에 들어설 때 나의 아들이 가장
기쁘며 가장 행복한 것을 어찌하여 너
는 모르는가?
11 만백성을 구하려 법전을 만드는 나의
아들이 화가 나고 힘들다고 너희들처
럼 돌멩이를 발로 찰 수 있으며, 알코
올에 쓰러져 저 자신을 잃을 수 있으
며, 약을 써 그 자신을 달랠 수 있는
그와 같은 길이라도 있다 하면 차라리
그는 불쌍한 나의 아들이 아님이니라.
12 더 힘들고 어려운 고난의 길을 가는
것이 그가 가야 할 길이며, 넘을 수 없
는 길만이 그를 기다리고 있음이니,
그는 그와 같은 것으로써 그 모두를
풀어 가야 할 것이니,
13 마음 아픈 속에 더 무거운 마음의 벽
돌 한 장을 올려놓는 그와 같은 것으
로써 그가 자신을 달래며 가는 그 고
통의 길을, 너는 어찌하여 그 이치 하
나도 깨닫지 못하는가?
14 너희들이 수레를 끌고 가다 짐이 무거
우면 짐을 나눠 주며 덜어 줄 수 있으
나, 나의 아들은 그 무거운 짐을 고개
를 올라갈 때 덜어 주는 것이 아니요,
짐을 더 얹어 주고 더 얹어 주는, 그와
같은 누구도 갈 수 없는 그 힘든 길을
가는 것이 그가 가야 하는 길이며 역
사이니,
15 장자요, 큰아들이 부모에게 효도하는
효성을 받는 부모가 기쁘듯이, 네가
오는 것보다 세상에 더 큰 얻는 것이
없으며 위안이 없거늘,
16 이 어리석은 놈아! 내가 너에게 무어
라 일러 주었던가?
17 나의 아들의 머리가 하얗게 백발이 되
었을 때 그가 모두를 다 깨우치며, 그
가 진정한 깨달음의 선지자로서 설 수
있다 내가 여러 번 네 가슴에 심어 주
었거늘, 어찌하여 너는 그것을 보지
못하며, 선지자의 머리가 빨리 하얗게
되어서 바로 서는 그 모습을 생각하며
그것만을 바라는가?
18 네가 정녕 그리도 우매하고 어리석은
자이던가?
19 내가 너에게 가르쳐 주었으며 제자 너
희들에게 일러 명하였느니라.
20 세상사 60평생을 살아온 나의 아들의
머리가, 내 아들의 살색이 변하는 것
은 너희들이 모르나, 너희들의 눈으로

볼 수 있고 만질 수 있는 그 머리가 하
얗게 변하는 것으로써 너희들이 증거
함이거늘,
21 나 여호와가 너희들에게 약속을 내렸
음이니라.
22 그의 머리가 하얗게 되었을 때 세상사
이치를 깨달으며 바로 설 수 있다 그
리 말하였거늘, 어찌하여 그것 하나를
기다리지도 못하고 너희들이 그리도
나의 아들을 울리며 나 여호와를 울리
는가?
23 그 시대가 머지않았거늘, 그리하여 나
의 아들이 160권의 법전을 세상에 만
드는 대명의 길을 가는 그 뒤안길에
어렵고 힘든 그 고통의 길을 남들은
보지 못한다 하여도 너는 들여다보는
그와 같은 효성스러운 자식이 되지 못
하고, 네가 어찌하여 등 돌리고 돌아
서는 그 불효막심한 자식이 되고자 하
는가?
24 나의 아들의 머리가 하얗게 되어도 그
가 바로 서지 못할 때, 너는 나를 욕하
며 나를 원망하고 떠나도 되거늘, 어
찌 그 역사의 기다림을 못 하는가?
25 감히 제자 너희들이 160권의 법전이
세상에 나오는 그 역사를 막았을 때,
그를 이루지 못했을 때, 너희들이 어
떠한 역경의 길을 가게 되는지 그 무
서운 것을 생각해 보았는가?
26 160권의 법전을 만드는 것이 이 세상
무엇과도 바꿀 수 없는 소중한 역사
며, 내가 너에게 말하였느니라.
27 나의 사랑하는 아들이 머리가 하얗게
변해 너희들의 눈으로 볼 수 있을 때,
그가 성령의 이치를 완벽히 깨달음이
요, 완벽한 자로 설 수 있다 내가 너희
들에게 그리 답을 주었거늘, 그를 못
기다리는 어리석고 우매한 행위를 하
지 말라, 아들아!

2,902 번째 하나님 말씀

2002년 8월 10일 12시 17분

1 사랑하는 나의 아들아!
2 "네, 아버님! 말씀하옵소서."
3 너를 따르는 모든 제자들에게 너는 그
들의 손에 쥐여 주어 깨우쳐 줘야 될
것이니라.
4 너희들이 부모의 마음을 알려면 결혼
하여 너희 자식을 낳아 그 몇 자식을
키워 볼 때 그 부모의 마음을 알 수 있
다 하였음이니라.
5 너희들은 정녕 부모가 되어서 그 부모
의 마음을 알려 하는가?
6 너희들은 정녕 나의 아들이 가는 길에
어렵고 힘든 그 고통의 뒤안길을 어찌
보지 못하는가?
7 너희들은 자식을 낳아서 부모의 심정
을 아는 그와 같은 자식이 아님이니라.
8 오로지 너희들은 불효하는 자식으로
서 이 세상에 한평생을 살다가 죽어
가는 자들이 될 것인가?
9 효성스러우며 효도하는 자식으로서,
너희들이 자식을 낳지 아니하였지만
부모의 마음을 헤아릴 수는 없겠는가?
10 너희들이 말하기를 너희들은 결혼하
여 자식을 낳아 부모가 될 수 있다 하
나, 너희들이 나의 아들 선지자의 마
음을 알며 선지자에게 너희들이 효자
요, 불효자요, 역행하는 자로 살아가

는 것을 깨닫기 위하여 너희들이 선지
자가 될 수는 없음이니라.
11 너희들은 자식을 낳지 않은 부모로서
부모의 심정을 이해하는 사람이 되어
야 하는 것이 너희들이 지금 서 있는
길이며 너희들이 가야 하는 길이니라.
12 너희들은 선지자가 될 수 없기 때문에
선지자가 가는 길을 모르며 그 마음을
모름이니라.
13 너희들이 선지자가 될 수 있다 하면
너희들이 선지자가 되어 그 마음을 알
듯이, 너희들은 선지자가 되지 아니하
고 그 마음을 아는 자세로써 효도하는
자가 될 것인가 불효하는 자가 될 것
인가,
14 너희들이 부모에게 어떤 마음으로 살
아가는 자식이 될 것인가를 굳건히 깨
우치며 생각해야 될 것이니라.
15 인간이 부모의 심정을 이해하는 것은
자식을 낳아 보면 안다 하였으니, 그
는 시간이 말해 주며 세월이 말해 주
며 반드시 깨달을 수 있는 답이 거기
있으나,
16 선지자를 따르는 제자들이 정녕 하늘
에 오르는 길이요, 만백성을 구하는
자들로서 너희들이 변화되고 변화되
지 아니하는 것은 너희들이 선지자가
될 수 없기 때문에 그를 모름이니라.
17 그러니 그를 보지 않고 모르는 그 속
에서 만백성을 구하는 그 길을 가야
됨이니, 너희들이 열배 백배 뼈를 깎
는 고통 속에 너희 스스로 깨달아 연
구하며 너희 것으로 만들어 선지자의
내면과 외면의 그 뜻을 알아야 될 것
이며, 너희들이 정녕 그를 알 수 없기
에 내가 뭐라 하였느냐?
18 너희들은 신이 되고자 하라 하였음이
니라.
19 천사가 되고자 하며 나 여호와가 되고
자 하라 하였음이니라.
20 너희들에게 내가 되라 하였다 하여 너
희들이 나와 같이 되었다 하며 오만방
자한 자가 아니요, 나의 성령이요, 나
의 뜻만을 너희들이 깨우쳐 가라 함이
니라.
21 너희들이 천사가 되라 함이 무엇이라
말하였더냐?
22 천사의 심성을 닮되, 너희들이 천사가
됐다며 오만방자한 그러한 사람이 되
라는 뜻이 아님을 알아야 될 것이니라.
23 지금의 수많은 종교 지도자들이 세상
에 나와 그 역사를 이루며, 그들이 나
의 뜻을 위하여 만백성을 깨우치고자
일하나,
24 그들은 그 신도들이 저희들을 따르며
저희들을 보고 환호하는 소리가 커지
며 멀리까지 들리며 저희들이 재물을
얻어 만백성이 감히 바라볼 수 없는
위대한 성전을 지으며 만백성이 저희
들을 추앙할 때, 그들은 나를 잊어버
리느니라.
25 그리고 그들은 나를 버림이니라.
26 그는 육의 욕심이요, 육의 향락을 저
희들이 이길 수 없기에, 한날 무명초
만도 못한 자들이 종교 지도자의 자리
에 앉아 사악한 방법으로 끌어가기 때
문이니라.
27 진정 나로부터 선택된 백성은 저희들
이 하나님, 나 여호와의 심성으로 사
나, 내가 되고자 함은 아니니라.

28 너희들이 육을 가진 자가 천사가 될
수 없으며 나 여호와요, 신이 될 수 없
으며 하나님이 될 수 없으며 창조주가
될 수 없다는 것은 세 살 먹은 아이도
다 아는 것을, 그들은 그를 역행함이
니라.
29 저희들이 창조주요, 저희들이 신이요,
저희들이 여호와 하나님이요, 나라 말
하니, 그들이 다 불 속에 떨어져 죽으
며, 그들이 역사에 이룬 것은 하나의
불나비처럼 다 시들어져 감이니라.
30 그리하여 그들을 심판하고 그들을 바
로잡기 위하여, 이 지상의 낙원의 썩
고 병든 이것을 바로 역사하고 이루기
위하여 내가 나의 아들을 세상에 내보
내어 나의 성령이요, 나의 법전을 보
냄이니라.
31 너희들은 나의 아들이라 부르는 그 뜻
을 알아야 될 것이니라.
32 예수를 나의 아들이라 아니 하였으면
그는 사탄이요, 사악한 자들이 제시하
는 그 조건을 따랐을 것이며 그들의
뜻을 따랐을 것이니라.
33 그리하여 그는 그 제자가 악마가 되어
저를 팔아 저 자신이 죽어 나가는 그
길을 가지 아니하였을 것이니라.
34 그는 바로 무엇이더냐?
35 그가 바로 나의 아들이기 때문이니라.
36 그가 존재하였다면 너희들처럼 인간
으로서 신이 되고자, 나 여호와가 되
고자 하며 저 자신이 나 여호와라 하
며 감히 나를 사칭할 수 없음이니라.
37 그리하여 2천 년 역사가 흐른 다음에
나의 아들을 내려보내어 나의 법전을
기록하여 세상에 내려보냄이니, 곧 바
로 이는 타협함이 없음이니라.
38 금화와 은화를 놓고 그와 거래하고자
그를 무너트리고자 하는 자와 나의 아
들이 타협할 수 없는 것은 그가 나의
아들이기 때문이니라.
39 그러나 너희들은 지금 부귀와 영화 속
에 너희 자신을 무너트리며, 너희들이
천사가 되고자 하며 너희들이 나 여호
와가 되고자 하며 그 행세를 함이니라.
40 내가 너희들에게 명한 것은 나와 같은
심성으로 살라 말하였음이니라.
41 나의 아들은 진정한 나의 아들이니,
그가 나라 말할 수 없으며 내가 될 수
있다 말할 수 없음이니라.
42 그는 나의 아들이기 때문이요, 제가
아버지를 보고 있으며 아버지가 있으
며 제가 자식인 것을 확실히 아는 그
가 어찌 감히 나 여호와 아버지라 말
하겠는가?
43 너희들이 인간사에서 그러한 말을 할
수 있는가?
44 너희들이 아버지라 말하면 너희들의
어머니는 너희 부인이 되는 것이며,
너희 형제가 너희 자식이 되는 이와
같이 웃지 못할 형태를 하고 있는 것
이 너희들이 지금 자행하는 것이니라.
45 그리하여 그런 너희들을 내가 심판하
고자 지금 나의 아들을 내려보냈음이
니라.
46 그러나 그를 따르는 제자 너희들이 어
떠한 형태로 가야 되는 것인가는 너희
스스로 깨우쳐 하늘에 오르는 길을 선
택하도록 하라.
47 모든 나의 피조물 만백성 중에 제가
나의 아들 예수라 말하는 자, 그리고

제가 나 여호와라 말하는 자, 제가 누
구라 말하는 자, 그들은 다 거짓된 자
들이니라.
48 그들은 정녕 사기꾼이며 사악한 사탄
의 괴수이니라.
49 그들이 사탄의 머리라 해야 될 것이니
라.
50 그 누구도 내가 될 수가 없음이니라.
51 내가 또 존재할 수 없음이니라.
52 나의 성령이 세상에 나가 나의 뜻을
전하는 나의 아들 외에는 누구도 존재
할 수 없음이니,
53 나의 아들은 어떠한 것과도 타협하지
아니하며, 그는 죽어 갈 때까지 제가
나 여호와라 말하지 아니할 것이며,
제가 하나님이라 말하지 아니함이니,
그가 곧 천사라 말하지 아니함이니,
54 그게 하늘의 법도를 아는 나의 아들이
요, 나의 혈통을 받은 자가 가는 길이
며, 그리하여 어떠한 뜻도, 어떠한 이
치도, 어떠한 진리도 변하지 아니하고
그가 가는 것은 바로 그가 아들이기
때문에 그러하니라.
55 너희들이 나 여호와라 말하는 것은,
너희들이 하나님이라 말하는 것은 아
들이 아버지라 말함이니, 그 족보가
뒤죽박죽이 되는 그와 같은 사악한 죄
를 짓는 이치도 모르는 자들이 제가
나 여호와요, 재림한 예수라 그리 말
하며 제가 누구라 말하는 자들이니라.
56 그들의 그 어리석고 사악한 심성을 너
희들이 알았으면 마음의 단속을 잘하
여, 나의 아들이 버티고 갈 수 있도록
버팀목으로서 굳건히 자리를 지키는
그 이치를 깨달으라.

2,903 번째 하나님 말씀

2002년 8월 10일 13시 10분

1 사랑하는 나의 아들아!
2 "네, 아버님! 말씀하옵소서."
3 너희들이 지금 믿음의 길을 가고 있음
이니라.
4 너희들은 지금 수천 년 역사서부터 내
려오는 그 믿음의 길을 그게 너희들의
구원의 길이라며 그리 가고 있음이니
라.
5 너희들이 살아가는 인생사에서도 사
람이 만들어 놓은 그 길을 가는 것은
평탄하고 편안하게 갈 수 있는 것이니
라.
6 그러나 너희들이 새로운 길을 만들어
가고자 하면 그 역사가 얼마나 힘들고
어렵고 고달픈 삶과 또 그 고통 속에
서 가는가?
7 그러나 지금 너희들은 믿음의 길을 오
는 것이 잘못되었으며, 그게 진정 나
여호와의 뜻이 아니며, 세월이 흐르는
동안에 변질되고 또 변질되어 너희들
이 지금까지 변화된 길이니라.
8 그리하여 내가 너희들이 바로 보고 깨
우치도록 하기 위해서 나의 법전을 세
상에 내려보내어, 너희들이 하늘에 오
르는 길을 바로 보라 그리 내가 말하
거늘, 너희들은 보려 하지 아니함이니
라.
9 그저 너희들은 닦아진 과거의 그 길만
을 그대로 이용하니, 그 길을 가면 평
탄하게 갈 수 있기 때문이니라.
10 너희들이 편안하고 안락한 그것만을
찾아가고자 하는 그 심성 때문에 너희

들이 지금 새로운 길을 만들지 아니하
려 함이며, 길을 만들고자 하는 자가
없음이니라.
11 너희들이 지금까지 평탄한 길을 그저
걸어왔던 그 길이 지옥 불로 가든 말
든 너희들은 그저 닦아진 그 길을 평
탄하게 가고자 함이니라.
12 그러나 그 평탄한 길은 너희들이 지옥
불로 가는 길임을 알아야 될 것이니라.
13 그리하여 내가 너희들을 구원하고자
법전을 내려 새로운 역사를 이루고자
함이니, 너희들에게 새로운 길을 닦아
그 길로써 너희들이 하늘에 오르는 길
을 오르라 그리 내가 말하거늘,
14 너희들은 새로운 길을 가는 것은 고달
프고 앞이 보이지 아니하며 힘들고 어
려움을 견디기 싫어하며 그를 부딪쳐
닦아 나가는 것이 괴롭기에 너희들은
그저 평탄한 길을, 죽음의 길이요, 지
옥으로 가는 길을 그냥 가고자 함이니
라.
15 너는 너의 제자들에게 일러야 될 것이
니라.
16 지금까지 너희들이 온 길이 지옥으로
가는 길이요, 잘못된 길이라면, 너희
들이 육의 삶에서 걸어가는 그것이 편
하다 하여 그 길을 고집하며 그 길을
계속 가서는 아니 됨을 알아야 될 것
이니라.
17 너희들은 새로운 길을 만들어야만 너
희들이 구원의 길을 얻게 됨이니라.
18 고달프고 힘든 그 새로운 역사를 이루
며, 보이지 않는 그 길을 위하여 너희
들이 새로운 길을 만들어 가는 것만이
구원의 길에 오르는 길이라는 것을 너
희들은 깨우쳐야 될 것이니 이를 잊지
말고,
19 너희들이 새로 내려가는 나의 법전을
보고 깨우쳐, 새로운 길의 역사를 만
드는 그 고달픈 것이 그 몇십 배 몇백
배 더하더라도, 나의 법전을 읽고 깨
우쳐 구원의 길을 걷도록 그리하라.
20 아무리 남들이 핍박하며 이단이요, 사
탄이라 그리 말하더라도, 너희들은 그
지옥 불로 가는 평탄한 길에서 등 돌
려 너희들이 스스로 새로운 길을 만들
어 하늘에 오르는 길을 볼 수 있는 그
영광의 길을 가도록 하라.
21 잘못된 자들이 만들어 놓은 그 길을
따라가면 너희들은 지옥 불로 감이니
라.
22 너희들 스스로 길을 만들어 하늘에 오
르는 길을 바로 인도하고자 내가 너희
들에게 법전을 내려보냈음이니, 이 법
전을 읽고 깨우치는 자, 새로운 길을
만들 수 있는 용기를 얻을 것이며, 길
을 만들어 하늘에 오를 수 있는 것을
알라.

2,904 번째 하나님 말씀

2002년 8월 10일 13시 20분

1 사랑하는 나의 아들아!
2 **"네, 아버님! 말씀하옵소서."**
3 인간사 너희들이 살아가면서 하나의
기업이 쓰러지며 하나의 조직이 무너
질 때 그 조직을 바로 세우고자, 그를
처음에 세웠던 그 뜻을 길이 세우고
자, 그 쓰러져 가는 기업이요, 쓰러져
가는 조직에 끝까지 남아 그 창업주를

따라 그를 세우고자 하는 자가 과연
얼마나 되는가?
4 너희들 인간사에서 이해관계에 손해
를 보며 득이 없다고 생각할 때, 몸담
아 왔던 그 직장이요, 기업이요, 그 조
직에서 뒤돌아보지 않고 등을 돌리는
자, 너희들이 그러한 자들이니라.
5 지금 나의 아들 네가 나의 법전을 만
들어 세상의 만백성을 구하고자 할
때, 어렵고 힘든 많은 길들이 네 앞에
산재해 있음이니,
6 그 길을 하나하나 넘을 때 너로부터
등 돌리지 않는 자, 그러한 자만이 너
의 제자가 될 수 있으며 구원의 빛을
보고 구원의 길을 볼 수 있을 것이니
라.
7 네가 160권을 만들어 세상에 전하는
그 길을 갈 때 너는 어렵고 힘들어 좌
절도 하고 파도와 같이 굴곡 있는 삶
을 많이 살아갈 것이니,
8 그때마다 너의 제자라 하여 왔던 자가
너에게 등 돌리고 가는 자가 많이 있
을 것이나, 그를 참고 인내하는 자, 그
들만이 영혼 구원의 길을 볼 수 있는
그 영광을 얻게 됨이니라.
9 이와 같이 인간의 심성과 마음가짐이
그러하니라.
10 저희들이 따랐던 자가 어렵고 힘들 때
이해관계에서 저희들이 손해를 본다
하면 등 돌리고 떠나면서 뒤돌아 활을
쏘지 아니하는 것만 해도 너희들의 인
간관계에서 대단히 성공한 자라 말할
수 있으나,
11 대개는 쓰러져 가는 자에게 핍박과 고
통을 주며, 제가 할 수 있는 만큼 괴로
움을 안겨 주고 떠나는 것이 너희들
인간사의 형국이니,
12 나 여호와에게 와 무엇인가를 얻으며
구원을 얻고자, 그리고 깨달음을 얻고
자 하며 그 속에서 너희 영혼의 구원
이요, 나에게 오르는 그 영광의 빛을
보는 것으로써, 하늘의 진리를 아는
것으로써 인생 최대의 영광이요, 행복
이라 그리 생각하지 아니하고, 육의
편안함을 얻고자 하는 그와 같은 자가
네 앞에 왔을 때, 그는 네가 어렵고 힘
들 때 가차없이 등 돌려 떠나갈 것이
니 그리 알라.
13 그리할 때 그들이 너에게 창과 화살을
던지지 아니하며, 너를 지상 위에 존
재치 못하도록 공격하고 물고 늘어지
는 그와 같은 일이 없이 떠나는 것만
해도 그가 훌륭한 자이니라.
14 대개는 많은 자들이 너에게 많은 공격
을 퍼붓고 떠나가는 그와 같은 형태가
이루어지는 것이 인간관계의 일일 것
이며,
15 그와 같이 이유 없이 너를 핍박하는
자, 너를 쓰러트리려 하는 자, 제가 스
스로 떠나면서 너 자체를 존재하지 못
하도록 하고자 하는 자, 그들의 명분
은 저희와 같이 피해 입는 자가 없도
록 하기 위하여 그와 같이 한다 그리
말하느니라.
16 그러나 그들의 마음은 그것이 아니니
라.
17 저희들이 평탄한 길을 가도 하늘에 갈
수 있다 생각하며, 그것이 지옥 불로
가는 길인 줄 모르는 자들이기에,
18 새로운 길을 만들어 가며 새 역사를

이루어 하늘에 오르는 그 길이 너무나
도 힘들고 어렵기에, 그들은 그를 지
킬 수 없으며 그를 인내하고 따라갈
수 없기 때문에 스스로 포기하면서 너
에게 갖은 악행을 다 하고 가는 것이
그들의 심성이니라.
19 그런가 하면 내가 내린 이 법전의 이
성령의 뜻대로 그들이 살아갈 자신이
없으며 그리 존속해 살아갈 수 있는
자들이 못 됨이니라.
20 그리하여 떠나면서 남들이 구원을 받
아 하늘에 오르는 그 영광을 막고자,
남들이 축복 속에 하늘에 오르는 그것
을 막고자, 그들은 너에게 갖은 악행
과 갖은 폭언과 이루 헤아릴 수 없는
고통을 주면서 떠나가고자 할 것이니,
그와 같은 자들이 수없이 이루어지며
반복될 것이니라.
21 그때마다 너는 굳건히 바른 자세로 살
아가는 그와 같은 마음을 가지고 살아
가면 될 것이니라.
22 사랑하는 나의 아들아,
23 이제 너는 깨우쳐 너의 제자들을 선별
해야 될 것이니라.
24 권력 앞에 갖은 아부를 하며 있는 자
앞에 아부하며 모든 의리를 저버리며
떠나는 자, 그 사악한 자들은 너에게
도움이 되지 않는 자들이니, 그를 선
별할 줄 알아야 될 것이니라.
25 약한 자의 정의로운 편에 서지 아니하
며, 강한 자의 사악한 편에 서서 그 손
을 들어 주며 그 앞에서 아부하는 자,
그와 같은 자는 하나도 쓸 수 없으며
나의 법전에 손을 댈 자격도 없다는
것을 알아야 될 것이니라.
26 그리하여 너는 권력 앞에 아부하지 않
으며 약한 자 옆에, 정의로운 자의 편
에 스스로 서는 너의 제자들의 그 심
성을 깨우쳐 알아야 될 것이며, 그들
의 소중함을 알아야 될 것이니라.
27 네가 어려울 때 너를 돕는 자의 그 심
정의 깊이를 알아야 될 것이니라.
28 남들은 너에게 화살을 쏘고 핍박하며
나의 법전이 세상에 나오지 못하도록
그와 같은 갖은 악행을 다 하며 떠나
가나, 남아서 너의 심성을 보고 이것
이 나 여호와의 진정한 뜻이라 하며
같이 가고자 하는 자, 그들을 너는 보
살펴 줘야 될 것이니라.
29 이해관계를 떠나 정의로운 편에 설
자, 그의 깊고 깊은 마음 밑에, 그들의
머리 위에 내가 상을 내려 줌을 알게
할 것임이니라.
30 이해관계에 따라 떠나지 아니하며 정
의로운 편에 서는 자, 그리고 사악한
자의 옆에, 권력 앞에 마음을 주지 않
고 그들 앞에 서지 않는 자들의 머리
위에 내가 상을 내려 줌이니 그리 알
라.
31 그리하여 내가 그와 같이 잘못 가는
자와 잘 가는 자, 그들을 다스리고자
나의 법전을 만들어 내려보냄이니,
32 그와 같이 변하고 권력 앞에서 아부하
며, 모두를 내던져 정의로운 길을 가
지 않는 자, 그러한 자들은 나의 법전
을 만들 수가 없음이니라.
33 여기에 어려 울 때 너를 따라 그와 같
이 가며 이해관계를 따지지 않는 자
들, 정의로운 편에 설 수 있는 자들,
그러한 자들이 나의 법전을 다루고 만

지는 자들로 선택됨이니 그들의 소중
함을 알라.
34 알곡식을 선택하는 시기가 되었음을
알라.
35 그리하여 거기서 선택되는 자가 정녕
내가 쓰고자 하는 알곡식임을 알라.
36 성전을 운영할 자 내가 너에게 보낼
것이며, 너에게 힘이 될 자 보낼 것이
니라.
37 지나가는 신분도 모르는 자가 저 자
신에 도취되어 나의 뜻을 받았다 말하
는 사악한 자, 환상에 젖은 자의 그와
같은 말을 듣고 너를 핍박하는 자에
굴하지 아니하며, 네가 나 여호와의
뜻에 따라 나의 아들로서 굳건히 서는
네 모습 앞에 그들이 다 경탄할 것이
니라.
38 속으로는 그들이 두려워할 것이니라.
39 그러나 그들은 너를 쓰러트리기 위해
갖은 핍박을 다 할 것이니라.
40 그를 견디고 인내하고 나가는 것이 너
임을 알라.
41 그리하여 너의 남아 있는 제자들을 내
가 사랑함을 알라.

2,905 번째 하나님 말씀

2002년 8월 10일 14시 07분

1 사랑하는 나의 아들아!
2 "네, 아버님! 말씀하옵소서."
3 구약의 시대에 그 많은 역사와 기적을
보고 깨우친 그들의 그 광란의 무서운
행위는 어떠했던가?
4 상상할 수 없는 저희들의 우상을 만들
었으며, 저희들의 뜻에 따르지 아니하
며 거절하면 사람의 목숨을 죽이는 것
을 제 자유로 하였던 그와 같은 사악
한 형국의 시대였음이니, 그 시대의
백성을 바로잡기 위하여 신약의 시대
가 열렸음이니라.
5 그러나 나의 아들 또한 실패로써 그
역사를 이루지 못하게 하였음이니, 우
상을 만들어 광란했던 그 백성들이 나
의 아들을 죽음으로 몰아갔음이니라.
6 그리하여 그때 그 뜻을 이루지 못하여
지금 암흑의 시대가 흘러왔다 하였느
니라.
7 그리하여 내가 다시 제3의 시대요, 마
지막 이 시대를 열어 내가 나의 법전
으로 만백성을 깨우치고자 세상에 내
려보내니,
8 너희들은 이를 핍박하고 이를 태워 버
리고 찢어 버리며 나의 선지자를 지상
에 존재치 못하도록 할 것이며, 동양
의 이 작은 나라까지도 멸망케 하고
자 하는 그와 같은 종교 집단의 방대
함이요, 하나가 되어 공격하고자 하는
것이 너희들의 마음일 것이니라.
9 그러나 너희들은 나의 아들이 실패가
없음을 알아야 될 것이니라.
10 이는 쓰러짐이 없느니라.
11 160권의 법전을 세상에 내어 만백성
을 깨우치는 그 역사를 이루며, 그는
그가 정해진 삶을 나로부터 명받은 시
간까지 살며 그 역사를 이루게 될 것
이니라.
12 하물며 제3의 시대에 마지막 나의 성
령이요, 나의 뜻을 받아, 구약과 신약
의 실패했던 그 역사를 이루고자 하는
나의 아들을, 그곳에서 공부하며 배운

자들이 등을 돌리며 그를 핍박하고 떠
나며 이 마지막 시대의 문을 닫으려
하며,
13 나의 아들을 핍박하고 다른 제자들이
이 성전에 나오는 것을 막으며 그를
번성치 못하도록 갖은 수법을 다 동원
하여 온갖 악행과 행패를 다 부리나,
너희들은 나의 아들을 쓰러트리지 못
함을 알아야 될 것이니라.
14 너희들보다 더한 종교 집단의 회오리
같은 그 힘도 나의 아들을 쓰러트리지
못하며, 법전이 세상에 나오는 역사는
반드시 이루어지는 것을 알아야 될 것
이니라.
15 하루 사탄의 장난에, 너희들의 며칠의
그 사악한 장난에 나의 아들이 쓰러질
것이라 생각지 말라.
16 그는 쓰러지지 아니함이니라.
17 그는 굳건히 나의 법전을 세상에 내놓
을 것이니 그리 알라.
18 이제 너는 너를 등지고 간 자들에 연
연할 것이 없으며, 떠날 자 떠나도록
그들의 손을 놓을 때가 되었느니라.
19 놓아서 보낼 자 보낼 것이며, 깨우칠
자 깨우쳐 네 곁에 존재하도록 하여
버팀목으로서 하나의 역사를 이루는
그 책임을 다할 수 있도록 그 남은 제
자들이요, 내가 알곡식과 같이 골라
놓은 그 제자들을 잘 다스리고 깨우쳐,
20 앞으로 변화되는 큰 역사의 소용돌이
속에서 각자의 책무를 다할 수 있도록
거기에 전념하는 그와 같은 삶을 살라.

2,906 번째 하나님 말씀

2002년 8월 10일 14시 14분

1 사랑하는 나의 아들아!
2 너희들이 살아가며 말하느니라.
3 '새 부대에 새 술을 담는다.'는 그와
같은 말이 있음이니라.
4 너를 따라 오랜 세월 동안 나의 법전
을 연구하며, 성령의 뜻을 직접 들으
며, 최선을 다하여 공부하며 깨우치고
왔던 자, 그들을 내가 너에게 명하여
열여섯 권의 1권서부터 다시 공부하
도록 그리 명함을 너는 가슴 아파하며
괴로워하나, 너는 그리해서는 아니 될
것이니라.
5 내가 그들에게 열여섯 권의 1권서부
터 다시 새로 공부하라 명한 것은, 그
들의 깨달음이 함량 미달이며, 그들이
인간 세속의 흘러가는 굴레를 벗어나
지 못하며, 진정한 영의 세상의 아름
다운 그 단계를 올라설 수 없는, 함량
이 미달되기 때문에 내가 그들에게 새
로운 성령을 전할 수 없는 것이니라.
6 새로운 나의 뜻을 그들에게 깨우쳐 일
깨워 준다 해도, 그들은 지금의 열여
섯 권의 기초의 법전을 잘못 깨우치고
잘못 공부해 왔기에, 그들이 마음을
비우지 않은 그 상태에서 제2부요, 3
부의 나의 가르침을 그들에게 전한다
해도 그들은 받아들일 수가 없으며 소
화시킬 수가 없는 자들이니라.
7 그리하여 내가 그들을 다시 1부의 1
권서부터 시작하여 16권까지 공부하
는 그와 같은 역사를 이루라 하였음이
니라.

8 그리고 그들이 밖에서 16권까지 공부
를 해서 스스로 깨우치지 못하는 자,
나의 성전에 받아 줄 수 없다 그리 말
하였음이니라.
9 그리하여 열여섯 권의 법전을 3번씩
읽어 깨우치라 하였으나 그들이 읽지
못하며, 읽은 자는 그 내용을 제대로
깨우치지 못함이니, 지금에 와서 왈가
왈부하는 그와 같은 형국이 되어 있는
제자들, 그들은 함량 미달이기에 내가
다시 명하였으니, 그를 너는 괴로워하
지 말라.
10 너의 제자들에게 다시 시작하도록 한
것은, 새로운 부대에 새로운 술을 담
을 수 있는 그 능력과 그 준비가 되어
있지 아니하면 그들에게 새로운 성령
을 들려줄 수가 없으며, 그들을 더 공
부시켜 나갈 수가 없기 때문이니라.
11 1부의 기초의 깨달음을 깨닫지 못하
며 거기서 기본의 자세가 다듬어지지
아니한 자에게 2부, 3부를 네가 그와
같이 계속 가르친다면, 그들이 사탄이
되어 등 돌리고 돌아갔을 때 너희들에
게 공격하는 그 충격은 그들이 읽은
양만큼 네가 감내하기 어려우니, 나의
아들 네가 지탱하기 힘듦이니라.
12 네가 160권의 법전을 써 세상 만백성
에게 전하는 그 역사의 한 길을 가기
도 벅차거늘, 나의 법전의 2부, 3부를
잘못 깨우치고 공부한 자들이 사탄이
요, 마귀로 변하며 너에게 공격할 때,
네가 그를 막기에 너무나 역부족이요,
힘이 들기 때문이니,
13 그리하여 내가 처음부터 그들을 선별
하여, 바른 자 선택하며 잘못 가는 자
버리고자 하여 내가 그리 명하였으니,
14 열여섯 권의 법전을 읽고 깨우쳐 오는
자, 그중에 함량 미달되는 자 있는지
검토하며, 그들을 받아 주고 안 받아
주는 것은 그들의 깨달음의 여하에 달
린 것이니라.
15 사랑하는 나의 아들아!
16 "네, 아버님! 말씀하옵소서."
17 너의 제자들이 변화되지 아니하면 제
2부요, 3부의 성령을 내가 내릴 수 없
으며, 그들은 들을 수 없는 것을 알라.
18 새로운 부대에 새로운 술을 담는 그
이치를 깨닫지 못하고 계속 그들에게
가르치며 그들에게 명하여 네가 깨우
쳐 준다 해도, 그들은 소화할 수 없으
며 그 몸에 담을 수가 없음이니라.
19 그들이 변화되어 새로운 부대로서 다
시 날 때, 그곳에 단단히 부어 주며 담
아 줄 수 있는 그때를 기다리고자 하
는 것이 나의 뜻이며,
20 되지 않는 그들에게 어떠한 임무도 줄
수 없음을 너희들은 알아야 될 것이니
라.
21 행할 능력이 없는 것을 어찌하겠는가?
22 너희 두 손에 익은 감 여러 개를 올려
준다 하여 그를 다 받을 수 있겠는가?
23 받을 만큼 선별해 줌이 나의 뜻이니라.
24 그리하여 소화시키고 깨달을 수 있는
만큼만 내가 깨우쳐 그들에게 일깨움
이니,
25 지금 너의 제자들이 공부하며 간 그
마음속은 육의 세상의 생각을 버리지
못하며 함량 미달자들이니, 다시 처음
서부터 공부를 시키라 명함을 알며,
26 너희들이 스스로 부끄러움을 알며, 스

스로 너희 마음의 깨달음의 그 한계를
진단해 보며 부끄러움을 깨닫는 시간
을 갖지 아니한다면 너희들은 구원을
받을 수 없음이니라.
27 여기에서 너희들이 다시 갑론을박하
며, 너희들의 깨우침의 경지가 높거늘
어찌하여 너희들을 그리 낮게 평가하
는가 하여 아쉬운 마음이요, 섭한 마
음을 가지고 돌아선다면, 너희들은 영
원히 그 깨우침을 얻을 수 없음을 알
라.

2,907 번째 하나님 말씀

2002년 8월 10일 14시 28분

1 사랑하는 나의 아들아!
2 "네, 아버님! 말씀하옵소서."
3 이 세상에 수많은 종파가 생겼듯이,
나의 피조물 만백성 중에 수천수만의
인구들이 나로부터 성령을 받았으며
나로부터 선택받았다고 말하는 자가
가을밤에 울부짖는 개구리 소리보다
도 더 요란할 것이며,
4 그들은 하늘에 오르는 통로로써 저희
들이 직통의 길을 만들었으니 저희들
이 나 여호와와 직접 통하는 통로를
가지고 있다 그리 말하는 자 또한 그
수를 헤아릴 수 없음이니라.
5 그러나 그들이 다 같이 뭐라 말하느냐?
6 그들은 저희들이 대장이며, 저희들이
이 세상 모두를 다 지배하며, 저희들
자신만이 모든 것을 해낼 수 있다는
그와 같은 생각을 가지고 살아감이니
라.
7 나 여호와의 뜻이 아니고 자신의 생각
이요, 저 자신의 환상에 젖어 있는 자
가 저는 나와 직통의 통로가 하늘로
열려 있음이니 그 속에서 저희들은 모
든 것을 다 역사하고 이룬다 그리 말
하느니라.
8 그리하여 그들 자신은 무엇이던가?
9 저희들의 육의 행복이요, 영화를 추구
하는 방법으로써 그를 끌어가고자 하
는 것이 그들의 생각이니,
10 그 많은 자들이 너에게 공격할 때, 너
는 그들에 대하여 갑론을박하거나 대
답할 필요도 없으며, 그들을 끌어들이
려는 생각도 하지 말아야 될 것이니라.
11 그들은 제가 대장이 되고 싶어 하며
제가 모두를 다 주무르고 싶어 하며
제 주관대로 하고 싶어 하는 것이니,
저 자신의 위치와 저 자신의 분수를
모르고 날뛰는 자들임을 알아야 될 것
이니라.
12 사랑하는 나의 아들아,
13 너는 말하라, 너에게 와서 제가 나 여
호와로부터 직통의 통로가 열렸으며,
직통의 길이 열려 있으며, 성령을 받
아 나 여호와의 뜻에 의하여 그가 움
직인다 하거든, 네가 나로부터 받아
기록한 열여섯 권의 법전, 그 말씀의
내용만큼이라도 받아 오라 그에게 말
하라.
14 그리하여 그가 열여섯 권의 법전을 받
아 기록하여 가져오거든 네가 2부를
내보여 보라.
15 그리하여 160권의 법전을 과연 저희
들이 받아쓸 수 있는가 물어보라.
16 나 여호와의 뜻을 그리 받지 못하여
기록하지 못한다 하면, 네 앞에 와 제

가 하늘과 직통하며 저희들은 통로를
만들어 놓았으며 제가 나로부터 성령
을 받는 자요, 저희들이 세상을 지배
하는 자같이 그리하는 행위를 네가 그
들과 갑론을박할 것도 없으며, 듣지도
말며, 네가 그들에 대해 의식할 필요
도 없음이니라.
17 다만, 네가 그들에게 말할 수 있는 것
은, 저희들이 지금의 살아가는 형편과
제가 처해 있는 형편과 제가 위치하여
행하는 행동 속에 나 여호와의 사랑이
충만하여 육과 정신적인 편안한 삶을
살아가는 자인가 물어보라.
18 그와 같은 역사도 이루지 못하거든,
네 앞에 와 고개 숙여 나의 법전을 듣
고 깨우치면, 저희들이 하늘의 통로
요, 하늘의 영광이요, 하늘로부터 성
령을 받았으며 나의 뜻이라 하여 받았
다는 것이 다 저희들의 망상이요, 허
상임을 그들이 알게 될 것이니, 그들
에게 그리 깨우쳐 주도록 하라.
19 사랑하는 나의 아들아!
20 "네, 아버님! 말씀하옵소서."
21 하늘의 통로를 열었다 하는 자가 수없
이 있는가 하면, 지금 저희들이 큰 역
사에 가장 큰 성전이요, 가장 호화롭
게 짓는 것이요, 많은 백성이 그곳에
와 제 밑에 고개 숙여 설교를 듣는 그
와 같은 것만이 위대한 것이라 하며
그 역사를 이루고자 발버둥치는 그 종
교 지도자들에게 또한 깨우쳐 주라.
22 그들이 크게 만들고자, 더 크게 역사
하고자 하는 만큼 그들은 더 큰 죄를
짓는 것이며, 더 간악한 죄를 짓고 있
는 것을 알라 하라.
23 너희들의 성전이 크면 클수록 더 큰
죄를 지었음을 그리 알라.
24 그곳에 너희들이 그를 이루기 위해 갖
은 수단과 방법을 가리지 아니하며 사
악한 방법으로써 수십 년 동안 재물을
모을 방법을 연구하여 나의 백성으로
부터 재물을 모아 그를 이루었을 때,
25 너희들이 얼마나 간악하고 사악한 방
법으로써 이루었으며, 남을 얼마나 기
만하였으며, 그를 긁어모으기 위해 나
의 소중한 시간을 단상에 서서 얼마만
큼 너희들이 지폐뭉치를 들고 흔들며
오도방정을 떨고 갖은 연극을 다했는
가?
26 그 추하고 더러운 모습으로써 너희들
이 더 크게 지은 성전이요, 더 호화로
운 성전을 이루고자 했던 것이 너희들
이 더 큰 죄요, 죄의 굴레만 더 쓰고
살았다는 것을 알라.
27 그 속에 가서 또 그와 같은 역사를 도
운 자, 그 역사의 한 부분을 차지한
자, 성전의 돌담 밑에 이름을 써 놓고
자 하여 재물을 바친 자, 저희들이 영
원히 구원받는다 하며 그 속에 써 놓
은 자, 그곳에 묻힌 만큼 너희들의 이
름은 기억도 되지 못하는 죽음의 땅속
으로 묻힌 순간의 역사였음을 알라.
28 탑을 만들기 위하여 금화를 바친 자,
그곳에 이름을 기록하고자 하는 자,
그 모두가 너희들이 죽어 용서받지 못
할 사악한 죄를 짓고 있음이니라.
29 거기에는 거래하는 마음이요, 구원받
고자 하는 욕심이요, 사악한 생각이
앞을 가려 너희들이 그와 같은 행동을
했기 때문이니라.

30 그리고 구원받을 것이라는 그 기대감
에, 그리고 너희들을 구원해 준다는
잘못 가는 종교 지도자의 혓바닥에 현
혹되어 너희들이 그런 행위를 했으니,
곧 너희들 자신이 팔아넘긴 것이며,
너희들 자신이 거래한 자들이니라.
31 큰 것을 이루고 큰 역사를 이룬 자일
수록 그가 더 큰 죄인임을 알라.
32 너희들이 죄를 짓지 아니하고자 하며
살아가고, 이웃과 사랑하며 더불어 살
고, 남에게 해를 끼치지 아니하며 남
들에게 욕되지 아니하려는 그와 같은
마음으로 살며, 그와 같은 마음을 가
지고 나의 피조물 만백성을 깨우치는
자, 그자만이 선택된다는 것을 너희들
은 알아야 될 것이니라.
33 인간이 성전이라 하여 만든 곳에 많은
역사를 이룬 것은 많은 역사의 죄를
너희들이 지었음이니, 그것이 찬란한
나의 역사요, 내가 원하는 것이 아니
며 나의 성전이 아니기 때문에,
34 나의 성전은 이 지상의 자연스런 이
지구이니, 거기다 너희들이 사악하게
돌무덤에 말뚝을 박으니, 나의 지구의
심장만 너희들이 아프게 만드는 그와
같은 사악한 행위를 하고 있다는 것을
잊지 말라.

2,908 번째 하나님 말씀

2002년 8월 10일 14시 50분

1 사랑하는 나의 아들아!
2 "네, 아버님! 말씀하옵소서."
3 너희들은 깨달음이요, 그 믿음을 갖는
것을 남들에게 보이기 위하여 믿음이
아니요, 남들에게 보이기 위한 길을
가는 것이 아님이니라.
4 지금의 나의 피조물 만백성이 믿음의
길을 가는 것은 첫째는 그 성전이라는
곳에 가 빌면 구원을 얻을 것이라는
기복 신앙의 그 심리에서요,
5 둘째는 저희들이 지은 죄가 두렵고 겁
이 나기에, 재물과 은화를 바치면 그
를 탕감한다 하니, 그리하여 저희들의
마음에 평안을 찾기 위한 기대 심리에
서 가는 것이며,
6 또 더러는 성서를 들고 저희들이 그
믿음의 세계에 가 구원의 길이요, 나
여호와를 보며 살아가는 사람이라는
차별화의 그 우쭐한 마음에서 남에게
보이는 믿음을 갖고 가는 자가 수없이
많이 있음이니라.
7 그러나 진정한 믿음은 보이는 믿음이
아니요, 거래하는 믿음도 아니니라.
8 너희들이 나를 믿고 하늘에 구원을 받
고자 하는 것은, 보이지 않는 곳에서
질서를 지키는 것이 너희들이 살아가
는 기본이며, 자기 자신이 있는 위치
에서 자신의 행동에 스스로 책임을 질
수 있는 그와 같은 행동을 하는 것이
나의 백성임을 알라.
9 너희들은 알아야 될 것이니라.
10 자기 자신이 서 있는 자리에서 자신의
행동에 책임을 지지 못하는 것은 나
여호와를 향하여 달려오는 백성의 자
세요, 도리가 아님을 알라.
11 그리고 너희들은 책임을 지는 그와 같
은 마음으로 살아가는 것이 곧 나에게
축복받는 백성임을 알아야 될 것이니
라.

12 너희들은 지금 믿음이라는 그 길을 가
고 있음이니라.
13 구약의 시대서부터 신약의 시대까지
너희들이 20년, 30년, 혹은 평생 동안
너희 손으로 지은 성전에 나가 믿음을
깨우쳐 가고 있음이니라.
14 그리하여 너희들은 나의 뜻에 따라 살
며 구원받고자 그리하나,
15 너희들이 교육받는 너희들의 성전에
가서 공부하면서도 너희들이 자라나
지 못하는 것이 바로 너희들의 지금의
믿음인 것이니라.
16 너희들이 정녕 제대로 온 믿음이요,
제대로 된 지도자의 가르침에서 나의
성서요, 나의 뜻이요, 나의 진리를 공
부하고 배웠다면, 너희들은 쑥쑥 자라
나는 아이들처럼 그리 자라 왔어야 될
것이며,
17 그리하여 1년 다닌 자, 10년, 20년, 30
년, 하루 차이도 무서우리만큼 성장하
여 자라나는 아이들과 같이 그리 성장
한 모습으로 각자가 변화되어야 될 것
이나,
18 너희들은 다닌 햇수와 관계없이 자라
나지 못하고 커 가지 못하는 그와 같
은 죽은 믿음 속에서 살아왔음을 알아
야 될 것이니라.
19 너희들이 정녕 나의 뜻에 살며, 나의
뜻에 의하여 진실한 구원의 길을 보고
그리 가르치고 그리 왔다면, 너희들은
많이 성장하는 모습을 너희 스스로 볼
수 있는 그와 같은 깨달음을 얻었어야
될 것이니라.
20 너희들이 믿음을 일찍 시작한 자나 늦
게 시작한 자나, 5년 된 자나 50년 된
자나 똑같다 하면,
21 그리고 너희들이 잘못 가는 것을 깨우
쳐 주기 위하여 내가 나의 아들을 통
하여 성령을 전하여 '하늘에 오르는
길'이라 하여 나의 법전을 세상에 내
려보내니, 이 책을 접하고 이 시대에
나의 아들이 세상에 나와 너희들을 구
원하고자 하는 것을 믿지 못하며 이를
이단이요, 사탄이라 그리 말하는 자,
10년, 20년을 다녀도 깨달음의 변화
가 없는 너희들은 바로 무엇이더냐?
22 함량 미달자요, 부족한 자들이 살아가
는 형국이며, 부족한 자가 가는 그 믿
음의 길임을 알아야 될 것이니라.
23 사랑하는 나의 아들아!
24 "네, 여호와 하나님! 말씀하옵소서."
25 나의 피조물 만백성에게 가르쳐야 될
것이니라.
26 너희들은 나의 뜻이요, 나의 성령이
요, 하늘에 오르는 길을 깨우치고자
많은 시간을 인간이 지은 그 성전 앞
에 바치며,
27 너희들이 힘들고 어렵게 번 재물이요,
금화와 은화를 형제나 이웃에게 나누
어 주는 데는 인색하기 그지없는 자들
이, 성전에다 수없이 바치며 구원을
받고자 그리 목매어 매달리며 그와 같
이 평생을 매달려 가는 자가 있으나,
28 너희들이 그 자리에서 하늘에 오르는
그 가치를 지키지 못하며, 나에게 오
르는 것을, 영의 세계를 깨닫지 못하
며, 영의 세계에서 원하는 것이 무엇
이며 나 여호와가 진정 원하는 것이
무엇인가 알지 못하고 깨닫지 못하고,
그리하여 너희들이 자라지 못함이니

라.
29 너희들이 나의 말씀을 듣는다는 그 성
전에서 가르치는 자가 잘못 가르치며,
그 깊이를 모르고 수박 겉핥기식으로
매일 앵무새처럼 지껄이는 그 소리를
듣고, 제 생각을 집어넣어 너희들에게
한마디씩 전하는 그 속에서,
30 너희들은 성장하는 아이처럼 성장하
지 못하며, 그저 제자리걸음 하는 그
러한 삶을 살아가느니라.
31 또한, 너희들이 나의 뜻이요, 나의 성
령을 들으며 하늘에 오르는 길을 간다
하여 너희 성전에 모여 앉아 있으나,
32 너희 마음은 성전에서 영혼을 구원하
는 것이 아니요, 그 성전 앞에 종교 지
도자의 설교를 들으면서도 세상사 살
아가는 일, 세상 속에 일어난 일, 그와
같은 것들을 생각하면서 기도하고 경
배하며 성서를 공부하는 자들이 부지
기수며 거의 다 그러하니, 그러한 자
들이 어찌하여 구원의 길을 보며 제대
로 배워 간다 하는가?
33 또 그와 같은 자세로써 나의 피조물
만백성을 성전에 찾아와 공부하도록
가르치는 자, 그 또한 잘못 가르치는
자임을 너희들이 깨달아야 할 것이니,
34 이와 같이 내가 너희들에게 내리는 상
세한 이 뜻을 하나하나 너희 것으로
만들어 비춰 보고 따져 보고 또 견주
어 봐서, 나 여호와가 나의 아들을 통
하여 내리는 이 뜻들이 틀리거든 너희
들이 나의 법전을 버려도 되나,
35 이것이 맞다 하면, 너희들이 나의 법
전을 읽고 깨우치지 못하면 너희들은
정녕 함량 미달로서 구원의 길을 오
를 수 없음을 알라.

2,909 번째 하나님 말씀

2002년 8월 10일 15시 08분

1 사랑하는 나의 아들아!
2 "네, 아버님! 말씀하옵소서."
3 열 사람에게 네가 나의 뜻을 가르쳐
도, 각자 판단이요, 듣는 것이 다 다르
며 생각하는 것이 다 다른 것이 인간
사에서 살아가는 너희들이니라.
4 너희들은 성령으로써 자라는 것이 어
떠한 역사 속에서 자라는 것인지 아는
가?
5 너희들이 자식들에게 젖을 물리고 밥
을 먹여 키우고 키우나 너희들은 그들
이 성장하는 모습을 보지 못하느니라.
6 세월이 지나면서 그가 변화되는 모습
을 볼 수는 있으나, 매일 성장하는 그
자체는 볼 수 없듯이, 너희들은 먹이
고 길러도 그를 못 보느니,
7 내가 사랑하는 자식 너희들에게 나의
성령을 심어 주고 또 심어 주나, 그것
을 받아 해석하는 자들이 열이면 열이
다 각자 다른 생각을 하고 깨달아 가
고 있음이니, 어찌 너희들을 다스려
나갈 수 있다 생각하는가?
8 너는 말해야 할 것이며, 너의 제자들
또한 네가 기도하여 나의 법전 160권
을 세상에 만들어 내는 것을 그들은
의혹하고 또 이상히 생각하며, '하나
님께서 어찌하여 이 많은 장서의 160
권을 세상에 내보내어 만백성을 깨우
치려 그리하시는가?' 그리 생각할 것
이니라.

9 나의 아들 앞에 와 가르침을 받는 제
자가 열 사람이면 열 명이 생각하고
계획하는 것이 다 다르며, 너희들이
아이에게 젖을 먹이고 밥을 먹여 키우
나 그들이 성장하는 것을 모르듯이,
나의 성령이 그들에게 임하여 성장하
고 변하는 것을 그 자신도 모르는 것
이 너희들의 믿음의 변화이니라.
10 천 사람, 만 사람, 수십억 인구들이 이
세상에 태어나며 그들은 그들대로 살
아가니, 아픈 자라 하여 다 똑같은 약
으로써 처방하며 똑같은 방법으로써
고치는 것이 아니니라.
11 천 명, 만 명, 그들이 다 다르니 그 개
개인에 따라서 처방을 내려야 되며 약
을 내려야 되니, 그를 고치는 방법이
다르지 아니하더냐?
12 그러니 나의 수천수만의 백성들이 살
아가면서 열여섯 권의 법전 속에 그들
이 그를 보고 다 깨우쳐 깨닫는다면
내가 한 권의 법전으로써 너희들이 하
늘에 오르는 길을 깨우쳐 줄 수 있으
나,
13 너희들의 생각은 천태만상이며, 손으
로 만져 봐도 믿지 못하는 너희들의
지금의 심성이기에,
14 수억의 그 인구들을 바로잡고 하늘에
오르는 길을 깨우쳐 주기 위하여 내가
나의 아들을 통하여 밤과 낮을 가리지
아니하며 나의 성령을 태워 나의 아들
의 가슴을 통하여 160권의 법전을 세
상에 만들어 내니,
15 이것은 각자 그 처방전을 써서 각자의
약을 거기다 넣어 내가 치료할 수 있
는 방법을 가르치는 그와 같은 역사임
을 너는 알아야 될 것이니라.
16 이는 내가 그와 같이 많은 법전을 세
상에 내어 네가 오늘의 이 어렵고 힘
든 길을 가 이 법전을 만들어 전하는
것은, 수천, 수억의 그 많은 백성들이
각자 병에 맞는 치료법이 있듯이, 각
자 그들이 거기서 보고 깨우치기에,
17 그리하여 나의 성령을 160권으로써
만들어 세상에 전하며, 네가 죽을 때
까지 모든 자들이 깨우침을 얻고 믿는
그와 같은 방법을 또 너는 계속 기록
하여 나의 백성들에게 전하는 것이 너
의 임무임을 알아야 될 것이니라.
18 이와 같이 네가 너의 제자들에게 일깨
워 준다면, 160권의 법전을 만드는 그
역사의 뜻을 너희들은 알 수 있음을
알아야 될 것이니라.
19 그리하여 시대의 변천에 따라서 백 년
단위로 내가 1부씩 책을 내는 것이니,
그와 같은 나의 깊은 뜻이 있음을 너
희들은 알아야 될 것이니라.
20 사랑하는 나의 아들아,
21 너를 보고 남들이 말하기를, 이단이
요, 사탄이요, 사악한 자요, 이 세상을
피바다로 만들 자라 그리 말하거든 너
는 그들에게 물어보라, 이 세상 많은
종교 집단이요, 만백성을 이끌어 가며
나로부터 선택되었다는 자들이 어찌
가는가.
22 그들은 보이는 것을 따라가며 보이는
것을 위하여 가고 있음이니라.
23 그리하여 그들은 그 보이는 믿음이요,
육의 안락을 버리지 못하며 깨닫지 못
하니, 저희들을 따르는 백성들이 그들
을 추앙하며, 그 세 치 혓바닥에 현혹

되어 재물을 바치는 자가 늘면 늘수
록, 그들은 저희가 스스로 하나님이
되고자 하며, 자신이 나 여호와라 그
리 말하느니라.
24 그와 같이 말하는 자, 제 아버지를 보
지 못하는 자며, 제 아버지를 알지 못
하기 때문에 그가 제 아버지와 같은
행세를 하며, 아들이 부모와 같은 그
와 같은 행세를 함이니라. 그리하여
그들은 변질되는 것이니라.
25 보이는 것을 위하여 따라가고 보이는
것을 위해 살기에 육의 한계를 벗어나
지 못하기에 세상의 많은 종교 지도자
들도 다 그와 같이 무너져 가는 것이
그들의 역사이니라.
26 지금은 저희들이 나 여호와 하나님이
라, 예수라 그리 말하여 많은 백성을
끌고 가나, 그들이 재가 되어 쓰러질
날이 머지않았으니, 그를 심판하기 위
하여 내리는 것이 나의 법전이니라.
27 너는 나 여호와가 존재하며 세상의 창
조주 내가 있음을 알며, 너는 나의 아
들이라는 것을 알기 때문이니라.
28 제가 아버지라 말하는 자는 족보요,
모든 평안히 흘러가는 역사를 거꾸로
흐르게 하고자 하는 것이니, 그것이
그들의 행태이니라.
29 그리하여 그들과 네가 다름을 너는 알
아야 될 것이며, 나의 피조물 만백성
너희들은 그 이치를 알아야 될 것이니
라.
30 자기가 예수요, 자기가 하나님이라 말
하는 자는, 한집안의 족보를 망가트리
는 자와 같이, 그는 내가 존재함을 모
르며 예수가 존재함을 모르며, 지금
예수가 어디에 존재하고 있으며 내가
무엇을 어찌 이끌어 가는 것인가를 모
르고, 나의 형상조차도 못 보고, 감히
나의 음성 한 마디도 듣지 못한 그 사
악한 자들이 제가 하나님이요, 예수라
그리 말하니, 눈에 보이는 믿음을 가
기 때문에 그러하니라.
31 그러나 나 여호와 아버지가 있음을 알
기에 나의 아들은 감히 그런 말을 할
수가 없으니, 이것 하나로써 나의 아
들이 진실한 나의 아들이요, 이 책이
만백성을 구하는 나의 성령이라는 것
의 증표이니라.
32 이와 같은 이치와 가르침을 너의 제자
들에게 깨우쳐야 될 것이니, 이 하나
의 작은 것을 깨우치지도 못하는 것이
지금 만백성이 가는 길이니라.
33 이 얼마나 나의 마음이 아프고 쓰린가
를 너는 정녕 알겠는가?
34 너의 제자들에게 나의 이 뜻을 간곡히
전하여 만백성을 구하도록 그리하라.

2,910 번째 하나님 말씀

2002년 8월 10일 15시 20분

1 사랑하는 나의 아들아!
2 "네, 아버님! 말씀하옵소서."
3 나의 법전 한 권이 어떠한 책이며 어
떠한 역사를 너희들에게 이루는 것인
지 아는가?
4 너희들이 사는 이 방대한 지구요, 지
상에 소낙비라는 그 비가 줄기차게 쏟
아짐이니라.
5 그 소낙비 속에서 나 여호와가 황금의
비 한 방울을 이 넓은 지상에 내려보

넘이니, 내가 한 방울 내려보내는 그 황금의 빗방울이 너희 손에 떨어지는 그와 같은 위대함보다도 더 어렵게 이루어지는 것이 나의 법전 한 권을 너희들이 접하는 그 영광이니라.

6 그보다도 더한 것이며 그보다도 더 위대한 것이 한 권의 나의 법전이거늘, 어찌하여 너희들은 그와 같은 이치를 깨우치지 못하는가?

7 나의 법전을 많은 백성들에게 전하며 나의 법전을 전하는 역사를 이루는 너희들은, 한 권이 하늘에서 쏟아지는 빗속에 황금의 한 방울이라 하였음이니, 수많은 황금 빗방울을 전하는 그와 같은 역사를 이루며 사는 것이니라.

8 하물며 나의 법전을 세상에 나오도록 만드는 너의 제자들이며 그 역사를 담당하는 자들이 얼마나 소중한 자들인가?

9 160권의 법전이 세상에 나오도록 그 역사를 이루는 너의 제자들은 이 세상에 나의 황금의 단비를 수없이 뿌리는 그와 같은 역사를 이루는 대명을 수행함과 같으니,

10 법전을 만드는 자가 그리 소중함을, 나의 아들을 도와 세상에 법전 160권이 나올 수 있도록 역사를 이루는 너의 제자들이 얼마나 소중한 자들인가를 너희들은 알아야 될 것이니라.

11 이와 같은 책무를 맡은 너희들이 과연 잠시라도 쉴 시간이 있으며, 잠시라도 너희들이 나에게 감사 기도를 드리지 않고 나를 향하여 기도하는 마음 자체를 멈출 수 있겠는가?

12 그러면서 너희들이 세상사에 살아가는 사람들 속에서 추하고 더러운 마음속에 살아가는 자들이 된다 하면 어찌하겠는가?

13 이 넓고도 넓은 세상에 쏟아지는 그 빗속에서 나 여호와가 한 방울의 황금 빗방울을 내리니, 그 물방울을 너희들의 손에 받아 쥐는 것보다 몇천 배 더 소중한 것이 나의 법전 한 권을 너희들이 접하는 것이라 말하였음이니, 이 뜻을 어찌 모르는가?

14 사랑하는 나의 아들아!

15 "네, 아버님! 말씀하옵소서."

16 나의 법전을 전하는 백성들에게, 그리고 너의 선택된 제자들에게 이르라.

17 그들은 살아가면서 만백성을 구하는 이 황금의 빗방울을 수없이 만드는 자들이니, 저희들이 얼마나 소중한 자들인가 생각하며 살라 하라.

18 그들에게 너는 하나의 이치를 깨우쳐 주라.

19 너희들은 남에게 베풀며 남에게 전하는 것이 괴롭고 고통스러우며, 용서하며 사랑하는 마음이 없어 남에게 인색하게 베풂이니, 그를 받아들이는 자 또한 베푸는 너희들보다도 열 배 더 고통스러운 마음으로 그를 받아 쥠이니라.

20 그러나 너의 제자들에게 이와 같은 나의 뜻을 전하라.

21 너희들이 항상 남을 위하여 줄 것이 있는 것이 얼마나 행복한 것이며, 너희들이 남을 위하여 줄 것을 가지고 있다는 것이 얼마나 행복한 것인가?

22 그리고 너희들이 가지고 있는 그 행복 속에서 너희들이 남에게 줄 수 있는

사람, 곧 너희들이 베풀었을 때 받을
사람이 있다는 것, 너희가 베풀어 줄
사람이 있다는 것이 얼마나 행복하고
위대한 것인가를, 그 이치를 깨닫고
세상사를 본다 하면, 너희들의 마음이
과연 어떠하겠는가?
23 금 비의 물방울을 내려 만백성을 기쁘
게 하는 그 역사보다 몇천 배 더 소중
한 것이 나의 피조물 만백성을 하늘에
오르도록 인도하는 그 법전을 세상에
만들어 내는 너희들임이니라.
24 나의 이 애절한 마음이요, 나의 이 간
곡한 뜻을, 너희들의 가슴에 못이 배
기도록 저려 오는 마음을 너희들이 받
아야 될 것이며,
25 이 법전의 대목을 읽는 자, 너희들이
얼마나 위대한 자들이며, 너희들이 바
로 서기를 간곡히 바라는 나 여호와의
마음을 너희들이 깨우치고 알아야 될
것이니라.
26 그리하여 내가 너희들에게 말함이니
라.
27 그와 같이 위대한 역사를 이루는 너희
들이, 너희들 스스로 안에서 분쟁이
나면 너희들이 바로 설 수 없으며, 너
희들이 분쟁이 나면 나의 법전을 전할
수 없으며, 너희들이 분쟁을 하면 나
의 법전과 같은 이 모두를 전하는 것
을 방해하는 자들이 너희 마음을 흔들
어 놓음이니,
28 너희들이 그 위대한 역사를 이루지 못
하고 영원히 시들어 간다 하면, 내가
내려 만백성을 구하는 이 역사를 과연
누가 이루겠는가?
29 너희들은 내가 하나를 너희들에게 일
깨워 주니, 백 가지, 천 가지를 깨우쳐
너희 것으로 만드는 그 현명함을 얻
고, 세상을 넓게 보고 살아가는 마음
을 가지라.
30 너의 사랑하는 제자들에게 그리 일러
주라.

2,911 번째 하나님 말씀

2002년 8월 10일 15시 49분

1 사랑하는 나의 아들아!
2 "네, 아버님! 말씀하옵소서."
3 수천 년 역사가 흘러온 그 종교 종파
들의 세계에서 너희들은 말하느니라.
4 안식일이라 하여 너희들이 그날을 지
킴이니, 그날 너희들이 손으로 만든
성전에 와서 기도하고 경배하지 아니
하면 그는 곧 나로부터 벌을 받으며,
나로부터 버려진 자식이라 말하며,
5 너희들이 그와 같은 위협적인 행위로
써 그들을 지금 이끌어 가며, 어떠한
여건에서도 안식일은 지키라 너희들
은 그리 말함이니라.
6 너희들은 성서에 기록되어 있는 한 구
절의 가르침도 정녕 모르면서 과연 지
도자들이 어찌 깨우쳐 가는 것인가?
7 그리하여 내가 너희들에게 말하기를,
성서의 깊이를 모르며 그저 겉만 핥아
가는 것이 지금 깨우치지 못하는 종교
지도자들이 이끌어 가고 가르치는 방
법이라 말하였느니라.
8 안식일은 무엇을 위하여 존재하는가?
9 안식일은 사람을 위하여 있는 것이며,
안식일은 나의 피조물 만백성 너희들
을 위하여 존재하는 것이니라.

10 안식일을 위해 사람이 존재함이 아님
을 너희들은 알아야 될 것이니라.
11 안식일을 위해 나의 피조물 만백성 너
희들이 존재하는 것이 아니며, 오로지
사람을 위하여 안식일이라는 것이 필
요한 것이거늘, 어찌하여 그 안식일의
의미조차도 모르는가?
12 너희들이 다시 마음을 재정비하여 나
여호와에게 경배하며, 잘못 살아온 너
희들의 그 삶을 회개하며, 그와 같은
시간을 갖는 것이 너희들의 안식일의
의미이니라.
13 그러나 너희들은 안식일을 어찌 악용
하며 나의 피조물 만백성을 끌어가는
가?
14 물속에 낚싯밥이라는 것을 던져 그것
을 멋모르고 문 붕어가 그 낚싯바늘
앞에 끌려가는 그와 같은 방법으로써,
그리고 나의 만백성을 쇠사슬로 동여
매어 한 치의 여유도 없이 숨통을 조
이고, 한 발자국도 맘대로 뗄 수 없도
록 하여 너희들이 나의 백성들을 끌고
가는 그와 같은 형국으로 안식일이 지
금 되어 있음이니라.
15 너희들은 짐승도 아니요, 너희들은 생
각하는 동물이요, 만백성이 살아가는
인간관계에 더불어 살아가는 것이 너
희들이거늘, 어찌하여 너희들은 안식
일이라 하여 그날을 지키지 아니하면
죄 속에 산다 하며 공포와 협박으로써
나의 피조물 만백성을 그리 묶어 놓는
사악한 행위를 하고 있는 것인가?
16 나의 피조물 만백성은 짐승과 다름이
니라.
17 그날에 그들이 해야 할 일이 있고, 그
들이 누군가를 만날 일이 있고, 너희
들이 모두 태어난 날짜와 시간이 다르
듯이, 너희들 각자가 태어난 날로부터
정확히 안식일을 따져 본다면, 너희들
이 말하는 1일에 태어난 사람과 2일
이요, 3일이요, 10일이요, 몇 달 후에
태어난 사람, 그와 같이 너희들이 차
이가 있는 그 하나의 간단한 이치도
못 깨우치니,
18 무조건 너희들이 하나로 묶어 안식일
이라는 것을 정해 놓고, 그곳에 오지
아니하는 자는 벌 받으며, 그곳에 오
지 않는 자에게 조금의 아픔이 있다
해도 너희들은 나 여호와의 안식일을
지키지 아니하였기 때문이라 그리 그
들을 불안으로 몰고 가니,
19 나의 피조물 만백성의 종교 지도자가
이끌어 가는 것은 어떤 의미에서 그리
이끌어 가는지 너희들은 의미조차도
모름이니라.
20 지도자라는 것은 나의 피조물 만백성
을 편안하게, 그리고 그들이 깨우쳐
세상사의 보는 것을 일깨워 주며, 우
매하고 둔한 그 백성들을 이끌어 주
고, 그들이 편안한 삶을 살아갈 수 있
도록 인도하는 것이 바로 지도자이니
라.
21 그리고 편안한 마음으로써 살아갈 수
있는 그와 같은 모든 여건을 만들어
주는 것이 가진 자요, 권력 있는 자요,
지도자가 할 수 있는 길이거늘, 너희
들은 어찌 말하는가?
22 그들을 협박과 공갈로써 공포와 불안
속에 살아가도록 그리 만들었음이니
라.

23 내가 나의 법전에 기록했듯이 각자 너
희들에게 편안한 날, 필요한 날을 선
택하여 쉬는 것이 너희들의 안식일임
을 알아야 될 것이며, 안식일의 개념
과 안식일을 지키는 그 뜻을 너희들은
이제 깨달아야 될 것이니라.
24 성서에 나의 지금의 이 안식일의 뜻이
기록되어 있거늘, 너희들은 성서를 한
번 뒤져 보며 나의 아들이 너희들에게
깨우쳐 전하는 말이 틀림이 있는가 보
라.
25 안식일은 나의 사랑하는 피조물 만백
성, 생명을 가지고 있는 너희들을 위
하여 만든 것이며, 너희들에게 필요한
것이니라.
26 하늘나라에서 명하며 하늘나라에서
너희들에게 강압적으로 특별한 날로
정하며 너희들에게 깨우치고 너희가
행하는 그와 같은 날로 생각하지 말라.
27 안식일은 안식일을 위해서 사람이 존
재함이 아니니라.
28 나의 아들이 성령으로써 태어났으며,
너희들과 똑같은 육을 가진 사람이 아
니고 별천지의 사람처럼, 신비의 베일
에 싸인 사람처럼 생각하기에 너희들
이 그를 따라갈 수 있는 용기를 잃어
지금과 같이 사악한 형국이 되었듯이,
안식일은 하늘에서 정한 특별한 날이
아니니라.
29 너희들이 살아가면서 힘들고 지칠 때
그날에 쉬면 되는 것이 안식일이며,
나에게 기도하고 경배하는 날임을 알
라.
30 너희들을 위하여 안식일이 있음을, 그
뜻을 깊이 음미하고 깨우쳐, 너희들이
살아가는 데 너희들이 잘못 가르치는
지도자의 그 쇠사슬이요, 그 낚싯밥에
걸린 물고기처럼 그리 끌려가는 비참
한 삶을 살지 말도록, 나의 피조물 만
백성에게 날개를 달아 주어 하늘의 나
의 뜻을 전하도록 그리하라, 사랑하는
나의 아들아!

2,912 번째 하나님 말씀

2002년 8월 11일 08시 58분

1 사랑하는 나의 아들아!
2 "네, 아버님! 말씀하옵소서."
3 빈 그릇 소리가 요란하다는 말이 있지
않더냐?
4 그러나 그 그릇에 물이 차고 또 곡식
이 차 무엇인가 가득히 담기면 그는
소리를 내지 아니함이니라.
5 지금 나로부터 모든 성령을 들으며 내
가 전하는 것을 듣는 너의 제자들과
나의 법전을 읽고 깨닫는 백성들은 그
와 같이 하나하나 그릇이 차 가는 삶
을 살아야 함이니라.
6 그릇이 찬 것이 바람에 흔들리지 아니
하며 제자리를 묵묵히 지킬 수 있는
이치와 같이, 너희들이 성령을 깨달아
감이 그리 변해야 됨을 알아야 하느
니라.
7 나의 성령을 들으며 너를 통하여 내가
내리는 모두를 듣고 나의 법전을 듣고
깨우쳐 공부하는 너의 제자들, 성령을
들으면 들을수록 너희들이 그 성령으
로써 그릇을 채우는 것이 깨달음이 아
니니라.
8 나의 성령이요, 나의 법전을 읽고 깨

닫고 또 깨닫는 것은 일반 백성들이
그리 갈 수 있으며 그리 깨달을 수 있
음이니라.
9 그리고 많은 백성들은 그로 인하여 깨
우쳐 가고 또 깨달아 감이니라.
10 그러나 나로부터 선택된 백성이요, 나
의 혈통이요, 나의 성령으로 임하여
만백성을 구하는 너의 제자들은 그리
성령이요, 법전을 읽고 깨우쳐 가는
것으로써 너희들의 그릇이 채워지는
것이 아님을 알아야 될 것이니라.
11 너희 스스로 성령을 받아 그 성령으로
너희들 가슴속에 새싹을 길러야 될 것
이며, 너희들 자신이 그릇에 물을 채
우듯이 너희들의 깨달음이요, 너희들
의 체험함이요, 너희들의 느낌이요,
변화되는 것이 밑에서부터 스스로 서
서히 차 올라와야 그것이 바로 성령이
단단히 차 있는 자들이니라.
12 나의 성령이요, 나의 깨우침을 듣고
그대로 깨닫는 백성들이 있으며, 그로
인하여 구원의 길을 오를 수 있는 자
들이 있으며, 또 그들이 하늘의 이치
를 깨우칠 수 있음이니라.
13 그러나 나로부터 선택된 백성 너희들
은 그와 같은 그릇으로서 채워서 너
희들이 채워지는 것이 아님이니라.
14 일반 백성들은 성령으로써 그 마음에
그득히 채울 수 있으나, 너희는 그 성
령을 받아 그 성령을 밑거름으로 하여
너희들의 깨우침이 밑에서부터 서서
히 차올라야 그것이 정녕 나의 성령이
거기에 임하여 있으며 너희들이 깨달
음을 얻어 그릇이 찬 사람이 되느니라.
15 물을 부을 때 밑에서부터 채우듯이,
그 물을 받는 그 그릇은 부으면 붓는
대로 밑에서부터 서서히 차오르는 그
와 같은 이치로,
16 너희들은 나의 성령이요, 나의 뜻을
들음으로 인하여 너희들 자신의 변화
가 아래서부터 위쪽으로 차올라오듯
이 그리 서서히 차올라오고 변해야 되
는 것이니라.
17 너희들이 나의 성령을 받아 스스로 깨
우치며, 스스로 행함을 얻으며, 스스
로 변함을 얻어, 그 변함이 너희들의
밑에서부터 꽉꽉 차 올라와 그것이 그
득히 찼을 때, 어떠한 태풍이요, 바람
이 불어도 넘어지지 아니하며 쓰러지
지 아니함이니라.
18 그것이 곧 그득히 채운 것이니라.
19 지금 너의 제자들은 나의 성령이요,
나의 법전을 들은 것으로써 너희들 가
슴을 그득히 채우고자 하니, 이는 흔
들림이요, 돌아섬이요, 너를 등지고
떠날 수 있으며, 그들이 또 살아가는
믿음의 길을 포기할 수도 있음이니라.
20 그것으로써 가득히 채우는 것이 아니
니라.
21 내가 부어 주는 성령으로써 너희들이
그를 양식으로 받아 너희들 자신의 깨
우침이 그득히 채워졌을 때, 너희들은
많은 사람들의 지도자가 될 수 있으
며, 너희들의 것을 가지고 만백성을
깨우칠 수 있으며, 나의 성령의 뜻을
너희들이 바로 볼 수 있으며, 나의 성
령의 뜻을 전할 수 있음이니라.
22 그와 같은 너희들의 변화와 너희들 자
신의 그릇을 그득히 채우는 그와 같은
깨달음이 있을 때, 진정 만백성을 구

원하는 지도자요, 만백성을 이끄는 자
로서 너희들이 성장해 갈 수 있음이니
라.
23 오늘부터 너의 제자들에게 이르라.
24 너희들은 나의 성령으로써 너희들 마
음의 그릇을 다 채우려 하지 말라.
25 성령은 너희들의 기초의 그릇을 채울
수 있는 그 변화를 위한 양식이며 깨
달음이며 가르침이니라.
26 그 가르침을 받아 너희들이 너희 스스
로 밑에서부터 물을 부어 차오르듯이,
너희들의 깨달음이요, 변화가 가득히
차 올라와 그릇이 차 있을 때, 그 그릇
은 흔들리지 아니하며 넘어지지 아니
하며 완벽한 것이 되느니라.
27 완벽한 자만이 지도자가 될 수 있음이
니, 너희들이 채워서 넘치는 그와 같
은 변화를 가져야 너희들 자신이 우선
굳건히 설 수 있는 것임을 알라.
28 지금 나의 피조물 만백성의 종교 지도
자들이 가르치는 것이 무엇이더냐?
29 저희들이 성서요, 그저 들은 것을 가
지고 부어 넣으려 함이니 거기에서
변화하고자 하는 변화가 없을 때 그것
은 다 가르침이 아니요, 배움이 아니
라 내가 말함이니라.
30 너희들이 스스로 깨우쳐 그릇을 그득
히 채웠을 때 성서의 의미를 알며, 나
여호와가 추구하고자 하는 그 뜻을 알
며, 나의 법전에서 너희들을 구하는,
영원히 심판하는 이 책이 어떠한 의미
인가를 알게 됨이니라.
31 그를 명심하여 너의 제자들에게 일깨
워 주도록 그리하라.
32 이것이 보통 나의 피조물 만백성과 너
희들과의 차별화며, 그게 곧 14만의
전사요, 또 나의 백성을 이끄는 지도
자로서 정녕 너희들이 태어나게 됨이
니,
33 이 세상에 진정한 지도자가 몇천 년
동안 없었다면 이를 알겠는가?
34 너희들이 그러한 자들이니, 그를 알아
너희 스스로 그릇을 그득히 채우는 노
력과 역사를 이루도록 그리하라.
35 이를 잘 깨우쳐 만백성이 눈을 뜨도록
하라, 선지자야!

2,913 번째 하나님 말씀

2002년 8월 11일 09시 04분

1 사랑하는 나의 아들아!
2 "네, 아버님! 말씀하옵소서."
3 너희들이 살아가는 인간의 가정 형태
에서도 위아래의 위계질서가 있으며,
어른을 공경하며 아이들을 사랑하는
가정이요, 한 가족이 단합하여 힘이
하나로 되어서 살아가는 가족은, 그리
고 서로 아끼고 소중함을 아는 가족은
절대로 실패하는 가정이 없으며, 의식
주를 해결하지 못하는 가정이 없음이
니라.
4 그 모두는 다 그들이 스스로 살아갈
수 있는 복을 받으며 축복과 영광을
누리며 그 나름대로 행복한 삶을 살아
가는 것이 그와 같이 화합된 가족의
살아가는 모습인 것이니라.
5 너희들의 한 가정도 반목하며 화목하
지 못하면 그 가정이 제대로 일어설
수 없는 것과 마찬가지로, 나의 법전
을 만들며 나의 성령을 들으며 나의

뜻을 전하여 만백성을 구하고자 하는
너희들이 반목하며 서로 뜻이 맞지 아
니한다면 나의 법전은 이 세상에 나올
수도 없으며 전해질 수 없음을 알아야
될 것이니라.
6 나의 법전을 만드는 자, 나의 법전을
만드는 데 참여하는 자, 그리고 나의
성령을 들어 만백성을 구하고자 하는
자, 너희들은 절대로 반목이라는 것이
있어서는 안 되며 불화가 있어서는 아
니 됨이니라.
7 지금 나의 성전에 와 나의 성령의 가
르침을 들으며 나의 법전을 듣고 공부
하고 깨우친 자, 그들이 저희들의 욕
심을 버리지 못하며 저희들의 손익을
계산하며 저희 육신의 이익을 계산하
여 그 이익이 없을 때 등 돌리고 떠나
는 자,
8 그리고 그대로 가는 것이 아니라 떠나
면서 나의 아들에게 파장을 이루며 나
의 성전에 돌팔매질하는 자,
9 그리고 내 성령이 임해서 나의 백성을
구하고자 법전을 기록하는 이 성전이
이단이요, 사탄의 집단이라 말하는
자, 그리고 이를 핍박하는 자,
10 그리하여 나의 법전의 160권이 세상
에 나와 만백성을 구하는 그 길을 만
들지 못하도록 하는 자,
11 그 죄가 너희들이 얼마나 무서울 것인
가를 알게 될 것이니라.
12 너희들이 죽어 와도 그 죄는 가장 무
서운 형벌의 죄에 해당하며, 너희들은
그 대가를 치러야 된다는 것을 알아야
될 것이니라.
13 나의 법전이 세상에 나오지 못하도록
하며, 법전이 나올 수 없도록 나의 아
들에게 파장을 이루며, 성전을 뒤흔들
어 놓으며 그 성전이 사악한 이단이
요, 마귀의 집단이라 그리 말하는 자,
그리하여 그를 공격하여 쓰러트리고
자 하는 자, 그를 존재하지 못하게 하
는 자,
14 그리고 나 여호와의 성령을 공부하며
법전을 공부하여 그 깨달음을 얻은 것
을 가지고 나의 아들을 공격하는 자,
나의 성전을 비방하는 자,
15 그와 같은 죄는 너희들이 감내할 수
없는 가장 무섭고 치르기 어려운 죄라
는 것을, 그리고 그가 얼마나 고통스
러운 길을 가야 되는 것이며, 그 죄의
대가는 얼마나 무서운가를 너희들이
알아야 될 것이니라.
16 지금 내가 제3의 시대를 열어 밤과 낮
을 가리지 아니하며 나의 아들을 통하
여 나의 성령을 내려보내, 너희들에게
바르고 옳은 길을 가라 가르치는 그
책이 세상에 나가지 못하도록 하는 자,
17 저 자신이 구원을 받지 아니하며 지옥
으로 가는 것은 제 뜻이라 하나, 구원
을 받고자 하는 남들도 구원받지 못하
게 하며 나 여호와가 이루려 하는 일
에 감히 저희들이 거역함이니, 나에게
도전을 하고자 하는 사악한 악마와 똑
같으니라.
18 그러고도 그들이 나의 백성을 깨우쳐
정녕 그들의 생명의 빛을 보여 주며
그들을 구원하고자 하는 그 뜻마저 저
희들이 뭉개 버리려 하는 죄, 그게 얼
마나 무서운 죄인가를 알 것이니,
19 나의 성전을 떠나 너에게 화살을 던지

는 자, 그들은 눈을 뜨고 죽기 전에 그
것을 볼 것이며, 저희들이 잘못함을
알 것이며, 저희들이 또한 죽어 와 얼
마나 고통스러운가를 깨닫는 것을, 육
의 세상에서 너희들이 변하는 모습을
보고 그들은 깨달을 것이니라.
20 그 죄의 무서움을 그들은 알게 될 것
이니 그리 알라.

2,914 번째 하나님 말씀

2002년 8월 11일 09시 14분

1 사랑하는 나의 아들아!
2 "네, 아버님! 말씀하옵소서."
3 나 여호와의 가르침이요, 나의 뜻을
듣고 깨닫는 자들이며, 그리고 깨닫고
변하는 그와 같은 백성들은 선택되지
않은 자와 선택된 자가 구분되어 있음
을 알아야 될 것이니라.
4 나로부터 선택된 백성과 선택되지 아
니한 백성이요, 제3의 시대에 나의 법
전을 읽고 깨우치는 자와 깨우치지 못
하는 자는 엄연히 구분되어, 너희들이
가는 길이며 이루는 길이 다름을 알아
야 될 것이니라.
5 너희들이 수천 년 동안 배우고 깨우쳐
오고자 하던 구약과 신약의 성서는 그
모두가 행함을 기록하여 놓은 것이며,
비유로 되어 있음이니, 이 이치를 깨
우쳐 나의 가르침의 뜻을 아는 자가
지금은 없음을 알아야 될 것이니라.
6 너희들은 내가 성서에 비유하여 내린
그 내용을 제대로 깨우쳐 읽는 자 없
으며, 그 뜻을 깨닫고 그 뜻을 아는 자
가 없음이니라.
7 그러하니 가르치는 자 또한 그 뜻을
모르며 내가 원하는 의미를 모르고 가
르치는 것이니,
8 지금 내가 성서를 내린 것이요, 그 성
서 속의 의미를 알고 그를 깨우치는
자는 나에게 선택된 백성이며,
9 정녕 그 성서의 깊이를 깨우치지도 못
하고 가르치며, 그 가르침을 받아 구
원의 길에 온다 하는 자, 그리고 하늘
에 오를 수 있다고 하는 자, 이미 구원
을 받았다 하는 자, 그들은 그렇지 못
함이니라.
10 그들은 그와 같은 길을 저희들이 죽을
때까지 평생을 가도 나로부터 버림을
받게 됨이니, 이는 곧 나로부터 선택
되지 못한 백성의 줄에 서는 것이니라.
11 지금 가르치는 자, 앞에 오는 자, 너희
들이 정녕 나의 성령의 뜻이요, 나의
뜻이요, 내가 너희들에게 내리는 가르
침을 직접 받지 못하며, 내가 제3의
시대에 너희들을 구원하고자 내리는
이 법전의 의미조차도 모르고 있음이
니,
12 너희들이 구약과 신약의 성서를 모르
듯이 지금 나의 법전을 보고 이단이
요, 사탄이라 그와 같이 하고 있음이
니라.
13 이와 같이 우매하고 어리석은 백성 너
희들이 깨우쳐야 될 것이니, 이는 오
로지 너희들의 진정한 기도와, 너희들
이 지은 죄의 용서를 빌며 나에게 피
보다 더 진한 기도를 드릴 때 너희들
이 정녕 깨우칠 수 있으며, 너희들이
성경에서 의미하는 그 뜻을 알 것이
며, 나의 법전이 세상에 내려온 그 의

미를 알 것이며, 그 내용을 알게 될 것
이니라.
14 그러나 나의 성전에 와 나의 법전을
가지고 공부하며 나의 선지자를 통하
여 성령을 들어 깨우쳐 가는 그 백성,
너희는 나로부터 선택되었으며,
15 그리하여 너희들은 나의 선지자를 통
하여 한마디의 그 강론을 듣고도 하늘
의 뜻을 직접 듣는 것이며, 너희들은
깨우치는 것이며, 너희는 선택된 백성
이라는 것을 알아야 될 것이니라.
16 그러나 나의 아들의 강론을 들으며 나
의 법전을 읽고 깨우치는 자, 너희들
이 그와 같은 크나큰 영광을 모르니,
너희들은 어떠한 행위를 지금 하는가?
17 너희들의 마음이 정녕 나 여호와가 지
금 직접 내려와 나의 성령을 너희들에
게 전하는 것이라고 듣고 깨우치며,
너희들이 선택된 자요, 영광과 축복
속에 하늘에 오르는 길을 보는 것이라
고 깨우치는 자가 과연 얼마나 있으
며, 가슴속 깊이 새기는 자가 얼마나
있겠는가?
18 너희들은 그와 같은 생각을 갖지 못하
기에 항상 나의 성전을 떠나는 자가
있는 것이며,
19 너희들이 나의 법전을 읽고 나의 성령
을 들어 깨우칠 때, 너희들이 그것은
정녕 나 여호와의 뜻이며 너희들을 구
원하고자 하는 뜻이라는 그 굳건한 마
음을 갖지 아니하며,
20 인간사의 세속에서 살아가는 생각을
하며, 그 순간에도 너희들이 재물을
모으고 금화와 은화를 거두어들일 수
있는 그 방법을 나의 성령이요, 나의
성서요, 나의 법전과 접목하여 생각하
는 그와 같은 사악한 자들이 나의 성
전에 앉아 나의 법전을 듣는다 하니,
그들은 언젠가는 등을 돌리고 떠나게
되어 있느니라.
21 그와 같은 자는 나로부터 선택된 백성
이 아니며, 그는 나의 아들과 더불어
갈 수 없는 자이니라.
22 그들은 항상 금화와 은화를 모아 육의
삶의 평안한 것을 생각함이니, 영의
세상을 바라보는 것이 아니요, 육의
세상을 바라보는 것이니라.
23 그리하여 그들은 왔다가 저희들의 육
신에 얻어지는 것이 없다고 생각할 때
에는 나의 법전이 세상에 나가는 것을
방해하는 것이며, 나의 아들 선지자에
게 파장을 이루는 것이며,
24 그들은 세상의 무엇과도 바꿀 수도 없
는 가장 고귀한 은혜와 영광의 그 선
택의 길을 받고도 그를 바라보지 못하
며 그 뜻을 알지 못하며 그 영광된 것
을 알지 못하기 때문에, 그 모두를 버
리고 그들의 인생은 지옥 불로 가는
길을 향하여 달려가는 자들이니라.
25 너의 제자들에게 이르라.
26 나의 성전에 와 나의 법전을 공부하며
나의 성령을 듣는 너희들은 마음이 하
나가 되어야 한다는 것을 잊지 말라.
27 너희들이 두 가지, 세 가지의 마음을
갖고 나의 성전에 앉아 나의 성령을
들으며 나의 법전을 공부하면, 그것이
너희들의 것이 되지 아니하며, 너희들
가슴속에 심어지지 아니하며, 심을 수
가 없기 때문이니라.
28 이와 같은 이치를 너의 제자들에게 깨

우쳐, 바른 믿음의 그 길을 가도록 해
야 할 것이며,
29 너희들의 평생을 다 바친다 해도 두
가지, 세 가지 마음을 먹고 나의 성전
을 찾아와 공부하며 나의 법전을 정독
한다면 이는 아니 됨을 알라.
30 이것이 하늘의 뜻이니라.
31 완벽한 나의 백성들을 구하고자 하는
것이며, 완벽한 나의 아들의 제자들만
을 내가 선별하여 바로 쓰고자 하는
그 역사를 시작하기 때문이니라.
32 그리하여 그들이 바로 섰을 때 그들이
만백성에게 본보기가 되니,
33 그를 보고도 깨우치지 못하는 자는 저
희들이 구원을 받고 못 받는 그 심판
대에 서게 됨이니라.
34 내가 법전이라는 책을 세상에 내보내
어, 이걸 읽는 자와 읽지 않는 자가 스
스로 심판의 구분을 한다 했으며,
35 또한 내가 너희들을 사랑하기에 나의
법전과 나의 성령의 뜻을 듣고 깨우치
고 깨우친 나의 아들의 그 알곡식과
같은 제자들이 살아가는 것과 행동하
는 것을 보고 너희들이 느끼고 깨우칠
수 있도록 이와 같이 내가 이 길을 더
깊이 너희들에게 내리며, 너희들에게
구원의 축복과 영광을 넓고 넓게 열어
주고자 하는 나의 뜻을 너희들이 안다
하면,
36 너희들은 나의 성령이요, 나의 법전이
세상에 내려가는 것이며, 나의 아들의
제자들이 변하는 모습이요, 그 모두가
다 너희들을 얼마나 아끼고 사랑하기
에 이와 같이 어렵고 힘든 길의 역사
를 이루는가 하는 것을, 나 여호와의
심정을 깨달아 너희들이 느껴 주기를
바라는 것이 나 여호와의 간곡한 마음
이니라.

2,915 번째 하나님 말씀

2002년 8월 11일 09시 22분

1 사랑하는 나의 아들아!
2 "네, 아버님! 말씀하옵소서."
3 줄기차게 쏟아지는 소낙비 속에 나 여
호와가 황금의 빛물 한 방울을 세상에
내려보내니, 그것을 너희가 손에 받았
다면 너희들은 기적이요, 천운이라 그
리 말할 것이니라.
4 곧 내가 너희들에게 일렀느니라.
5 너희들이 구원의 길의 기적이요, 천운
이라 하는 것은 나의 법전을 손에 받
는 그 순간에, 하늘에서 소낙비가 쏟
아지는 그 속에서 나 여호와가 황금의
빛물 한 방울을 내리는 것을 너희들의
손에 받은 그 영광보다도 더 위대한
것이라 내가 말하였음이니,
6 나의 법전을 만들어 세상에 내고자 노
력하는 자, 나의 법전을 세상에 뿌리
고 전하여 만백성을 구하고자 노력하
는 자, 그들이 곧 나의 아들과 나의 딸
이라 내가 말하였음이니라.
7 너희들이 한 가정에 살아가면서 부모
의 뜻을 따라가는 자식이 그 집안의
가문을 이으며 그 집안의 가족의 일원
이라는 것을 알게 되는 것과 마찬가지
로,
8 내가 너희들을 구원하고자 내린 나의
성령이 기록된 나의 법전을 만백성에
게 전달하고 전하는 그들이 곧 무엇이

더냐?
9 너희들의 창조주인 너희 어버이의 뜻
에 따라 너희들이 행함이며 그 뜻을
펼쳐 감이니 그게 무엇이더냐?
10 나의 아들과 딸이요, 나의 가족이 아
니고 무엇이던가?
11 그와 같이 역사를 이루는 자, 너희들
이 곧 나에게 선택된 나의 아들이요,
딸이니, 나의 아들과 딸은 무엇이더냐?
12 그들은 내가 기거하는 곳에 마음대로
스스로 올라올 수 있으니, 그것이 선
택된 영광임을 알아야 될 것이니라.
13 사랑하는 나의 아들아,
14 그러나 지금 만백성은 어찌하는가?
15 이를 방해하고 빼앗고 버리며 짓밟는
자, 곧 이를 태우고 찢어 버리는 이와
같은 행위를 하는 자가 있음이니라.
16 사탄과 악마의 구분이 무엇이던가?
17 내가 제3의 시대에 마지막으로 나의
성령을 다 태워 나의 아들을 통하여
내려보내는 이 법전을 나 여호와의 뜻
이라 하여 가슴에 안고 정독하여 깨우
치는 자, 이는 천사가 될 수 있는 자이
며,
18 이를 찢어 버리고 태우고 짓밟는 자,
그는 사탄이요, 마귀요, 악마가 되는
것이니,
19 여기서 너희들의 갈림길이 이미 구분
되고 있음을 알아야 될 것이니라.
20 그리하여 하늘에 오르는 길이요, 지옥
으로 가는 길은 너희들이 선택하게 되
어 있으며, 너희들의 고유의 권한이니
라.
21 하늘의 문을 열어 주고 안 열어 주는
것은 나 여호와의 고유의 권한이라 말
하였듯이, 너희들이 하늘에 오르는 길
에 천사가 되어 영원히 사는 나의 낙
원, 하늘나라에 오르거나 지옥으로 가
는 것은 너희들만이 선택할 수 있는
자신의 의무이며 권리이니라.
22 선택하는 것은 너희들의 자유라 내가
너희들에게 그리 주었으며, 그를 선택
할 수 있는 교과서의 근본인 나의 법
전까지도 세상에 내려보냈음이니,
23 그를 보고 안 보고 하는 것은 너희들
자신의 의지며 너희 뜻이며, 그 누구
도 그를 좌지우지할 수는 없음이니라.
24 너희들이 지은 죄에 대한 대가는 너희
들이 받으며, 너희들이 아름답게 살고
선한 일을 하며 사랑을 베풀며 사는
것은 너희들이 그를 은혜로써 받음이
라 하였음이니, 너희들이 사랑을 베풀
고 나누는 것과, 어느 것이 악한 행위
며 어느 것이 선한 행위인지 나의 160
권의 법전 속에 다 기록되었으니, 한
권만 정독한다고 해도 너희들은 하늘
에 오르는 길을 볼 수 있는 것이니라.
25 사랑하는 나의 아들아,
26 지금 수천 년 역사가 흐르는 동안에
구약 성서라는 것에 기록된 그 많은
내용과 신약에 기록되어 있는 성경의
그 많은 내용보다도 더 많고도 자세하
고 상세한 160권의 법전을 누가 펴낼
수 있으며 누가 만들어 낼 수 있다 생
각하는가?
27 인간으로서 그와 같은 역사를 이룰 수
있다 생각하는가?
28 사람의 지혜로써 이것을 펴낼 수 있다
생각하는가?
29 너희들이 이것 하나만 보더라도 이는

나 여호와의 성령이요, 내가 역사하는
것이며,
30 죽은 자를 살리고 병든 자를 고치는
그 역사보다도 더 위대한 역사가 이루
어지고 있음을 알아야 될 것이니라.
31 지금의 너희들이 살아오는 것은 어떤
것이던가?
32 너희들의 믿음은 과연 어찌 가는가?
33 성서에 나의 예수가 행한 것은 그 제
자들의 생각대로 기록했으며 그들이
본대로 기록하였으니, 그 모든 내용에
는 비유의 뜻이 또 거기에 숨어 있음
이니라.
34 그 비유의 뜻은 내가 내린 내 뜻이요,
그 뜻을 깨닫는 자만이 나에게 오를
수 있음이니,
35 그를 보지 못하는 자들은 그저 이방인
에게 흘러가는 말로 가르치는 그와 같
은 가르침이 되며,
36 그 속에서 내가 비유하며 무엇을 원하
는지 그 깊이의 뜻을 깨닫는 자는 곧
나에게 선택된 자며, 그가 이방인이
아님을 알라.
37 너희들이 성서를 들고 너희 손으로 지
은 그 성전을 백날 천날 다녀도, 너희
들이 그곳에 가지 않는 자가 이방인이
요, 너희들은 선택된 백성이라 그리
말하나, 나의 진리의 뜻이요, 나의 참
뜻을 모르고 사는 자가 성서가 아니라
그보다 더한 것을 가지고 암송한다 해
도, 그를 행하지 아니하면 그가 곧 이
방인이니라.
38 그를 행하는 자는 이방인이 아니며 나
에게 선택된 백성임을 나의 법전에 기
록하여 만백성에게 전하여, 그 믿음의
길에서 그들이 바로 서고 깨우칠 수
있는 그 역사를 이루도록 하라, 사랑
하는 아들아!

2,916 번째 하나님 말씀

2002년 8월 11일 10시 07분

1 사랑하는 나의 아들아!
2 "네, 아버님! 말씀하옵소서."
3 수천 년 동안 내가 하늘의 문을 열어
천국에 들어올 수 있는 그 가르침을
전하고자 하며 그 역사를 세상에 이루
고자 하였으나, 그때마다 천국의 문을
닫게 하는 그와 같은 나를 거역하는
행위를 하는 것이 나의 피조물 만백성
이니라.
4 그리하여 구약의 시대를 실패하고 신
약의 시대를 실패하여 암흑의 시대가
계속 몇천 년 동안 지금까지 지탱해
왔다 하였으며, 그 암흑 속에서 너희
들이 길을 찾고 빛을 보고자 발버둥치
고 노력하였으나,
5 가르치는 자나 배우는 자가 다 똑같이
구원의 길에 역행하는 행위만 하며 너
희들이 지금까지 살아왔다 내가 하였
음이니라.
6 그리하여 너희들을 더 이상 볼 수 없
고 너희들이 가련하여, 내가 제3의 시
대를 열어 마지막으로 나의 성령을 태
워 나의 아들을 세상에 내보내 그를
통하여 만백성을 구하고자 너희들이
사는 이 땅 위에 겨자씨를 하나 뿌렸
음이라 그리 말하였느니라.
7 그리하여 내가 너의 제자들과 이 법전
을 깨우친 자, 나의 성전에서 공부하

는 자, 성령의 뜻을 직접 듣는 자, 너
희들에게 뭐라 말하였는가?
8 너희들이 토양이 되고, 너희들이 토양
으로서 그 겨자씨가 완벽하게 성장할
때까지 너희들의 살과 뼈 그 모두를
다 바치며,
9 그 겨자씨의 나무뿌리가 너희들의 뼈
를 파고드는 아픔과 쓰림의 고통이 있
다 하더라도 너희들이 그를 인내하고
견디는 속에서 그 겨자씨가 서서히 자
라 만백성이 그 그늘에 쉴 수 있도록
그리하라 하였으며,
10 그가 구원을 받고자 하는 그와 같은
나의 피조물 만백성의 생명의 빛이요,
구원의 빛이 될 수 있도록 너희 몸과
마음을 다 바쳐 그 역사를 이루라 하
였느니라.
11 그러나 지금의 이 세상에 사탄과 사악
한 자들이 선의 씨앗인 내가 내린 그
겨자씨가 자라지 못하도록, 그가 이
세상에 빛을 발할 수 없도록, 만백성
의 그늘이 될 수 없도록, 그리 성장하
지 못하도록 그를 무너트리고자 함이
니라.
12 그리하여 이 법전이요, 나의 성령이
내려오지 못하도록 그 사악한 무리들
이 그를 공격함이니,
13 그중에 나의 성전에 와 법전을 읽고
깨우치며 나의 성령의 가르침을 직접
들은 너희들이 육의 욕심과 육의 부귀
영화와 너희들의 손익 계산에 얻어지
는 것이 없다 하여 그 사악한 자들과
한 무리가 되어 나의 성전에 와 나의
아들에게 창을 들이대며 이를 쓰러트
리고자 하는 그와 같은 사악한 행위를
지금 퍼붓고 있고, 또 그와 같은 행위
는 계속 반복될 것이니라.
14 사탄이요, 마귀의 자식들, 사악한 것
들이 나의 성전의 문을 닫게 하려 하
며, 그를 쓰러트리려 하며, 나의 160
권의 장서의 법전이 세상에 나오지 못
하도록 할 때,
15 그 길을 아는 자, 그를 안내하는 자는
나의 성전에 와 공부하며 법전을 깨우
친 자들 중에 그 마음이 사악한 마귀
로 변하는 자들이 그들의 안내자가 되
어 그를 공격함이니,
16 그 구석구석의 쓰림과 아픔을 아는 자
를 앞세워 사탄이나 마귀가 공격함이
니, 거기에 이용되는 도구로서 흘러가
는 너의 제자들이 있어서는 아니 될
것이며,
17 또한 너의 제자들 중에 그들에게 합류
하여 너를 공격하는 그 길잡이로서 갈
자들이 수없이 있으며, 그 역사는 계
속 반복될 것이니라.
18 그러하니 네가 너의 제자들을 가르치
고 다스릴 때 그들의 심성을 깨달아야
될 것이며, 그들의 마음을 바로잡아
그들이 사탄의 앞잡이로서, 사탄의 도
구로서 팔려 가기 전에 그들을 잘 다
스리는 것은 너희들이 오로지 나의 성
전에서 하나의 마음이 되는 것이니라.
19 하나의 마음이 되었을 때에만 사탄이
요, 마귀가 너희들을 공격할 때 그들
의 앞잡이요, 도구로서 쓰이고 그들에
게 팔려 가는 나의 백성이 생기지 아
니할 것이며, 너희 형제 중에 그와 같
이 등 돌리고 가는 자가 없을 것이니
라.

20 너는 여기서 너의 제자들에게 이르라.
21 사탄이요, 마귀요, 사악한 자들이 강
성한 듯하며, 나의 성전을 쓰러트리며
나의 아들을 쓰러트리며 나의 법전
160권이 세상에 나오지 못하고 재가
될 것같이 무서운 기세요, 사악한 그
기세가 승자일 것 같아 너의 제자 중
에 그들이 필요로 하는 도구요, 나의
성전을 치는 안내자로서 그들에게 팔
려 가는 사람이 있어서는 아니 될 것
이니,
22 아무리 사탄이 강성해도 그들은 한때
사라져 가는 불빛과 같을 것이니, 거
기에 현혹되지 말도록 그들을 너는 똑
바로 가르쳐야 될 것이며, 그리고 깨
우침을 주어야 될 것이니라.
23 그리고 그들이 아무리 강성하게 너를
공격해도, 나의 아들 너는 쓰러지지
아니하며, 160권의 법전은 세상에 나
오며,
24 천 년에 걸쳐서 사악한 무리들을 뽑아
내어 선한 자들만이 사는 하늘의 낙원
을 지상에 이루는 것이 나의 뜻이니,
그 역사는 반드시 이루어질 것이니라.
25 그러니 그 사악한 무리 앞에 가 그들
에게 팔려 가는 그와 같은 우를 범하
며 어리석은 백성으로 전락하지 말라
이르라.
26 정녕 그리 돌아가 나의 아들을 공격하
며 법전이 나오지 못하게 하는 자, 그
는 영원히 구원을 받을 수 없는 그와
같은 자임을 알라 이르라.
27 사랑하는 나의 아들아!
28 "네, 아버님! 말씀하옵소서."
29 예수요, 나의 아들은 너희들이 생각할
때 신비 속에서 태어나 33년의 짧은
생을 살면서 너희들에게 모든 것을 다
가르쳐 주었음이니, 그들은 그 생활에
대해 집착하여 너에게 예수와 같은 삶
을 살아가기를 요구함이니, 너는 그들
에게 일깨워 줘야 될 것이니라.
30 너는 인간 세상에서 너희들과 더불어
60평생을 세속에서 살아왔으니, 그는
네가 그와 같은 세속에서 살며 서서히
변하여 하늘에 오를 수 있는 천사와
같은 모습으로 살아갈 수 있도록 너를
만든 그 뜻이 있음을 알라.
31 나의 피조물 만백성이 예수는 신비 속
에 태어난 나의 아들이요, 신비 속에
서 살아간 아들이기에 너희들과 너무
거리가 멀며, 그를 따라 배우려는 자
가 없으며, 감히 두려워 그 흉내를 내
고자 하는 자가 없음이니,
32 나의 아들 예수와 같은 심성으로 사는
자만이 하늘에 오를 수 있거늘, 너희
들이 미리 두려워하며, 마음을 그리
잡지 못하여 노력조차도 아니 함이니,
33 그리하여 내가 너희들과 같이 산 나의
아들이 십계명을 지키며, 그와 같이
60평생을 너희들과 산 자도 십계명을
지키고 살아 만백성에게 십계명을 전
하며 네가 그와 같이 살았다는 것을
가지고 만백성이 저희들도 지킬 수 있
다는 그 마음을 굳건히 가져,
34 지금 인간이기 때문에 십계명을 지킬
수 없고 죄를 짓지 않고 살 수 없다 그
리 만연되었으며 그리 가르치며 그리
배워 가는 나의 피조물 만백성에게,
35 인간은 십계명을 지키고 살 수 있으며
인간은 죄를 짓지 않고 살 수 있으며

인간은 하나님의 심성을 가지고 살 수 있으며 천사와 같은 심성을 가지고 살 수 있으며, 그리고 하나님과 같은 심성과 천사와 같은 심성을 갖는 자만이 하늘에 오를 수 있는 것이며,

36 죄를 짓는 그 오물의 한 가닥이라도 너희 몸에 붙었을 때는 그것으로 하여금 천당이라는 그 나라에 갈 수 없음이니, 지상의 사악한 것으로 하늘을 오염시킬 수 없기 때문에 그가 들어올 수 없으며 갈 수 없다는 것을,

37 그리하여 60년이 넘도록 살아온 나의 아들이 천사와 같은 심성으로 세상을 살며, 거짓 하지 아니하고 도둑질하지 아니하며 죄를 짓지 않고 살 수 있는 것이 인간이기에, 그를 본보기로 하여 지금 나의 아들을 세상에 내보내어 너희들 앞에 이렇게 세웠음이니,

38 너희들과 똑같은 동질의 형태요, 같은 형제의 육신을 가졌으며 같이 태어났으며 같은 세속에서 살아왔기에, 그가 변하는 모습을 보고 너희들을 깨우치도록 하고자 하여 지금 60년이라는 육신의 세상의 삶을 살아온 나의 아들을 달구고 구부러진 것을 바로 펴며 두드려 잡아 가는 이와 같은 역사의 길을 가고 있는 것을 너희들은 알아야 될 것이니라.

39 나의 아들 예수를 세상에 보냈을 때, 그는 신비 속에 태어났으며 신비주의로 살았으며 성령이 임했으며 그는 내가 주관하기에 그와 같이 살 수 있었으나, 육을 가진 너희들은 그리 살 수 없다 하여 일찍 포기하며, 너희들은 그를 닮으려 노력하지 못하며,

40 또 거기에 사악한 무리들이, 사악한 종교 지도자들이 너희들에게 기름을 부음이니라.

41 지도자라는 자가 하는 말이, 인간이기 때문에 죄를 짓지 아니하고 살 수 없고 십계명을 지키고 살 수 없으니, 그저 금화와 은화를 저희 앞에 바치고 그것으로써 구원을 받으라는 그와 같은 달콤한 말로 너희들의 마음을 달래주니,

42 벌이 꿀을 따라 모여들듯이 너희들이 그리 모여드나, 그 꿀 속에는 독약이 있는 것을 알지 못함이니라.

43 그리하여 60이 다 되도록 세상에 살던 나의 아들을 내보내 구부러진 쇠를 불에 펴듯이 그를 두드리고 달구고 이와 같이 지금 그를 다듬어 감이니, 너희들의 본보기로 삼고자 함이라.

44 욥의 투쟁의 그 역사만이 본보기가 아니요, 지금 나의 아들이 십계명을 지키고 변해 가는 그 모습이 욥의 변화의 그 역사보다 더 위대한 역사가 기록될 것이며 그리 이루어질 것이니라.

45 그를 보고 깨우치라 하여 내가 지금 이 역사의 길을 가고 있음을 너희들은 깊이 깨우쳐야 될 것이니라.

46 언젠가는 나의 아들은 그리 갈 것이며 그리 이루어질 것이며 그리될 수 있으니,

47 나의 법전을 읽고 나의 뜻을 듣는 너희들은 그리 변할 것을 보고 지금서부터 그리 따라서 변하는 자가 현명한 자임을 알라.

2,917 번째 하나님 말씀

2002년 8월 11일 10시 16분

1 사랑하는 나의 아들아!
2 "네, 아버님! 말씀하옵소서."
3 헤아릴 수 없이 많은 나의 피조물 만
백성이 지상에 살아가면서 그들이 짓
는 죄 중에 가장 사악한 죄가 무엇인
지 알겠는가?
4 내가 구약과 신약의 시대에 천국의 문
을 열어 너희들을 다 구원하고자 하였
으나 그를 하지 못하도록 만든 자,
5 모세의 시대에 우상을 만들어 그 광란
의 짓을 하며 나의 백성의 생명을 그
저 파리 목숨만도 못하게 저희 기분에
따라 죽이며 그 광란의 짓을 했던 자
들과,
6 또 그들을 바로잡기 위하여 4천 년 역
사가 흐른 다음에 나의 아들 예수를
보내 신약의 시대를 열었으나, 너희들
이 알다시피 너무나 참혹하고 비참한
그 죽음의 길을 가도록 하여 나의 성
령의 생명수가 세상에 내려가는 것을
단절하여 암흑의 세계요, 지옥의 세계
요, 악마의 세계요, 사악한 세계를 2
천 년이라는 역사가 흘러오도록 만든
것이 너희 인간들이니라.
7 그들 중에서도 더 사악한 자들이 누구
던가?
8 내가 마지막으로 제3의 시대를 열어
나의 피조물 만백성 너희들을 구하고
자 나의 성령을 태워 내가 세상에 내
려가 나의 성령과 나의 뜻을 전하는
법전을 만들어 세상에 내려보냄이니,
9 이것을 거부하는 자, 이를 하늘로부터
내려오지 못하도록 방해하며, 이를 지
상에 내려가지 못하도록 거부하며 갖
은 작태를 다 부리는 그와 같은 사악
한 자가 제일의 사악한 자이니라.
10 그다음 두 번째 사악한 자는 나의 선
지자가 가는 길에 파장을 이루며, 나
의 성령을 받아 책으로 만들어 내는
것을 기록하지 못하게 하여 법전을 만
백성에게 전하지 못하게 하는 자이니
라.
11 세 번째 사악한 자는 무엇이던가?
12 그저 귀신들의 장난에, 그리고 제 환
상에 젖어 저희들이 기도를 받았으며
나의 뜻이라 하여 저희들이 명을 받아
행하는 자라 말하며 귀신의 말을 들으
나, 나의 아들은 가짜요, 나의 아들은
정녕 모든 깨우침을 잊은 자요, 나로
부터 성령을 받을 수 없는 자라 그리
비판하며,
13 나의 아들의 마음을 흔들며, 나의 아
들이 진정한 나로부터 선택된 자가 아
니며, 그는 모든 권능과 능력을 다 버
렸으니 버려진 자식이라 그리 말하여,
나의 성전에 와 공부하며 나의 아들을
따르려 하는 자들을 방해하며 흩트려
놓으며 그들을 뿔뿔이 헤치는 자니,
14 곧 나의 성전의 문을 닫으려 하는 자
가 세 번째 사악한 자임을 알아야 할
것이니라.
15 네 번째 사악한 자가 무엇이던가?
16 나의 아들과 더불어 세상의 이치를 깨
달아 만백성을 구원한다 하여 너희들
의 육에서 필요한 금화와 은화요, 재
물이라는 것을 나의 아들이 갈 수 있
도록 받쳐 주었다가,

17 그가 성장하는 것이 두렵고 무서워 저
희들이 나의 아들을 위하여 준 그 재
물이요, 금화와 은화를 일시에 회수해
가서 나의 아들이 지탱할 수 없고 나
의 성전의 문을 닫도록 하는 그와 같
이 사악한 행위를 하며,
18 내가 전하고자 하는 나의 법전을 세상
에 전할 수 없도록 그를 고립시키고
그 뿌리요, 근거까지도 다 쓰러트리고
자 하는 자가 네 번째 사악한 자이니
라.
19 너희들은 이를 깨우쳐야 될 것이니라.
20 이와 같이 사악한 자들을 내가 가르쳐
주었음이니, 여기에 해당하는 행위를
하는 자가 절대로 있어서는 아니 될
것이니라.
21 재물이요, 금화를 일시에 회수해 가며
나의 성전의 문을 닫게 하며 나의 아
들의 근거지를 없애 그를 쓰러트리려
하는 것은, 나의 것을 갖고 욥에게 시
험했던 사탄과 사악한 자와 방법만 다
를 뿐이지 그 수법과 행함이 같음을
알아야 될 것이니라.
22 그러니 사랑하는 나의 백성들아, 그리
고 나의 아들의 제자라 일컬으며 그곳
에 와서 나의 성령을 공부하고 깨우치
는 자들은 이와 같은 나의 뜻을 알아
야 될 것이니라.
23 이를 모르는 자, 영원히 구원의 길에
서 헤어날 수 없음을 알아야 될 것이
니라.
24 사랑하는 나의 아들아!
25 "네, 아버님! 말씀하옵소서."
26 내가 너희들에게 나의 성전에 와 공부
하는 자는 하나가 되어야 하며 하나로
이루어 가라 말하는 것은,
27 하나가 되지 아니하면 이와 같은 파장
이요, 이와 같은 사악한 무리들이 계
속 너를 괴롭히며 나의 성전의 문을
닫게 할 것이니, 그리하여 너희들이
하나의 몸이 되며 하나의 마음이 되라
하였음이니라.
28 너희들이 남의 허물을 먼저 보며 그가
그 허물을 털기를 바라고 고치기를 바
라며, 남이 하는 행동이 잘못되었기에
그를 먼저 고쳐 달라 말하며 그와 같
이 해서는 정녕 하나가 될 수 없음이
니라.
29 묵묵히 자기 자신의 잘못됨을 고쳐 나
가며, 자기가 바로잡으며, 진심으로
사랑으로써 그 사람의 잘못이요, 그
사람의 단점을 다스리고 일깨워 주고
조언하는 그와 같은 마음으로, 또 잘
못 가고 어리석고 부족한 그런 자를
사랑으로 보살피며, 있는 자가 베풀며
가진 자가 사랑으로 덕을 내리며 겸손
할 때 너희들이 하나가 될 수 있는 것
이니라.
30 가진 자가 오만하며 가진 자가 제 목
소리를 낼 때, 너희들은 절대로 나의
성전에서 하나가 될 수 없음이니라.
31 능력 있는 자가 겸손하며, 가진 자가
베풀고 겸손히 사랑으로 감쌀 때 하나
가 될 수 있음이니라.
32 하나가 되지 못하면 내가 너희들에게
알린 이와 같은 방법의 죄악이 사탄의
꼬임에 의하여 계속 반복될 것이니,
너희들은 이를 잊어서는 아니 될 것이
니라.
33 명심하여 너희들이 깨우치고 행할 때,

하나가 되어 나의 성전에서 이와 같은
일이 없을 것이며, 나의 아들에게 파
장을 이루며 나의 법전이 하늘에서 내
려가는 것을 막으며 책으로 나오는 것
을 막는 그와 같은 악마들의 장난은
있을 수 없음을 너희들은 알라.

2,918 번째 하나님 말씀

2002년 8월 11일 11시 48분

1 사랑하는 나의 아들아!
2 "네, 아버님! 말씀하옵소서."
3 너의 제자들의 머리 위에 이리 네가
전하여 심어 줘야 될 것이니라.
4 정녕 나의 아들로서 목자요, 만백성을
구하는 자가 살아가는 그 길과, 잘못
가르치는 거짓 종교 지도자들이요, 만
백성을 잘못 이끌어 가는 자들과의 그
차별화되는 것은 엄연히 너희들이 눈
으로 봐도 알 수 있는 것이니, 너희들
이 보고 분석하여 깨우침의 그 길을
선택해야 할 것이니라.
5 나의 아들은 가면 갈수록 낮아지니,
그가 깨우치면 깨우칠수록 겸손한 자
세로써 행하며 그리 가지 아니한다면
그는 나로부터 선택된 자식이 아님이
니라.
6 모든 나의 피조물 만백성을 이끌어 간
다는 자들, 잘못된 자들은 저희 조직
이 커지고 만백성이 저희들을 따를 때
어찌 되는가?
7 그들은 높아지며, 그들의 변화는 너희
들의 상상을 초월하며, 제왕의 대우를
받으며 제왕의 자리에 군림하고자 하
는 것이 그들의 심성이니, 그들이 잘
못된 자들이니라.
8 그들은 인간의 제왕이 되고도 부족하
여, 저희들이 나 여호와 대신 온 자며
나의 아들 예수로서 대신 온 자라 그
리 말함이니, 그것이 다름을 너의 제
자들에게 일깨워 줘야 될 것이니라.
9 그들은 하늘의 뜻을 알지 못하며, 나
여호와가 존재함을 알지 못하는 자들
이며, 나의 아들 예수가 나의 옆에 존
재하는 그 자체도 모르는 자들이니라.
10 그리고 모세요, 기타 등등의 이름을
가지고 저희들이 나왔다 하여 군림하
고자 하는 것이 다 사악한 무리의 수
법임을 알라.
11 그들이 나 여호와가 하늘에 존재함을
알며, 나의 음성을 들으며, 내가 깨우
치고 인도하고자 하는 그 뜻을 안다
하면, 감히 어찌 저희가 나 여호와요,
너희들이 이야기하는 하나님이며, 전
지전능한 창조주라 그리 말하겠는가?
12 그들이 정녕 창조주라 말하면 죽은 자
를 갖다 놓고 그들에게 살리라 명해
보며, 이 역사의 이룸을 갖다 그들에
게 이룰 수 있는가 물어보도록 그리하
라.
13 그들이 얼마나 오만하며 사악한 자던
가?
14 나 창조주를 대신하여 어찌하여 한 개
인이 세상에 나갈 수 있는가?
15 그가 나의 성령을 통하여 내가 만백성
을 깨우치는 그 역사는 이룰 수 있으
나, 나 여호와를 대신하여 제가 하나
님이라 말하는 자는 내가 하늘에 있음
을 모르며 내 뜻이 무엇인가를 모르는
자이기 때문에 감히 제가 나 여호와

요, 창조주 아버지라 그리 말하느니라.
16 자식이 아버지라 말하는 것은 어찌 말
하는 것인가, 그 족보의 흐름을 한번
계산해 보도록 그리해야 할 것이니,
그들이 말하는 것이 얼마나 망발이고
헛된 것인가를 너희들은 깨우쳐야 될
것이니라.
17 나 여호와는 오로지 하늘에 존재함이
니라.
18 그들은 내가 존재함 자체도 모르기 때
문에 육의 사악한 눈에 그들의 마음과
모두가 가려져 있기 때문에 저희들이
나 여호와라 말함이니라.
19 그리고 내 옆에 존재하는 나의 아들이
어찌하여 세상에 내려가 저희가 나의
아들 예수라 하며, 어찌 모든 유명한
자들의 이름을 붙여 저희들이 그리 왔
다 이야기하는가?
20 세상에 내려보내고 내려보내지 않는
것은 나의 뜻이며 내가 행하는 것이니
라.
21 이것이 사악한 자들과 그렇지 않은 자
와의 차이점이니라.
22 나로부터 선택된 나의 아들은 내가 존
재함을 알아, 그가 무서워 감히 제가
나 여호와라 할 수 없음이니라.
23 그는 아버지가 있음을 아느니라.
24 그리고 그는 가르침을 알아 행함을 아
느니라.
25 그리하여 그것이 두렵고 그가 행하기
가 저 자신을 가누기도 어렵거늘, 제
가 어찌 감히 나 여호와라 하며 그와
같은 행위를 하겠는가, 그리고 높아질
수 있겠는가?
26 깨달음이 높을수록 그는 두려움을 알
며 무서움을 알기에, 서서히 낮아지는
그와 같은 인생을 스스로 살아가는 것
이니라.
27 그는 나 여호와의 아들이요, 나 여호
와가 존재하기 때문에 그 자신이 겸손
한 미덕을 알기 때문이니, 이것이 너
희들의 눈으로 보이는 차이점이니라.
28 어찌하여 아버지가 가장으로서 집에
있거늘, 아들이 아버지라 말할 수 있
는가?
29 그와 같은 망발이요, 그와 같은 사악
한 말을 하는 자, 그들의 행위에 현혹
되어서는 아니 될 것이니라.
30 내가 그를 바로잡기 위하여 나의 성령
을 책에 담아, 내가 직접 세상에 내려
가 내 책 속에 내 글 속에 내가 있다
하였음이니라.
31 그리하여 너희들을 바로잡고자 지금
나의 법전이 세상에 내려감이니, 너희
들은 이 이치를 반드시 깨우쳐 행하는
지혜를 얻어야 될 것이니라.
32 내가 오늘 나의 아들을 통하여 너희들
에게 한 구절을 깨우쳐 주지 않았던가?
33 너희들이 인간 앞에 죄지은 것을 고백
하고 고해성사라 하여 드린다 하며 종
교 지도자 앞에 눈물로써 용서를 빌
때, 너희들이 지고 있는 그 죄를 하나
서부터 백까지 다 끌어내어 그를 용서
를 빌 수 있으며 그를 다 말할 수 있는
가?
34 너희들이 백 가지 중에 반을 내놓고
반을 내놓지 아니하였다면, 너희들은
몇천 년 동안 흘러오는 그 세월 속에
너희들이 그와 같이 거짓 증언을 했으
며 거짓 회개를 했음이니, 너희들이

말하지 않은 것만큼 죄를 지음이니 구
원을 못 받으며,
35 속에 있는 두려운 것을 말하지 못하면
서 고해성사를 하면 무엇하며 종교 지
도자에게 빌면 무엇하는가?
36 나에게 너희들이 전부를 다 털어놓고
용서를 빌지 않는다면 그것은 아무런
가치가 없는 것이니라.
37 그리고 그것을 받아 나에게 전하는
자, 과연 그 모두의 죄상을 제가 들을
만한 자격이 있는가?
38 저 역시 그러한 짓을 행하는 자는 없
는가?
39 진실로 나의 뜻에 따라 살아가지 않는
자가 백성으로부터 그를 듣는다면, 너
희들은 거짓에서 거짓으로, 위선에서
위선으로 연결되는 삶을 지금까지 살
아왔음이니,
40 너희들이 그렇지 않다는 것을 증명할
수 있다 하면 한번 증명을 해 보이라.
41 이제 사랑하는 백성, 너희들은 들어야
될 것이니라.
42 하늘에서 내가 보고 듣고 내려다보는
그 모두를 나의 아들을 통하여 책에
기록하여 너희들에게 전함이니, 이를
보고 너희들이 사실 그와 같이 살았다
면, 깨달음을 얻어 반성하는 기회로
삼아야 될 것이며,
43 너희들이 만일 이와 같은 것을 은폐하
고 더럽고 추한 모습을 감추기 위하여
나의 법전을 사탄의 것이요, 나의 아
들을 거짓 아들이라 말하는 자들이 있
다 하면, 너희들은 그 죄를 용서받지
못할 것이니라.
44 너희들이 말하기를 나의 아들이 곧 쓰
러질 것이라 하며, 160권이 세상에 나
오지 못할 것이라 너희들이 생각하나,
이는 엄연히 세상에 전해질 것이며,
나의 계획은 계획대로 영원히 이루어
지며 지속됨을 너희들은 알아야 될 것
이니라.
45 이와 같이 너희들의 눈으로 보고 만지
는 것을, 내가 나의 성령의 뜻을 나의
아들을 통하여 나의 법전의 책에 기록
하여 너희들에게 전하거늘, 이를 읽고
도 깨우치지 못하는 자, 그 우매한 삶
은 너희들의 선택이니라.
46 내가 끝으로 너희들에게 말하느니라.
47 너희들이 구원의 길을 오고 못 오는
것은 내가 너희들에게 깨우쳐 줌이 아
니라, 너희들의 단순한 선택이니라.
48 너희들이 악을 선택해서 지옥 불로 가
느냐, 선을 선택해서 하늘의 천국의
문에 들어서느냐 하는 그것은 너희들
이 선택하는 것이며, 너희들의 삶으로
써 너희들이 결정짓는 것이며, 너희들
이 답하는 것임을 잊지 말라.

2,919 번째 하나님 말씀

2002년 8월 11일 16시 07분

1 사랑하는 나의 아들아!
2 "네, 아버님! 말씀하옵소서."
3 나 여호와가 세상을 내려다보는 마음
이 어떻다 너희들은 생각하는가?
4 나의 마음을 헤아려 보는 이 소중한
시간을 너의 제자들이 갖도록 하여,
그들에게 깨우침을 주는 그와 같은 시
간을 갖고자 하는 것이 나 여호와의
마음이니라.

5내가 만백성을 구하기 위하여 구약의
시대의 역사가 흘렀으며, 신약의 시대
에 너희들이 상상할 수 없는 어렵고
고통스러운 나의 아들의 그 시련 속에
서 그 역사가 흘러왔음이니라.
6그러나 지금 수천 년 동안 너희들이
깨우쳐 하늘에 오른다는 그 믿음이 정
녕 나 여호와를 위한 믿음이요, 나를
향하여 하는 믿음이 아니라, 저희 자
신들의 육신이요, 저희 자신을 위하여
그 믿음을 가르쳐 왔으며 그를 깨우쳐
왔으며, 그들이 그리 배워 왔다 하면,
과연 이를 내려다보는 나 여호와의 마
음이 어떠하겠는가?
7너희들은 나를 위하여 경배하고 기도
하며 나를 위주로 하며 나에게 모든
것을 다 바치는 마음으로 살아왔다 하
며, 그리 몇천 년 동안 너희 자신을 속
이며 거짓 하고 살아왔음이니라.
8너희들은 나에게 경배하고 공경하는
그 마음에 모두를 바쳐 그 속에서 사
는 것이 아니라, 너희들의 육이요, 너
희들이 살아가는 그 생활 속에서 너희
자신을 위하여 그리 살아왔음이니, 너
희들은 이를 부인할 수 없음이니라.
9모든 종교 집단의 가르치는 자는 가장
낮은 자가 되어야 한다 하였으니, 그
것이 가장 기본이요, 근본이니라.
10그러나 너희들은 신도요, 나의 백성들
이 너희들을 따를 때 어찌 변하였는가?
11종교 지도자 너희는 재물과 금화가 오
르는 것만큼 그 수준에 맞춰 변화되었
으며, 부귀와 영화를 누렸으며, 육신
의 편안함과 안락함을 위하여 살아가
지 아니한 자가 있는가?
12내가 너희들에게 축복과 은혜와 영광
을 내렸을 때, 너희들을 따르는 그 신
도들의 어려움을 위해서 산 자가 과연
있는가?
13종교 지도자 너희가 너희들을 따르는
그 신도들을 위해서 진정으로 살았다
면, 너희들은 지금과 같이 그 세를 확
장할 수도 없으며, 궁궐같이 호화로운
그곳에서 너희들이 나의 피조물 만백
성을 다스리고 이끈다며 제왕적인 위
치에 있을 수 없음이니라.
14오로지 세상의 제왕이요, 이 우주의
제왕은 창조주인 나 여호와뿐이니라.
15너희 육의 삶의 그 향락이 제왕적이라
내가 너희들에게 말함이니,
16나보다도 더 영화와 부귀를 누리며 이
세상 어느 백성보다도 더 군림하며 권
좌에 앉고자 하는 그와 같은 심성으로
살아가는 것이 지금 바로 종교 지도자
들이 살아가는 모습임을 알라.
17너희들이 정녕 나의 성령대로 따랐으
며 나의 뜻대로 따라, 나의 종이요, 만
백성의 종의 자세로 살아간다 하면,
너희들은 과연 어찌 변하여 왔어야 될
것인가?
18너희들이 지금 가장 낮은 자가 되어
있을 것이니라.
19여기서 너희들이 차별화됨을 하나 알
아야 될 것이니라.
20나의 아들이요, 나의 목자요, 나로부
터 선택된 나의 아들이 변해 가는 세
월 속에 살아가는 모습을 너희들이 봐
야 할 것이니라.
21그는 오늘 바른 옷을 걸치고 있으나
세월이 흘러갈수록 낡은 옷을 걸치는

것을 즐거워할 것이며,
22 그가 너희들처럼 호의호식하며 즐겁
게 살아가는 것이 아니라, 가장 어렵
고 힘들게 살아가는 그 제자들의 삶을
따라가고자 하는 것이 그의 삶일 것이
니라.
23 내가 이를 알고 있으며, 이를 실천할
것이 나의 아들이요, 그것이 차별화이
니, 너희들은 한번 견주어 생각해 보
는 시간을 갖도록 하라.
24 내가 오늘 너희들에게 진실한 깨우침
이요, 그 뜻을 깨우쳐 주었느니라.
25 종교 지도자 앞에 저의 죄지은 것을
고백하는 자들이, 그 인간 앞에 100퍼
센트 다 고백하는 자가 몇 명이나 있
는가 물어보라 하였음이니라.
26 서로 가장 진실된 순간이요, 가장 근
엄한 시간이요, 자기가 죄를 지어 깨
우치고 구원을 받고자 하는 양심선언
을 하는 그 시간에, 너희들이 거기에
거짓이 있고 속임이 있다 하면, 너희
들이 일반 살아가는 생활 속에서는 어
찌 살아가겠는가?
27 그 모든 죄를 너희들이 지고 가며, 그
죄를 발판으로 살아가는 것이 너희들
이 살아가는 형태가 아니던가?
28 그리하고도 너희들이 어찌 구원을 받
으며 나의 나라에 오를 수 있다 생각
하는가?
29 또 그를 받아들이는 자의 자세도 문제
라 내가 말하였음이니라.
30 너희들이 종교 지도자 앞에 죄를 고백
하며 그 용서를 비는 눈물의 회개를
하는 것은 그들에게 하는 것이 아니라
오로지 나 여호와에게 직접 함이니라.
31 그러니 이제 나의 백성들에게 깨우쳐
일러 주라.
32 너희들은 인간을 통하여 나에게 죄를
고하라 하며 용서하는 행위를 하지 말
라 이르라.
33 내가 만든 나의 성전인 이 지구에서
너희들이 필요할 때 무릎 꿇고 나에게
죄를 용서 빌며 너희들이 아름답게 살
아가겠다고 약속하면 그것이 너희들
과 나와 직접 받고 직접 듣는 것이니,
그보다 더 축복된 영광이 없음이니라.
34 깨우쳐 희어지며 하얀 마음이 되고자
몸부림치는 너희들이, 어찌하여 그들
이 살아가는 모습을 비춰 봤을 때 너
희들보다도 더 사악한 방법으로써 만
백성이 돌을 던질 만한 잘못 가는 지
도자들 앞에, 그 추한 자들 앞에 가서
그 모습이 변화되고자 하는가?
35 너희들이 하얗게 표백하려 하는 것을
검정 물 앞에 가 그 속에 흰옷을 넣는
다고 그것이 하얘질 수 있는가?
36 절대로 그것은 아니 됨이니라.
37 검정 물이 끓고 있는 솥에 하얀 천을
집어넣고 더 하얗게 표백하고자 한들
그 천이 하얘질 수 있다 생각하는가?
38 절대로 그리될 수 없음이니라.
39 그것이 너희들이 지금 죄를 고백하며
지도자 앞에 용서를 빌며 회개하는 그
와 같은 형국이니, 그와 같은 행위를
하지 말며, 나에게 직접 너희들이 고
백하며 용서를 빌며 나의 뜻에 따라
살아가겠다 다짐하라 그리 깨우쳐 주
라.
40 그와 같이 속이고 살았듯이, 이 세상
만백성이 다 그리 속이고 속아서 살아

가는 이와 같은 형국이니, 이를 내려
다보는 내 마음이 어떻겠는가?
41 나의 아픈 마음을 너희들은 오늘 기억
하는 그 시간을 갖도록 하라.
42 오로지 썩어 가는 모든 이 백성들의
마음을 바로잡을 수 있는 것은 내가
직접 담아 내리는 이 성령의 깨우침이
니라.
43 이 성령 속에 너희들에게 불의하며 거
짓 하라는 것이 있는가 너희 스스로
점검하고 검토하고 판정하여, 이 잘못
가는 세상을 바라보는 창조주 나의 아
픈 가슴을 너희들이 헤아려 주기를 바
라는 것이 오늘의 내가 너희들에게 바
람이니라.

2,920 번째 하나님 말씀

2002년 8월 11일 20시 21분

1 사랑하는 나의 아들아!
2 "네, 아버님! 말씀하옵소서."
3 지금의 너희 세상에 있는 모든 종파들
이 퍼져 있는 그 뿌리를 더듬어 올라
가면 그 원천의 뿌리는 내가 원하고자
하는 그와 같은 삶을 살도록 그리 만
들어졌으나, 너희들이 세월이 흐르는
속에서 변질되기 시작하였음이니,
4 변질된 종파가 또 다음에 뿌리를 내려
변질되며 지금까지 수많은 종파가 늘
어 오는 그 과정에서 수없이 변질되고
또 변질되어 왔음이니, 내가 원하는
하늘에 오르는 생명의 빛을 보며 구원
의 빛을 보는 그 믿음의 길과는 정녕
너무나도 멀리 떨어져 있음을 알아야
될 것이니라.
5 그리하여 너희들에게 일깨워 주었음
이니, 너희들이 암흑의 세계에서 진정
한 하늘에 오르는 길을 못 보고 변질
되고 변질되어 그 깨달음을 가지고 지
금 너희들을 하늘에 오르게 한다 그리
함이니, 그리하여 그들은 재물을 거둬
들이며 모두를 다 역사하며 그리 살아
가느니라.
6 그러나 너희들은 하나를 알아야 될 것
이니라.
7 정녕 구원의 길이요, 하늘에 오른다
하는 자는 나 여호와를 진심으로 경배
하며, 모든 축하와 너희들의 기쁨이
요, 그 모두를 나 여호와를 위하여 바
치며, 또 나 여호와에 맞춰 그와 같은
역사의 변화를 이루어야 하는 것이 너
희들이 해야 할 길이니라.
8 그리고 모든 영광을 다 나 여호와에게
맞춰 나에게 올리는 그와 같은 삶을
살아가는 자들만이 하늘에 오르는 그
길을 알며 하늘에 오르는 그 영광을
알 수 있다 내가 그리 말하였느니라.
9 그러나 지금의 종교 지도자들은 과연
어찌 가며, 믿음을 가고 있는 자들은
어찌 가는가?
10 저희 종교 집단이 비대해지고 저희를
따르는 신도가 늘며, 저희들에게 금화
와 은화가 들어오기 시작하면 그들은
변하기 시작함이니라.
11 저희들이 제왕이 되고자 하여 변하여
가기 시작하며, 그 속에서 저희들을
위하는 믿음으로 모두를 이끌어 가며,
저희들의 기준에 의하여 저희들의 살
아가는 부귀영화와 저희들의 행복을
위하여 모든 믿음을 그리 맞춰 가는

것이 지금 종파를 끌고 오는 자들이
하는 행위며, 그들이 그와 같이 흘러
왔음이니라.
12 그리하여 지금 그들이 나를 경배하는
그 믿음이 아니요, 저희들의 비대해진
힘이요, 금화와 은화가 쌓임으로 저희
들은 거기에 맞춰 인생의 향락을 위해
살아가는 데 초점을 두며, 저를 받들
고 저를 위하여 기도하고 경배하며 이
끌어 가는 그와 같은 타락된 종교 집
단으로 흘려가고 이끌어 가는 것이 그
들의 형태임이니라.
13 그리하여 그것이 진정한 믿음이 아니
요, 하늘에 오르는 길을 못 보고 가는
것이라 내가 너희들에게 말하였느니
라.
14 정녕 하늘에 오르는 그 믿음을 가는
자는 저희들의 조직이 비대해지고 방
대해지며, 금화와 은화가 저희들에게
풍족히 쌓이는 그와 같은 신도들의 모
임이 될 때, 그와는 반대로 더 겸손하
고 더 근면하며, 만백성을 위하여 살
아갈 수 있는 그와 같은 마음의 자세
로, 모두를 베풀며 나누는 그와 같은
방법으로 살아가야 하는 것이니라.
15 그러나 저희들 앞에 금화와 은화를 쌓
아 놓으며, 저희들의 부귀영화를 위하
여 거기에 맞춰 이끌어 가는 그와 같
은 변질된 종교 형태로 가기에 그들이
나와는 아무런 관계가 없다 말함이니
라.
16 이제라도 너희들이 살아가며 너희 자
신의 육에 초점을 맞춰 가는 것이 아
니요, 나 여호와에게 모든 영광을 돌
리는 그와 같은 믿음의 자세로 바꿔
전진하는 자만이 구원을 받을 수 있음
을 알아야 할 것이니라.

2,921 번째 하나님 말씀

2002년 8월 11일 20시 28분

1 사랑하는 나의 아들아!
2 "네, 아버님! 말씀하옵소서."
3 나의 피조물 만백성, 열이면 열, 백이
면 백 명을 붙잡고 너희들이 십계명을
지키고 거짓 하지 아니하는 삶을 사는
것이 구원의 길이라 그리 말한다 하
면, 그들은 어찌 말하는가?
4 그리 말할 것이니라.
5 '세상사에 인간들이 서로 거래하고 살
아가며 또 사업이라 하여 장사하며 사
고팔고 그와 같이 세상 속에 살아가면
서 어떻게 인간이 거짓 하지 아니하고
실수하지 아니하며 남을 속이지 아니
하며 살 수 있는가?
6 자기의 이익을 추구하기 위하여 몸부
림치며 살지 않는 자가 어디 있으며,
그와 같은 형국으로 살아가지 않는 자
가 어디 있는가?
7 거짓 하지 아니하고 살아갈 수 없다.'
그리 말하느니라.
8 차라리 그와 같이 말하는 나의 백성들
의 마음은 이해할 수 있는 것이며, 그
들은 저희들이 사는 그 삶을 솔직하
게 그리 말하느니라.
9 그러나 너희 종교 지도자들이 바르게
살라, 곧게 살라 가르치면서, 그리고
그들을 인도할 자들인 너희들이 그와
같이 나 여호와의 뜻대로 살아갈 수
없는 것이라 말한다 하면, 그 죄는 어

디 가서 받아야 될 것이며, 그 죄의 무
서움을 너희들이 과연 깨닫고 생각해
보면서 그런 말을 하는가?
10 장사하며 평범하게 사는 사람이 살다
보면 거짓을 아니 하고 살 수 없다 그
리 말하나, 그것은 그래도 그 나름대
로 저희들의 양심을 속이지 않는 말이
며 저희 자신이 부끄러워서 하는 말이
나,
11 그리 살아가야 된다고 말하고 가르쳐
야 할 종교 지도자들이 그리 살아갈
수 없는 것이 인간이라고 말한다 하
면, 장사꾼이 하는 말과 다르게 종교
를 이끌어 가는 지도자인 그와 같은
사람이 그런 말을 했을 때 만백성은
충격을 받는 것이며,
12 그들을 잘못 가는 길로 인도하는 그
역사는 하나의 도둑질을 하며 사기
치며 거짓 하는 학교를 설립해 놓고,
학생들에게 살아가기 위해서는 수단
과 방법을 가리지 말고 악한 행위든
선한 행위든 남들보다 잘 먹고 잘 살
면 되는 것이니, 잘 먹고 잘 살기 위해
서는 수단과 방법을 가리지 말고 살
며, 그러다 너희들이 죄를 지었다 하
면 이 성전에 와 각종 헌금을 바치며
기도하고 경배하면 구원을 받는다 그
리 말하고 가르침이니, 그것이 무엇이
더냐?
13 사악한 자들을 길러 내는 학교요, 사
악한 자를 길러 내는 교육장이 아니던
가?
14 교육이라는 것은 무엇이더냐?
15 바로 세우며 그들이 깨우쳐 사회생활
을 하며 살아가는 데 바르고 곱고 삶
에 도움이 되는 그와 같은 가르침을
주는 곳이 학교라는 곳이 아니던가?
16 그러나 종교 지도자들이 만백성을 모
아 놓고 말하기를, '인간이기에 하나
님의 말씀인 계명을 지킬 수 없으며,
성서에 기록되어 있는 그대로 살 수
없는 것이다.' 그리 가르침이니, 그게
무엇이던가?
17 '사악하고 추한 행위를 하고 살아도
된다, 너희들의 육의 삶을 위해서 재
물을 모으는 데는 수단과 방법을 가리
지 말며 약게 살아가면 되는 것이다.'
그리 가르치는 학교요, 도둑놈을 가르
치는 교육장과 무엇이 다르던가, 그리
고 사기 치는 자를 가르치는 교육장과
무엇이 다르던가?
18 이것이 바로 지도자들이 가야 할 길과
행하지 아니할 것을 너희들이 구분하
지 못하고 있음이니라.
19 종교 지도자는 절대적 나의 계명인 십
계명을 지키지 아니하고 살 수 없으
며, 그리고 십계명은 영혼의 양식이
며, 성서에 기록되어 있는 어렵고 힘
들게 지키며 살아가라는 그 대목들을
그대로 지키고 순종하고 사는 것만이
구원의 길이라 그리 가르쳐야 될 것이
니라.
20 그와 같이 가르치지 아니하는 자, 거
짓 하고 도둑질하며 사악한 자들을 양
성하는 학교가 바로 잘못 가르치는 종
교 집단 그들의 교육장으로서 지금 너
희들이 가르치는 그 백성들이 변질되
어 있음을, 그와 같은 이치를 깨달아
야 될 것이니라.
21 사랑하는 나의 아들아, 그와 같은 속

에서 살아가는 나의 피조물 만백성 그
들에게 깨우쳐 주라.
22 너희들이 세상에 나로부터 하나의 생
명을 받아 태어나지 아니하였다면, 너
희들이 과연 어찌 살아갈 것인가?
23 너희는 이 세상에 살아갈 능력도 없으
며, 이 세상에 태어날 수도 없었음이
니라.
24 너희가 세상에 태어났으며 이 지상에
살 수 있는 것은 나로부터 은혜를 받
아 생명을 받아 가지고 나갔음이니,
그것 하나를 나에게 감사하며 그 존재
가치만을 깨닫는다 해도 너희들이 추
하고 더러운 그와 같은 행위를 하고
과연 살아갈 수 있는가?
25 감히 생각할 수도 없으며, 그와 같은
생활은 할 수도 없음을 알아야 될 것
이니라.
26 여기에서 너는 그들에게 하나를 더 가
르쳐 주라.
27 너희들에게 내가 생명을 주어 태어나
게 하여 살아가게 한 것은 죄짓지 말
며, 거짓 하지 말며, 아름답고 천사와
같은 삶을 살다가 구원의 길을 오라
하여 특별히 기회를 한 번 더 받은 것
이 너희들이니라.
28 그리하여 너희들이 세상에 태어날 때
기쁨으로 태어나기 전에, 너희들이 지
고 온 그 죄를 용서받을 기회를 받아
가지고 세상에 나온 자들인데, 그러한
자들이 더 사악한 방법으로 살아간다
면, 너희들은 죽어 나에게 와 심판을
받는다는 사실을 잊어서는 안 될 것이
니라.
29 너희들이 반드시 죽어 나에게 와 너희
들이 산 만큼 그 심판을 받는다는 것
을 생각하고 깨닫는다면, 너희들이 오
늘 하루 살아가는 데 하나의 실수라도
해서는 안 되는 것이니,
30 그게 너희들이 죽어 와 지옥으로 가는
심판의 짐을 짊어지고, 너희들이 지옥
으로 가고자 무거운 추를 너희 발목에
달고 간다는 것을 잊어서는 안 될 것
이니라.
31 그와 같은 이치를 깨우쳐 너희들이 바
로 서야 할 것이니, 그리 알라.

2,922 번째 하나님 말씀

2002년 8월 11일 21시 52분

1 사랑하는 나의 아들아!
2 "네, 아버님! 말씀하옵소서."
3 나의 아들 예수가 세상에 와 너희들을
구원하고자 그리 그가 죽어 갔음이니,
너희들은 나의 아들 예수의 보혈로써
구원을 받으며, 그리하여 너희들은 다
구원을 받을 수 있으며, 너희들이 지
은 그 성전에 와 나의 아들의 이름을
부름으로써 구원의 길에 들어섰다 그
리 말하느니라.
4 그러나 너희들은 알아야 될 것이니라.
5 나의 아들의 피로써 너희들이 구원을
받았으며, 너희 손으로 지은 그 성전
에서 나의 아들을 찾고 부르짖음으로
써 구원을 받는다 말함은, 너희들이
그와 같이 생각하는 것은 너희들의 망
상임을 알아야 할 것이니라.
6 너희들이 정녕 구원을 받으며 구원의
길을 오를 수 있는 것은 성경이요, 예
수가 살아온 삶을 그대로 따라가는 것

임을 알아야 될 것이니라.
7 예수가 전했던 성서의 그 내용이요,
또 예수가 살며 행했던 그 모두를 그
대로 닮아 가고자 노력하며 그를 따라
가고자 그리 변하여 가는 것이 너희들
이 구원을 받는 것임을 깨닫지 못한다
하면, 너희들은 정녕 구원의 길을 볼
수도 없음을 알아야 될 것이니라.
8 너희들은 지금 어찌 믿음이라는 것을
가는가?
9 내가 나의 아들을 통하여 이 세상 자
체가 성전이요, 지구가 곧 내가 만든
찬란한 성전이라 하였음이니라.
10 이 지구처럼 아름다운 성전이 어디 있
는가?
11 그 아름다운 자연 그대로 너희들이 세
상 모두를 볼 때, 얼마나 위대하고 방
대한가?
12 아름답게 꾸며진 나의 성전이 곧 나의
지구라 말하였음이니라.
13 그러나 너희들은 너희 손으로 성전이
라 하여 아름답도록 만들며 궁궐과 같
이 꾸며 놓으며 너희들이 그곳에서 찬
송이라는 것을 부르니, 너희들이 그
광란의 형태로써 찬송을 부르며 기도
하는 것이 너희를 구원한다 함이니,
14 과연 나의 아들 예수가 만백성을 구원
하고자 했을 때 그리했던가?
15 나의 아들이 죽은 자를 살려 주며, 죽
은 자를 구원하며, 병든 자를 고쳐 주
며 그와 같은 역사를 이룰 때, 과연 나
의 아들 예수가 너희들이 지은 그 성
전처럼 궁궐과 같이 아름답게 지어 놓
으며 그 속에 와 기도하고 경배하며
나의 아들 예수의 이름을 부르며 재물
과 금화를 바치는 그 역사를 행하는
것이 구원의 길이라 그리 가르쳤던가?
16 과연 나의 아들 예수가 만백성을 구하
는 그 시대의 역사함과 너희들이 지금
하고 있는 그 행위가 어떠한 형태로
이루어지고 있는가?
17 오로지 너희들이 구원을 받을 수 있는
것은 나의 아들이 행한 그대로 너희들
이 따라가며 그대로 배워 가고자 노력
해 갈 때 구원의 빛을 볼 수 있는 것임
을 알아야 될 것이니라.
18 나의 아들이 행했던 것과 그가 행하고
자 했던 것을 너희들이 거부하며, 그
와 반대의 길로 가면서, 너희들이 어
찌하여 구원의 길을 볼 수 있다 말하
는가?
19 나의 아들이 병든 자를 고치고 죽은
자를 살리며 어렵고 힘든 자를 도와줄
때, 과연 지금 너희들처럼 돈을 받았
으며 거래를 했던가?
20 나의 아들은 만백성을 구원해 가며 깨
우쳐 주면서 금화와 은화를 받지 아니
하였음이니라.
21 그러나 너희들은 너희 성전에 오는 나
의 피조물 만백성으로부터 갖은 방법
과 협박으로써, 수단과 방법을 가리지
아니하고 금화와 은화를 수없이 거둬
들여 너희 육의 편안한 삶을 먼저 영
위하며,
22 나에게 경배하는 것은 두 번째인 그와
같은 지도자들이요, 그와 같은 믿음
속에서 살아가는 것이 너희들의 형태
이니라.
23 너희들이 경배하며 기도하는 속에 너
희들이 정녕 나를 경배하는가, 그렇지

않으면 너희 인간사에 살아가는 그 삶
에 얽매인 것을 연계하여 너희들이 그
순간에도 그것을 생각하며 믿음의 길
을 가는가, 너희 자신이 깨우쳐 봐야
될 것이니라.
24 지금 잘못 가는 종교 지도자 너희들이
어찌 가는가?
25 금화와 은화를 거두어들이기에 혈안
이 되어 있는 그와 같은 추한 작태로
만백성이 너희들을 그리 비추어 보고
있음이니라.
26 너희들이 정녕 하늘에 오르는 길이요,
바르게 사는 것이라면, 나의 피조물
만백성이 어찌하여 너희들의 그 성전
에 가 너희들의 뜻에 귀 기울이지 아
니하는가?
27 너희들은 지금 어찌하는가?
28 세상에 아이가 새 생명을 가지고 태어
나는 것도 얼마나 축복이며 경사스러
운 것이던가?
29 너희들은 새 생명이 태어난 그곳에까
지 가 너희 생각대로 각종 경사스런
말을 다 붙여 대고는 거기에서 너희들
의 수고의 대가를 받아 가는 그러한
자는 없는지 깨우쳐 봐야 될 것이니라.
30 너희들은 또한 한평생 살다 죽어 가는
자가 땅에 묻혀 가는 그 순간, 육은 땅
에 묻히나 영혼은 나에게 와 심판을
받아 그가 불안과 공포에 떠는 그 순
간에도 어찌하는가?
31 남에게 축복을 주는 양, 구원을 해 주
는 양, 너희들은 모든 말로써 세상 것
을 다 얹어 주며, 그가 천국의 문에 들
어갈 수 있는 사람인 것처럼, 그의 가
족이나 모든 사람을 현혹하는 그와 같
은 말로써 떠들고 또 거기서 무엇인가
를 거둬들인다면, 과연 너희들이 제대
로 믿음의 길을 가는 자들이며, 너희
들이 정녕 나에게 오는 그 길을 가는
자들인가?
32 너희들이 지금 행하는 그 형태를 돌이
켜 봐야 될 것이니라.
33 그리하여 너희들이 정녕 그 속에서 스
스로 깨우쳐야 될 것이니,
34 이 모두를 너희들이 스스로 깨우치고
깨닫지 못하기에, 내가 눈을 뜬 자면
다 알 수 있도록 간단히 나의 성령의
뜻을 풀어 너희들에게 내려보냄이니,
이 또한 너희들이 깊이 깨우쳐야 할
가장 중요한 대목임을 잊지 말라.

2,923 번째 하나님 말씀

2002년 8월 11일 22시

1 사랑하는 나의 아들아!
2 "네, 아버님! 말씀하옵소서."
3 너희들 인간사에 살아가면서도 남에
게 약속을 지키지 못하며, 지킬 수 없
는 약속을 하며, 실행할 수 없는 것을
거짓으로 약속할 때, 그는 그 사회에
서 신뢰받지 못하는 사람으로 추락함
이니라.
4 또한, 너희들이 살아가면서 너희들이
지켜야 할 그 약속을 잘못 지키며, 거
짓 하여 남에게 피해를 입히는 자, 그
와 같은 자는 너희들 인간 세속에서도
벌을 받으며 그 대가를 치르는 것이
너희들 세상 속에 살아가는 법도가 아
니던가?
5 하물며 하늘에 오르는 그 어떠한 길에

도 너희들이 거짓이 있으며 남을 속이
며 지키지 못할 약속을 한다면 그것이
얼마나 큰 죄인가를 너희들은 알아야
될 것이니라.
6 내가 나의 아들을 통하여 너희들에게
말하였느니라.
7 세상에 한 생명이 태어나는 것은 나로
부터 받아 세상에 나오니, 남의 생명
이 태어난 것을 너희들이 경사라 하며
같이 축하하고 그를 즐거워하느니라.
8 그러면서 또한 너희들은 그곳에서 너
희들이 마음대로 만든 기도 소리를 장
황히 그 가족에게 들려주며 너희들이
거기서 또 수고한 만큼 거둬들이는 그
와 같은 행위로 사는 자가 없는가?
9 그와 같은 행위를 하는 자는 잘못 가
는 종교 지도자라 내가 말하였음이니
라.
10 또한, 너희들은 어찌하는가?
11 죽어 땅에 묻혀 가는 그 장소에까지
와 복을 빌어 주며 구원을 받는다는
기도를 하느니라.
12 그리하고 너희들이 과연 그와 같은 수
고로움이라 하여 그곳에서 대가를 받
아 가는 그와 같은 자가 없는가 내가
다시 너희들에게 물어보라 하였음이
니라.
13 그러나 여기서 나의 아들아, 나의 피
조물 만백성, 너의 제자들에게 너는
깨우쳐 줘야 될 것이니라.
14 죽어 가는 자가 땅에 묻히는 그곳에까
지 와 너희들은 갖은 말로써 다 축복
을 받으며 하늘의 문을 열어 주며 천
국의 문에 그 영혼이 갈 수 있다 그리
기도하니, 그리 말하는 그 지도자에게
한번 물어보도록 하라.
15 그 자신에게 너희들은 한번 짚고 넘어
가야 할 것이니라.
16 '이 죽은 자의 영혼이 어찌 구원을 받
으며, 지금 너는 몇 퍼센트 정도 네가
기도하는 사람 중에서 구원을 받아 하
늘에 올라가는지 그와 같은 역사를 아
는가?' 그에게 물어보라.
17 그는 대답을 하지 못할 것이니라.
18 그 자신이 알지도 못하며 저 자신이
구원을 받는 것인지, 천국의 문에 들
어서는 것인지 그 자체도 모르는 자
가, 저 자신도 확신이 없는 자가 남을
위하여 그것이 하늘에 오르는 길이요,
천국의 문에 들어서는 것이며 나의 나
라에 오는 것이라 그리 말한다면 어찌
되는 것인가?
19 인간 세속에서 약속을 지키지 못하는
자는 그 벌을 받으며 저주받으며 남에
게 지탄을 받는다 하였음이니,
20 죽어서 마지막 가는 자, 그 육은 썩어
땅으로 가며 영혼이 하늘나라에 와 심
판을 받는 그 단계에 올라서 있는 그
순간에도 그 가족이요, 그 영혼을 너
희들이 속이는 것은 무엇이더냐?
21 저 자신이 알지도 못하고 그와 같이
말하는 것은 곧, 그 유가족이요, 슬픔
에 젖어 있는 사람을 속이며, 지금 심
판대 앞에 떨고 있는 그 죽은 자의 영
혼까지도 너희들이 그를 빙자하여 거
기까지 사기극을 벌이니,
22 이는 산 자와 죽은 자 양쪽에 다 사기
극을 벌이는 그것이 너희들의 행위이
니라.
23 그리하여 너희들이 그와 같이 사기극

을 벌이면서 하는 행위가 무엇이던가?
24 거기에는 나 여호와와 나의 아들의 이
름을 찾음이니, 너희들은 우리 부자의
이름을 팔아 그들이 지옥으로 가는 것
을 너희들은 안내하는 자들이니,
25 그는 제가 지은 죄만큼 반드시 그 죗
값을 치르나니, 그 영혼이 천당으로
가는지 지옥으로 가는지 그것 자체도
모르며 너희들은 지금 천국으로 간다
그리 사기극을 벌이고 있으니,
26 그 영혼이 나로부터 심판을 받아 지옥
으로 간다면 너희들은 어찌할 것인가?
27 그것도 모르면서 너희들이 각종 감언
이설로써 그와 같이 기도를 하며, 그
를 구원해 주는 능력이 있는 자요, 너
희들이 천국으로 안내하는 자요, 너희
들의 그 장황한 기도 소리를 들음으로
써 그 영혼이 구원을 받는다는 그와
같은 형국으로써 너희들이 그 행사를
수없이 치르고 있음이니, 그것이 무엇
이더냐?
28 살아 있는 육의 세상의 가족을 기만하
는 것이요, 죽은 영혼이 지금 심판을
받기 위하여 기다리며 불안과 공포에
떨고 있거늘, 그를 또 내세워 너희들
은 천국에 간다는 그 사기극을 벌이는
그와 같이 험악한 짓을 하고 있음을
너희들은 알아야 될 것이니라.
29 너희 자신이 죽어 가는 자가 어찌 천
국에 오르며 그가 얼마만큼 죄를 지었
으며 얼마만큼 구원을 받으며 어디로
가는지 그 자체도 모르면서, 무조건
천국으로 가는 양 그리 기도해서 현혹
시키지 말라.
30 그리고 너희들은 그 대가로 단돈 금화
한 냥을 받는다 해도, 너희들의 그 죄
가 몇 배 가중된다는 것을 알아야 될
것이니라.
31 그와 같이 자신도 모르는 행위를 하지
말라.
32 인간사에서도 너희들이 확실한 것을
자신 있게 대답할 수 있거늘, 알지 못
하는 것을 아는 체하며 지킬 수 없는
약속을 지킬 수 있는 것처럼 하여 남
에게 얼마나 크나큰 피해를 주며 남에
게 고통을 가게 하는가?
33 그것은 평생 이루었던 그 사업을 하루
아침에 무너트리는 그와 같은 행위를
하는 것이며, 그와 같이 남들에게 잘
못하는 그 죄로써 그 벌을 받는 것이
인간 세속에 있는 법도라 하였음이니
라.
34 인간 세속에도 그리 엄준하게 정해져
있는 그와 같은 거짓 하는 자의 행위
를 용서치 아니하는 것을,
35 너희들이 나와 나의 아들, 우리 부자
의 이름을 팔아 하늘을 빙자하여 거역
하는 사기극을 벌이는 그와 같은 일을
두 번 다시 해서는 아니 될 것이니, 그
리 깨우쳐 행하도록 그리하라.

2,924 번째 하나님 말씀

2002년 8월 11일 23시 56분

1 사랑하는 나의 아들아!
2 "네, 아버님! 말씀하옵소서."
3 나의 피조물 만백성 너희들이 구원을
받고자 그리 살아가며, 너희들의 소원
이 하늘에 오르는 것이라 하여, 몇천
년 동안 수없는 나의 백성들이 그리

살아왔음이니라.
4 그러나 너희들은 알아야 될 것이니라.
5 이 지상의 낙원이 곧 나의 성전이라
말하였으며, 내가 이 지상의 나의 성
전에서 바르고 곧은 나의 백성들만이
살아갈 수 있는, 천사와 같은 자만이
존재하며 하늘의 낙원을 지상에 이루
듯이 그와 같이 이루는 것이 나의 뜻
이니, 이제 내가 그와 같은 자를 선별
하여 새 역사를 이룬다 그리 말하며,
그리 내가 행하고 있음이니라.
6 그리하여 내가 제3의 시대에 나의 법
전을 세상에 내려보냄이니, 너희들이
이를 지키고 행하는 그 길만이 수천
년 동안 수억의 인구들이 구원을 받고
자 몸부림치며 왔던 그 길의 정답이
며, 내가 내린 십계명을 지키며 나의
법전대로 사는 자만이 나의 사랑을 받
는 것이며, 나에게 사랑을 받는 자가
구원을 받을 수 있다는 것을 알아야
될 것이니라.
7 지금 너희들이 어떠한 믿음이요, 어떤
형태로 가는지 그 자체도 모르며, 너
희 자신이 스스로 어디로 가는지도 모
르면서 구원을 받았다 말하며, 너희들
은 구원을 받은 그 선상에 서 있으며,
인생을 살다 죽어 왔을 때 나로부터
구원을 받는다 하며, 지금의 너희들이
가고 있는 믿음의 형태로 그대로 간다
하면 너희들은 영원히 사는 나의 나라
에 올라올 수 있다 그리 말하느니라.
8 그러나 너희들은 여기서 알아야 될 것
이니라.
9 나의 계명이요, 나의 법전대로 그대로
살지 못하며, 나의 사랑을 그리 받지
못하는 자는 절대로 구원을 받을 수
없다는 것을 알아야 될 것이니라.
10 나에게 너희들이 오르며 구원을 받는
것은, 내가 내린 십계명과 지금 제3의
시대에 나의 아들을 통하여 내리는 그
법전대로 사는 자, 그와 같이 사는 자
만이 구원받을 수 있음을 알아야 될
것이니라.
11 지금 여기서 너희들이 하나 깨달아야
될 것이 있느니라.
12 너희들이 그리도 원하고 갈구하는 것
이며 너희들의 구원이요, 생명의 빛이
되는 것은, 내가 너희들에게 내린 십
계명을 지키는 것과 나의 법전을 지키
는 백성만이 하늘에 오를 수 있으며
구원의 빛을 볼 수 있다 함이니라.
13 그렇다 하면 지금 모든 종교 지도자들
이 너희들을 천국의 문으로 인도한다
하여 가르치고 있으니, 그들은 어떠한
형태로써 너희들을 가르치며, 그들은
어떠한 길로 가는가?
14 오로지 하늘에 구원을 받는 것은 십계
명이요, 나의 법전을 지키고 사는 자
만이 구원을 받는다 하였으니, 지금
종교 지도자들이 가르치고 있는 것은
잘못되었음을 알아야 할 것이니라.
15 그리고 정녕 그들은 수천 년의 역사가
흘러오는 동안에 변질되고 퇴색되고
또 변화되는 그와 같은 속에서 진정한
나의 뜻이요, 내가 원하는 그 자체의
뿌리도 모르고 있음이니,
16 그리하여 지금 가르치는 종교 지도자
들이 너희들을 하늘에 오르는 길로 인
도하는 것이 아니요, 지옥 불로 인도
하는 안내자의 역할을 하고 있는 것이

니라.
17 그들 앞에 가서 너희들이 하늘로 올라
가며 구원을 받는다 하여 그리 너희
재물과 시간과 모두를 다 바치고 있는
그 형태의 길이 지옥 불로 가는 길이
라는 것을 너희들은 알아야 될 것이니
라.
18 너희들이 잘못 가르치고 잘못 믿는 그
종교 지도자의 가르침에 의하여 나 여
호와와는 전혀 관계도 없는, 나를 거
역하는 길로 가는 그 믿음의 길을 가
고 있다 하면, 너희들은 과연 이를 믿
겠는가?
19 내가 너희들에게 이르노니, 내가 지은
이 지상의 성전에서 너희 스스로 나에
게 기도하고 나의 계명대로 살아가고
자 노력하고 깨닫는 자, 그와 같은 자
가 하늘에 오를 수 있으며 나에게 구
원되는 백성이라 말하였음이니라.
20 나의 아름다운 이 성전에다가 너희들
이 말뚝을 박는 그와 같은 형국으로써
너희들이 성전이라 하여 두꺼비집과
같이 짓는 그 형국 속에서 천날 만날
기도하고 경배해도 하늘에 오를 수 없
음을 알아야 될 것이니라.
21 이것이 나의 뜻임을 너희들이 깊이 깨
달아야 할 것이며, 내가 법전을 통하
여 내리는 그 내용을 너희들은 정독해
야 될 것이니라.
22 내가 다시 한 번 너희들에게 말하느니
라.
23 나의 계명과 법전대로 살며, 그리고
그리 실행하며 노력하는 자, 그는 나
에게 사랑을 받는 자요, 나로부터 사
랑을 받는다는 것은 곧 하늘에 오를
수 있는 그 길을 보고 선택된 자라는
것을 너희들은 깨우쳐야 될 것이니라.
24 이와 같은 간단한 이치를 내가 너희들
에게 깨우쳐 주거늘, 너희들은 철옹성
보다도 더 굳어진 지금까지 온 믿음의
형태를 벗어날 수 없으니,
25 너희들이 지금 지옥 불로 가는 믿음
속에 가며, 너희 후손들이 너희 뒤를
따라가니, 너희들이 그와 같은 길을
안내하는 안내자와 같음을 알아야 될
것이니라.
26 지금 잘못 가르치는 종교 지도자들이
나의 피조물 만백성을 지옥 불로 인도
하는 그 인도자로 있으며 안내자의 역
할을 하고 있음이니라.
27 또한, 그와 같이 배운 너희들이 너희
후손에게 그것을 전수하고 가르치며
그리 믿어 가라 하니, 너희 후손을 또
한 지옥으로 이끌고 가는 그와 같은
형국에 너희들이 있음이니,
28 이를 벗어나지 못하는 자는 구원의 길
을 볼 수 없음이니라.
29 내가 너희들에게 뭐라 했는가?
30 그리하여 불이 타 올라가는 산속의 짐
승들 중에 그 불을 뚫고 역행하여 아
래로 뛰쳐나오는 짐승만이 구원을 받
을 수 있다 하였음이니, 그와 같은 역
사와 그와 같은 용기가 너희 생활 속
에서 이루어져야 될 것이며,
31 나 여호와가 지은 그 아름다운 성전을
너희들이 버려두고, 너희 손으로 지은
두꺼비집과 같은 성전에, 하늘의 구원
의 빛도 없는 그곳에서 구원을 받고자
하니, 이게 어떠한 형국이던가?
32 너희들은 내가 만든 지상의 낙원에서

기도하고 경배하며 내 뜻에 살고자 하
면 나의 태양을 볼 것이며 나에게 오
르는 그 빛을 볼 수 있는 것이거늘,
33 너희들은 어찌하여 그 땅굴에 들어가
서 태양의 빛이요, 내가 생명의 구원
의 빛을 비출 수도 없으며 너희들이
그 빛을 받을 수도 없는 그곳에 가서
내가 너희들에게 쓰라고 내린 그 재물
을 바치고 시간을 바치며,
34 부모와 형제간의 모든 인간관계의 그
정을 끊어 가며 오로지 너희들이 구원
이라는 그 하늘에 오르는 티켓을 사기
위해서 몸부림치는가?
35 그와 같은 형국으로 너희 손으로 지은
성전에 가서 천날만날 기도를 해도,
그는 너희들이 나를 거역하고 나의 뜻
에 역행하는 그 행위에 동참하는 자
며, 너희 후손들까지 그리 끌고 가는
안내자의 역할을 하는 자이니,
36 너희들이 여기서 잘못 깨우쳐 너희들
자신만 지옥으로 가는 것은 괜찮으나,
너희 후손들에게 안내자가 되지 말라.
37 여기서 너희들이 하나의 획을 그어,
지금의 너희들이 가고 있는 것이 옳은
가 그른가를 보지 못하면, 영원히 너
희들은 너희 후손까지 지옥 불로 끌고
가는 안내자가 되니, 그 죄가 얼마나
무서운가를 너희들이 깨우쳐 생각해
봐야 될 것이니라.

2,925 번째 하나님 말씀

2002년 8월 12일 0시 03분

1 사랑하는 나의 아들아!
2 "네, 아버님! 말씀하옵소서."
3 진정한 나로부터 선택된 목자요, 나의
아들과, 나와는 관계없는 종교 지도자
의 차이점이 무엇이라 말하였던가?
4 저희들의 육을 위해 사는 자들은 저희
들이 부하며 금화와 은화가 모아질
때, 그들은 그것으로써 그 모아지는
만큼 변하며, 저희 육신을 위하여 살
며, 더 높고자 하며 부귀와 영화를 누
리고자 하는 것이 그들의 삶의 형태라
말하였음이니라.
5 너는 어떠한 형태로 살아야 된다 하였
는가?
6 너는 높아지고 많은 백성이 너를 따를
때, 너의 제자들이 너를 높이 받들고
자 할 때 너는 더 낮은 자가 되어야 하
며, 그와 같이 살아갈 수 있는 것이 나
의 아들이요, 나에게 선택된 목자라
내가 너에게 말하였음이니라.
7 너는 네가 살아가면서 변하는 그 삶에
있어서 네가 세상에서 가장 낮은 자세
로 살아가는 것이 네가 영원히 지키고
가야 할 네 자세며,
8 네가 가장 아끼고 사랑하는 사람을 사
랑하듯이 나의 피조물 만백성을 그와
같이 사랑하는 삶의 형태로 살아가야
만 되는 것이니라.
9 그리하여 너는 나의 종이요, 나의 선
지자요, 나의 아들로서 만백성이 너를
볼 때 정말 너를 공경하고 존경하며,
10 세상에 너와 같은 인생의 삶을 살아온
자가 하나님의 말씀을 듣고 하나님의
아들이라 명을 받은 그 후로 네가 천
사와 같은 심성으로 변해지는 모습이
요, 네가 살아가는 그 육의 삶이 만백
성에게 그렇게 보일 때, 그때만이 네

가 진정 변화된 모습으로써 만백성의
인도자가 될 것이며, 그들의 생명의
구원의 빛이 될 것이며,
11 네가 그들에게 희망을 주는 그와 같은
삶의 자세로 살아갔을 때, 너는 나의
뜻을 따라 행하는 나의 아들로서 하나
의 손색이 없는 삶을 살아가는 것이
니, 이를 네가 깊이 깨우쳐 행해야 될
것이니라.
12 너를 따르는 백성이 늘어나며 나의 법
전을 세상에 덮어 나가 만백성이 너를
우러러보며 너를 만나고자 하며 네 앞
에 와 경배의 자세를 드렸을 때,
13 그것이 네가 너를 위함이라 생각하며,
나 여호와를 잊어버리며, 나 여호와를
생각지 아니하며, 네가 오만하고 교만
하며 높고자 하는 모습으로써 나의 피
조물 만백성에게 보인다면 이는 네가
잘못되어 있으며, 너는 정녕 지탱할
수도 없으며 나의 옆에 올 수도 없는,
만백성을 지옥으로 이끌어 가는 그와
같은 죄를 받아야 될 것을 잊지 말라.
14 나의 아들로서 세상에 나가 네가 부족
함이 없으며, 이 세상의 이치요, 돌아
가는 그것을 다 알며 나 여호와가 존
재함을 아는 네가,
15 인간의 육의 삶에서 나의 피조물 만백
성이 너를 만나고자 하며 너를 경배한
다 하여 네가 오만하고 교만하며 높고
자 하는 그와 같은 모습으로 간다 하
면, 너는 잘못 가는 종교 지도자들과
무엇이 다르던가?
16 너는 결코 그리 가지 아니함을 나 여
호와는 아느니라.
17 그러나 너와 너의 제자들이 그와 같은
생각을 해서는 아니 됨을 알라.
18 너희들이 그와 같이 변했을 때, 너희
들이 받는 그 죄는 다른 종교 지도자
보다 몇십 배 더한 고통 속에서 시련
을 겪고 가야 되는 것이 너희들의 운
명이라는 것을 알고 깨우치며 살아가
야 할 것이니라.
19 사랑하는 나의 아들아!
20 "네, 아버님! 말씀하옵소서."
21 네가 살아가는 그 모습은 정녕 만백성
의 가슴과 눈에 네가 천사와 같은 마
음으로 살아가며, 나의 피조물 만백성
그 누구도 너를 따라갈 수 없으며 너
의 삶을 흉내 낼 수도 없는 그와 같이
네가 변한 모습으로써 평온을 주며 마
음의 안정을 주며,
22 너를 보는 만백성이 가장 기쁨을 스스
로 느낄 수 있도록 그와 같이 네가 변
해 가는 사람이요,
23 나의 피조물 만백성이 하늘에 오르는
너의 삶을 따라 그와 같이 행할 때, 하
늘에 오르는 길에 그들이 스스로 오를
수 있는 그와 같은 너의 변한 모습으
로 그 눈에 비칠 때,
24 네가 또한 하늘에 오르는 나의 아들로
서, 하늘에 오르는 자를 인도하는 나
여호와의 종으로서 하나도 손색이 없
다고 그들의 눈에 비칠 때,
25 나의 피조물 만백성이 구원의 길을 보
게 되며, 구원의 영광의 빛을 보게 됨
을 너는 잊지 말아야 할 것이니라.
26 네가 그와 같이 행동을 하지 아니하며
네가 그와 같이 살아가지 아니한다면
너는 아무도 구원할 수 없는 자가 됨
을 알아야 될 것이니라.

부 록

【하나님께서 가르쳐 주신 운동】

천재지변이 일어날 때, 동물이나 미물들은 미리 알고 대피하지만, 인간은 알지 못하고 큰 화를 당합니다. 하나님께서 인간에게 가장 높은 지혜를 주시고 완벽하게 창조해 주셨기에 동물들보다 더 잘 알 수 있지만, 욕심으로 마음이 혼탁해져서 한 치 앞을 보지 못하는 것입니다.

마찬가지로, 인간은 누구나 스스로 필요한 운동을 해서 건강을 지킬 수 있도록 하나님께서 만들어 주셨습니다. 우리의 머리에서 우리 몸에 필요한 동작을 해 달라고 끊임없이 신호를 보내지만, 인간이 혼탁하게 살아서 그 신호를 알아채지 못합니다. 그러니 자연스럽게 자기 몸이 원하는 그 신호를 따라서 운동하는 것이 하나님께서 가르쳐 주신 운동 방법입니다. 바로, 우리의 영이 육을 이끄는 운동입니다.

▶ 하나님 운동법

1. 눈을 감고, 발을 어깨너비로 벌리고 바르게 선다.
2. 몸에 힘을 풀고, 허리를 숙이면서 손과 머리를 아래로 내린다.
3. 허리를 펴고 싶을 때, 천천히 펴면서 하고 싶은 동작을 하면 운동이 시작된다. (사람마다 다르다.)
4. 멈추지 말고, 어떤 동작이든지 자기 몸의 느낌대로 계속 이어서 한다.

▶ 참고 사항

① 눈을 감은 상태로 아무 생각 하지 않고, 자기 몸의 느낌대로 움직입니다.

② 마음을 비우고, 욕심을 버리고, 지난날의 잘못을 반성하면서 몇 차례 시도하다 보면, 자기도 모르게 하고 싶은 동작이 끊임없이 생깁니다.

③ 운동 장소는 방 안이든 운동장이든 관계없으며, 걷거나 달리고 싶을 때는 눈을 떠도 됩니다.

④ 매일 40분 이상, 주 4회 이상, 3개월 이상 하면 음식 조절에 들어갑니다.
- 음식으로 생긴 병은 음식으로 치료하게 되며, 어떤 음식을 먹어야 하는지 스스로 알게 됩니다.
(자기 몸에 필요한 음식만 먹고 싶어집니다.)

⑤ 사랑하는 사람과 함께 운동하면 서로 치료해 주기도 합니다.

⑥ 운동을 하다가 몸의 어느 한 부분을 계속 손으로 자극한다면 그쪽에 이상이 있는 것이니, 의사에게 상담을 받고 적절한 치료를 받으면 됩니다.

⑦ 다이어트 및 기타 건강관리에 효과적입니다.

⑧ 꾸준히 운동하여 영이 맑아지면, 자신의 과거와 미래를 스스로 보게 됩니다.

누구나 스스로 하실 수 있습니다.

간행사

《새로운 성경》은:

· 새로운 성경은, 하나님께서 선량하고 선한 자를 선택하여 십계명을 암송하도록 하시고, 십계명을 암송한 다음에 음성으로써 들려주시는 말씀을 듣고 그대로 카세트테이프에 녹음해서 받아쓴 책입니다.

· 90분짜리 녹음테이프 700여 개에 달하는 말씀으로, 1999년 8월부터 2004년 7월까지 총 160권(권당 288쪽)을 완성하였으며, 그 이후에도 현재까지 계속 말씀을 내려 주고 계십니다.

· 새로운 성경은 "하늘을 두루마리 삼고 바닷물을 먹물 삼아 쓰고 써도 다 못 쓴다"는, 끝없이 방대한 하나님의 말씀이 두루마리로 직접 내려오는 것입니다. 이러한 새로운 성경은 구약과 신약을 폐하려는 것이 아니라 "인봉된 성서의 비유의 뜻"을 상세히 설명하여 완성하고자 하나님께서 직접 내려 주신 말씀입니다.

《새로운 성경》의 구성:

· 제 목: 2013년, 160권 모음집을 발간하면서, 본 도서의 제목을 "하나님! 말씀하옵소서"에서 《새로운 성경》으로 명해 주셨습니다.

· 단행본: 각 권당 288쪽(신국판) 책이 160권까지 시리즈로 출판됩니다.
(모음집은 단행본을 16권씩 묶어서, 총 10부로 구성됩니다.)

《새로운 성경》의 성경적 근거:

· 신약 성경 [요한복음] 16장 13절에 "진리의 성령이 오시면 그가 너희를 모든 진리 가운데로 인도하시리니 그가 자의로 말하지 않고, 오직 듣는 것만을 말하며" 하신 말씀처럼 하나님의 음성을 들은 것만 기록하였으며,

· "장래 일을 너희에게 알리시리라" 하신 말씀과 같이 개인, 나라, 인류의 "장래"일을 하나님께서 알려 주시는 것만 기록하여 책으로 만들었습니다.

《새로운 성경》의 기록 방법:

· 1999년 8월부터 하나님께서 저에게 들려주시는 음성을 기록하였습니다. 처음에는 제가 들은 말씀을 불러 주면 저의 아내가 기록하여, 2000년 1월 29일에 1권 초판이 세상에 나왔습니다. 2000년 4월부터는 주시는 말씀을 받아 녹음기에 기록하여 시리즈로 출간하기 시작하였습니다.

· 녹음을 시작하면서 하나님의 말씀을 받는 데 가속도가 붙었고, 2001년 5월 3일에 1부(1~16권까지)를 인쇄하여 출판하였으며, 2004년 7월까지 총160권 분량의 말씀을 받아 기록하였습니다.

하나님께서 저에게 주신 것은:

· 첫째, 만백성을 상대로 내려 주시는 "기도", 둘째, 수시로 내려 주시는 "묵상", 셋째, 개인의 과거, 현재, 미래를 알려 주시는 "개인 기도", 넷째, 개인의 건강을 위해서 내려 주시는 "음식 처방", 다섯째, 하나님께서 가르쳐 주신 "운동"등이 있습니다. 이 중에 첫 번째, "기도"를 책으로 편찬하였습니다. 사람의 생사, 개인의 미래에 관한 천기는 수록하지 말라 하셨습니다.

강론 안내:

· 하나님께서는 지금도 매일 저에게 새로운 하늘의 비밀의 말씀을 내려 주고 계십니다. 수시로 내려 주시는 말씀을 정리해서 제자를 육성하라는 말씀에 따라 매주 강론을 하고 있습니다. 누구나 무료로 들으실 수 있습니다. (book160.com)

《새로운 성경》을 읽는 분들에게 드리는 선물:

· 개인 기도: 개인의 과거, 현재, 미래에 관하여 말씀을 내려 주십니다.

· 음식 처방: 사람은 음식을 먹고살다가 건강을 잃으니, 음식과 운동으로 건강을 되찾는 방법을 알려 드립니다. 단, 하나님이 계심을 믿고, 십계명을 지키겠다고 진실로 서약하는 분들께 알려드립니다.

《새로운 성경》의 은혜와 기적:

· 새로운 성경 전160권은 16권씩 묶어서 총 10부의 모음집으로 구성됩니다. 모음집 한 부를 읽고 깨우치는 자에게 하나님께서 다음과 같은 기적이 있다고 하셨습니다.

· "첫째, 그가 죽어 하늘에 갔을 때 그의 죄를 묻지 아니하며, 구원을 받는 위대한 은혜가 있으며, 둘째, 그의 소원과 소망이 이루어지고, 셋째, 죽은 자(부모, 형제, 자식, 사랑하고 은혜 입은 분)의 이름으로 구입한 책을 읽고 누군가 한 사람이 깨우칠 때, 그 죽은 자가 지옥에서 천국으로 구원을 받게 되며, 넷째, 유산, 중절 수술 등으로 태어나지 못한 아이를 위하여 구입한 책을 보고 한 명이 깨우쳤을 때, 그 아이가 사람으로 다시 한 번 태어나는 은혜를 받는다."

· "새로운 성경"을 3회 이상 정성을 다해 정독하는 자, 성서의 비밀을 알게 되고, 세상의 이치를 알게 되며, 세상을 지배하고 통제할 수 있는 지혜를 다 얻게 된다고 하셨습니다. 이 책은 만백성이 정독하고 이웃에게 전하여, 평생 가슴에 묻은 슬픔과 고통의 짐을 벗고 미래를 위한 힘찬 삶을 살아가도록 하는 책입니다.

끝으로

· 하나님께서는 흰 눈이 세상을 덮듯이 새로운 성경을 온 세상에 전하라고 하셨습니다. 《새로운 성경》을 각국어로 번역해서 온 인류에게 구원의 길을 깨우쳐 주고, 그 수익으로 가난하고 어려운 백성을 구제하여, 만백성의 영과 육을 함께 구원하는 선지자의 임무를 수행하라고 저에게 명하셨습니다.

· 하늘에서 내려 주신 말씀의 보화를 만백성에게 나누어 주는 것이 선지자의 임무라고 하셨습니다. 새로운 성경을 통해서 얻는 재물을 사용할 곳도 하나님께서 일일이 명해 주십니다. 모든 재물은 저의 자의로 쓸 수 없고, 하나님께서 명하시는 대로만 쓰여집니다.

· 어떤 명분으로든 십일조나 각종 헌금을 거두어들이지 말라 하셨으며, 국내뿐 아니라 각국에 성전과 단독 서점을 운영하며, 한국의 많은 젊은이들을 전 세계에 지도자로 내보내라고 하셨습니다.

· 우리는 세계적으로 새로운 성경을 보급하며 어려운 이들을 돕는 역사를 해 나갈 것입니다. 지금까지 비록 몇 명 안 되는 제자들과 함께 이러한 일을 역사했지만, 앞으로도 계속 하나님께서 기뻐하시는 일들을 해 나갈 것입니다. 부족한 저희에게 여러분들의 지혜와 성원을 보내 주시기를 바랍니다. 많은 분들의 참여와 도움을 간절히 기다립니다. 감사합니다.

한국어로 내려온 《새로운 성경》 단행본을 출간하며
2016년 4월 10일

발행인 **김 용 철**

한국어로 내려온

새로운 **성 경** · 3부 · 제39권

지은이 하나님 말씀
대역자 김용철

초판인쇄 1쇄 2009년 11월 21일
재판인쇄 1쇄 2017년 4월 3일

펴낸 곳 도서출판 하얀마음
등록번호 제 10-2107호 (2001년 2월 14일)
주소 서울시 노원구 덕릉로86길5, 2층
전화번호 02) 313-1114
팩스 02) 393-5554
전자우편 book160@hanmail.net
편집위원 조나영 김미향 이석교
제작지원 김철종 조현숙 김영환 이계숙

도서상담 1600-7527
ISBN 978-89-5875-139-7 (04230)
978-89-5875-100-7 (세 트)

값 10,000원
잘못된 책은 구입하신 곳에서 바꾸어 드립니다.

※이 책은 10부로 제작되며, 각 부 16권씩 총160권으로 구성됩니다.※

1부	2부	**3부**	4부	5부	6부	7부	8부	9부	10부
1권	17권	33권	49권	65권	81권	97권	113권	129권	145권
2권	18권	34권	50권	66권	82권	98권	114권	130권	146권
3권	19권	35권	51권	67권	83권	99권	115권	131권	147권
4권	20권	36권	52권	68권	84권	100권	116권	132권	148권
5권	21권	37권	53권	69권	85권	101권	117권	133권	149권
6권	22권	38권	54권	70권	86권	102권	118권	134권	150권
7권	23권	39권	55권	71권	87권	103권	119권	135권	151권
8권	24권	40권	56권	72권	88권	104권	120권	136권	152권
9권	25권	41권	57권	73권	89권	105권	121권	137권	153권
10권	26권	42권	58권	74권	90권	106권	122권	138권	154권
11권	27권	43권	59권	75권	91권	107권	123권	139권	155권
12권	28권	44권	60권	76권	92권	108권	124권	140권	156권
13권	29권	45권	61권	77권	93권	109권	125권	141권	157권
14권	30권	46권	62권	78권	94권	110권	126권	142권	158권
15권	31권	47권	63권	79권	95권	111권	127권	143권	159권
16권	32권	48권	64권	80권	96권	112권	128권	144권	160권